메이저리그,
진심의 기록

Major League Baseball

메이저리그,
진심의 기록

숫자 대신 마음으로 쓴
MLB 이야기

전훈철 지음

싱긋

추천사

송재우
(야구해설위원, 스포츠칼럼니스트)

'야구는 추억이다'라는 말을 떠올릴 때가 있다. 과거 어떤 경기 혹은 어느 선수의 활약상에 매혹되어 나도 모르게 야구의 바다에 빠지게 된 경험을 야구팬이라면 충분히 공감할 것이다. 이런 추억들이 쌓여가고 다른 사람들과 추억을 공유하면서 그 사람들과의 인연이 현재까지 이어지고 있는 경우도 적지 않다.

전훈칠 기자와의 첫 만남은 20년이 훌쩍 넘은 것 같다. 내 기억이 정확하다면 그는 군대를 제대한 뒤 복학한 학생이었고, 지금은 곁을 떠난 메이저리그MLB에 푹 빠져 있던 한 후배와 함께였다. 이들과의 대화는 즐거웠고 야구와 MLB에 대한 열정과 즐거움이 가득했다. 이들의 열정은 단순한 취미에 그치지 않고 경력으로 연결되었다. 이런 모습은 지극히 자연스러웠고 다행이라는 생각조차 들었다.

사실 전훈칠 기자의 이 책은 좀더 일찍 세상에 나와 MLB를 사랑하는 독자들에게 소개되었어야 했다. 예기치 못한 상황으로 뒤늦게 소개되어 아쉬운 마음이 들었지만, 그런 아쉬움조차 이 책에 실린 이야기에 나도 모르게 빠져들면서 자연스레 잊었다. 어느 분야이건 긴 시간 동안 관심을 가지고 바라보고 따르다보면 자신도 모르는 사이 혜안이 생기게 되고, 범인들이 스쳐지나가기 쉬운 것들을 알아챌 수 있게 된다. 여기에 실린 많은 이야기에서 그런 부분을 느낄 수 있었다.

이 책은 단순히 한 시대를 풍미한 스타들의 이야기나 대단한 기록들을 나열하는 그런 평범한(?) 전기적인 성격의 책들과는 확연히 다르다. 또한 MLB에 특별한 관심이 없더라도 흥미롭게 읽을 수 있는 이야기들이 차고 넘친다. 찰나의 순간에 경기의 승패가 갈리고 시즌이 판가름나는 상황이나, 우리에게 많이 알려지지 않았지만 야구에 대한 순수한 열정으로 짧더라도 강렬했던 순간을 팬들과 공유한 선수들을 비롯해 잔잔하지만 곱씹을 수 있는 이야기들이 가득하다.

그 어떤 스포츠도 결과에서 자유로울 수 없고 수치로 나타나는 기록과의 연관성을 피하기 어려울 것이다. '기록의 스포츠'라 불리는 야구라면 더더욱 그럴 수밖에 없다. 하지만 단순히 위대한 선수들이 세운 기록과 영광의 순간만 기억한다면 한 편의 드라마 혹은 시리즈를 완성하기 위해 그 이면에 감추어진 사실을 너무나 쉽게 지나쳐 버릴 수 있다. 그렇기 때문에 긴 역사만큼이나 다양한 인물, 색다른 사건, 폭발하는 궁금증이 넘치도록 가득찬 메이저리그에 단편적인 측면으로만 접근하기에는 그 세계가 너무 거대하다. 그 거대한 줄기를 만드는 데 공헌을 하고 이름을 떨친 이들도 많겠지만 꼭 기억하고 싶은 수많은 조연과 소소한 에피소드가 없었다면 한 세기 반 동안 이렇게 꾸준히 흘러오기는 어려웠을 것이다.

메이저리그, 진심의 기록

아무리 과학의 발전과 함께 예전에는 접근하지 못했던 부분까지 숫자로 제시하며 기록의 풍년을 넘어 가히 범람의 수준에까지 이르렀다고 해도 무엇보다 중요한 것은 아직도 야구는 '사람'이 한다는 사실이다. 야구 하면 흔히 떠올리는 공, 배트, 글러브를 다루며 이야기를 써내려가는 것은 결국 사람이다. 인류가 진화하고 발전하는 데 가장 큰 역할을 한 내면적인 요소는 '호기심'이라는 글을 어디서 본 적이 있다. 인간의 호기심에는 한계가 없다고 한다. 아마 메이저리그를 아끼고 즐기는 분들도 리그에 대한 궁금증과 호기심을 많이 품고 있지 않을까 생각한다.

알고 싶은 갈망을 충족시키는 가장 좋은 방법은 닥치는 대로 보고 읽고 관찰하는 것이 아닐까 한다. 오래전 후배가 메이저리그에 대한 지식을 어떻게 쌓았느냐는 질문을 한 적이 있다. 중계 준비에 대한 노하우도 함께 물었다. 당시 내가 후배에게 한 답은 가리지 않고 무식하게 보고 읽는다는 것이었다. 같은 상황을 보고도 180도 다른 평가를 할 수 있는 것이 야구이다. 최대한 다각도로 바라보고 판단을 하기 위해서는 배경지식이 많을수록 근사치를 뽑아낼 수 있을 것이라는 단순한 생각 때문이었다.

이렇게 생각하는 나에게 전훈칠 기자의 『메이저리그, 진심의 기록』은 무식하게 달려들 수 있는 또 하나의 좋은 글이다. 숫자와 찬양만 가득한 일반 메이저리그의 책들과는 확실한 차별점을 느낄 수 있어 좋고, '인간' 냄새가 나서 더 좋다.

꽤 오랜 기간 메이저리그를 지켜봐왔다고 생각하는데 지금도 기억에 남는 경기를 꼽을 때는 이상하게 눈물과 연관된 경기들이 많다. 알 라이터의 눈물에 목이 메던 뉴욕 양키스와 뉴욕 메츠의 2000년도 '서브웨이 시리즈' 마지막 경기, '밤비노의 저주'가 영원히 풀리지 않을 것만 같았던

1986년 뉴욕 메츠와 보스턴 레드삭스와의 월드시리즈가 끝난 후 홀로 더 그아웃에 앉아 눈물을 흘리던 웨이드 보그스 등. 나로서는 도저히 헤아릴 수도 없는 감정의 흐름에 몸을 맡기고 흘리던 그 눈물들이 승자의 눈물과는 완전히 다른 의미로 기억에 남아 있다.

야구는 사람이 하는 것이고 그래서 단순히 숫자나 묘사만으로 풀어낼 수 없는 오묘함이 녹아 있다. 그런 오묘함을 이 책 속에서 느끼며 돌아오는 봄에 다시 시작하는 야구를 즐기고 또다른 추억을 쌓기를 바라 마지않는다.

서현, 서윤, 득주 님
그리고 채연 님께 감사드립니다.

인생에 진심인 게
다만 하나라도 있다면

밝은 크림색 유니폼에 검은 모자였던 것은 확실하다. TV 화면을 채운 한 야구선수의 모습이 꽤 강렬했다. "이상윤이 인물은 참 좋아." 해태 타이거즈 투수 이상윤을 지켜보던 어르신의 한마디. 기억 저편에 자리잡은 야구에 대한 첫인상이다. 극적인 계기가 있었는지는 기억나지 않는다. 어느 순간 야구는 이미 내 머릿속과 행동을 가장 크게 지배하는 존재가 되어 있었다. 친구들을 모아 배트를 휘두르고, 얄팍한 야구 지식으로 선수 품평을 늘어놓고, 일기장에 그날의 야구 활동을 정성껏 정리했다.

그 시절 나에게 야구장은 인천 공설운동장이었다(훗날 도원구장으로 불렸다). 직접 갈 수 있는 기회가 흔치 않았던 터라 한번 가면 열광적인 팬임을 드러내려고 과도하게 흥분하곤 했다. 술기운에 얼굴이 벌건 아저씨들이 고성을 내지르는 모습을 보며 정통 야구팬의 모습을 그렸다. 양 팀 관중 사이에서 폭력 사태가 불거져 경찰들이 진압봉을 휘두르는 광경을 목격하기도 했다. 시절이 스펙터클했다.

무료입장이 가능하던 7회에 맞춰 야구장으로 달려가곤 했다. 새까만 밤하늘을 가로지르는 조명탑의 빛줄기가 눈앞에 뚜렷해지면 관중들의 굵직한 함성도 생동감 있게 귀에 감겼다. 그리고 개찰구를 통과하는 순간 야구장 도착 신호가 콧속으로 들이쳤다. 오래된 공설운동장 건물에 밴 퀴퀴한 곰팡내에 소주와 컵라면, 각종 군것질거리에서 풍기는 화학성분이 한데 섞인 묘한 향취. 이어 계단을 오르고 그라운드의 단면이 눈에 들어올 때 아드레날린 분비량은 최고조에 달했다.

월담을 한 적도 있다. 야구장 담장 밑을 서성이고 있노라면 인심 좋은 아저씨들이 관중석 안쪽에서 손짓을 했다. 그러고는 조명탑을 사다리삼아 담을 타고 오르는 아이들의 손을 힘껏 끌어당겨주었다.

"자, 다음 사람!"

야구 조난객들을 한 명씩 구조해내는 사나이는 전쟁터에서 눈빛만으로 서로를 알아보는 전우와 같았다. 지금 생각해보면 자랑스러운 행동이 아니지만 그때는 그조차 야구팬들의 세대 간 소통인 것처럼 여겼다.

공설운동장 근처에서 선수들이 훈련하는 모습을 보는 날은 '로또 맞은' 것과 다름없었다. 원년 도루왕 출신의 김일권 선수가 초록과 노랑이 섞인 태평양 돌핀스의 유니폼을 입고 진지하게 배트를 휘두르는 모습은 메이저 리그에 내놓아도 손색이 없을 만큼 늠름했다. 그렇게 야구장 인근을 배회하다 모퉁이를 돌면 저녁 햇살에 반짝이는 인천 앞바다가 그림처럼 한눈에 펼쳐졌다. 1980년대 후반의 공설운동장을 떠올리면 지금도 그 풍경과 공기가 생생하다.

4할 타자 타이 콥Ty Cobb. 60홈런 베이브 루스Babe Ruth. 500승 투수 사이 영Cy Young.

가정집을 개조한 동네 이발관에서 까까머리를 다듬으려면 30분은 족히 기다려야 했다. 대기실 구석에는 덥수룩한 밤톨 머리 중학생들이 만화책과 잡지에 파묻혀 있었다. 그 사이에서 너절해진 〈주간 야구〉를 쌓아두고 보는 맛이 꽤나 좋았다. 그러다 잡지 끝에 실린 메이저리그 이야기를 접하게 되었다.

'4할 타율? 60홈런을 쳐? 500승이 말이 돼? 메이저라 다르긴 다른가 보다.'

맥락도 없이 대단해 보였다. 이때부터 메이저리그에 대한 환상이 생겼다.

대학생이 된 후 장래 희망을 묻는 자리에서 프로야구 기록원이 꿈이라고 답했다. 치밀한 목표는 아니었고 그저 스포츠 신문 기록표를 줄줄 외우다 떠올린 정도였다. 특이한 놈이라는 반응이 많았고 농담으로 여기는 친구도 있었다. 박찬호가 LA 다저스 유니폼을 입고 경기를 뛰면서부터 '앎에 대한 욕망'이 솟구치기 시작했다. 다만 호기심을 해소할 만한 마땅한 돌파구를 찾지는 못했다. 그저 박찬호 경기를 시청하며 직접 기록표를 작성하거나 컴퓨터 야구 게임에서 산출되는 기록을 통계 전문가나 되는 것처럼 뚫어지게 쳐다보는 게 고작이었다.

군 입대 후 언젠가부터 휴가 때 친구들을 불러모으기가 낯간지러워졌다. 대신 종로에 나가 조조부터 시작해 영화 두세 편을 '때린' 뒤 집으로 돌아오곤 했다. 영화 사이사이 애매한 시간은 대형 서점에서 보냈다. 수입 잡지 코너에 놓인 손바닥만한 책자에 눈길이 갔다. 메이저리그 선수 2명이 배트를 든 채 가식적으로 웃고 있는 표지였다. 신기한 물건이라는 생각에 한 권 집어 부대로 복귀했다. 정보를 얻으면 좋고, 혹여 '영어 공부라도 되겠지'라고 생각했다. 그런데! 그게 아니었다. 그토록 궁금하던, 찾으려고 해도 찾지 못했던 메이저리그 이야기가 한 장 한 장 빼곡하게 담겨 있었다. 팬들의 시시콜콜한 궁금증을 해결해주는 코너부터 메이저리그의 살아 있는 현장 이야기, 그리고 수준 높은 퀴즈와 희귀한 기록 모음까지. 한 장 한 장 갈증을 풀어주기에 충분했다. 미국 내 유일한 야구 전문 월간지 〈베이스볼 다이제스트〉와 처음 만난 날이었다.

원래도 느긋한 성격이 아닌데 더 애를 태웠다. 다음 휴가를 나오자마자 잡지 뒤에 적힌 수입처로 연락을 했다.

"혹시 〈베이스볼 다이제스트〉 과월호를 구할 수 있을까요?"

운이 좋으면 한두 권쯤 구할 수 있을 것이라 기대했다.

"3분의 1 가격에 다 가져가세요."

핸드폰이 없던 시절, 종로 구세군회관 근처를 물어물어 찾아갔다. 사무실 한쪽 귀퉁이에 과월호가 늘어서 있었다. 골드러시에 금맥을 캐듯 한 권도 빠짐없이 모두 긁어왔다. 처음 샀던 잡지 표지가 닳아 해진 것이 안타까워 새로 구한 놈들은 표지 둘레에 투명 테이프를 곱게 붙여주었다.

인터넷이 활성화되면서 각종 커뮤니티가 우후죽순 생겨나던 시기였다. 제대 며칠을 앞둔 마지막 휴가에 피시방에서 '야구코리아'라는 메이저리그 웹사이트를 발견했다. 잡지를 보면서 알게 된 몇 가지 사실에 개인적인 의견을 보태 글을 하나 남겼다. 어딘가에 공개적으로 글을 쓴다는 게 멋쩍기는 했지만 묻히면 그만이었다. 그런데 제대 후 신선한 충격을 받았다. 내가 올린 글에 답글이 폭주하고 있었다. 가슴이 뛰었다. 자유로운 논쟁이 즐거웠고, 내 의견에 대한 반응도 그리 나쁘지 않았다. 한동안 메이저리그 토론에 빠져 잠을 설치며 지냈다. '야구코리아' 운영진을 통해 전문적인 메이저리그 해설로 팬들의 지지를 받던 송재우 위원님을 만나면서 진지하게 직업에 대해 생각하게 되었다. 비슷한 재미를 찾는 녀석들과 직접 웹사이트를 만들어 운영하기도 했다. 동호회 수준이었지만 무언가 이루어가고 있다는 착각을 할 정도로 열과 성을 다했다.

유독 시애틀 매리너스라는 팀에 애착이 갔다. 당시 시애틀 매리너스에는 '야구계의 마이클 조던'으로 불리던 켄 그리피 주니어Ken Griffey Jr.와 2미터 8센티미터의 장신에서 뿜어져나오는 강속구를 뿌려대던 랜디 존슨Randy Johnson이 자리잡고 있었다. 여기에 '타격 장인' 에드거 마르티네스Edgar Martínez와 당대 최고의 블루칩으로 꼽히던 신예 알렉스 로드리게스Alex Rodriguez까지. 화려함이 흘러넘치는 선수들은 이름마저 영화 주인공 같았다.

하찮은 정보 하나에도 목이 말랐다. 〈시애틀 타임스〉와 〈타코마 뉴스 트리뷴〉 같은 지역 언론사들의 기사를 탐독하고, 현지 팬 포럼에 참여하다보니 마치 내가 시애틀 주민이 된 듯한 망상에 빠지기도 했다. 시애틀이 속한 워싱턴주는 물론 트리플 A팀이 위치한 타코마 지역도 내가 사는 동네마냥 친근하게 느껴지곤 했다. 시애틀의 경기를 두 눈으로 직접 봐야겠다는 소망은 너무나 당연했다. 때마침 미국 북서부 지역에서 진행하는 단기 어학연수 프로그램을 발견했고, 취업 준비를 빌미로 비행기에 몸을 실었다. 함께 간 일행들에게 다양한 미국 문화를 접해야 한다고 부추긴 끝에 시애틀 매리너스의 홈경기 직관에 성공했다.

메이저리그 신구장 건설 붐이 일던 시기에 시애틀은 지붕을 여닫을 수 있는 개폐식 돔구장인 세이프코 필드를 이제 막 건설한 참이었다. 눈부시게 멋진 최첨단 야구장에 들어선 순간! 콧속 신호가 발동했다. 80년대 인천 공설운동장에서 인지했던 바로 그 신호였다. 소주 대신 맥주가, 컵라면이 아닌 핫도그가, 한국인 대신 다양한 인종이 뒤섞인 최신 메이저리그 구장에서도 바로 그 화학성분이 결합되어 유사한 향취가 풍긴다는 것은 순간 뇌활동을 정지시킬 만한 반가운 충격이었다. 운명 같은 냄새였다. 가장 저렴한 좌석이었지만 내 생애 그 어떤 야구 관람보다 강렬했다. 또 하나의 목표가 생겼다. '훗날 반드시 수십만 원짜리 비싼 좌석에 앉으리라. 그리고 그때는 양손에 버드와이저와 핫도그를 움켜쥐리라.'

'시애틀 야구 관람 사건'은 나에게 큰 자극제가 되었다. 여전히 프로야구 기록원에 대한 미련이 남아 있었는데 KBO(한국야구위원회)가 주관한 공식 기록 강습회에 참석해보니 어쭙잖은 수준으로 발을 들일 곳이 아니라는 것을 알게 되었다. 그러나 야구와 관련된 그 무엇도 놓을 수 없었다. 이제 와서 선수가 될 수는 없는 노릇이니 대신 스포츠 기자가 되어야겠다는 생각이 굳어졌고, 잠시의 백수 시절을 견디면서 운좋게 MBC 스포츠 기자로 일을 하게 되었다. 누구 말대로 '덕업 일치'를 이룬 셈이다.

직업적으로 야구를 접하면서 좋은 추억도 많았지만 기대만큼 늘 즐거울 수는 없었다. 20년 가까운 시간이 흐르면서 매너리즘에 빠진 적도 여러 번이었다. 일상적으로 쳇바퀴 돌던 어느 날 희미한 불빛 아래에서 희뿌연 맥주를 홀짝이다 문득 궁금해졌다. '나는 어떻게 여기까지 오게 되었을까? 나를 이끈 힘은 무엇이었을까?'

철학적이라기보다 현실적인 질문이었다. 취기에 예전 추억을 주섬주섬 떠올려보았다. 마음에 와닿는 것들이 몇 가지 스쳤다. 그동안 야구를 보고 듣고 느끼면서 잊히지 않는 이야기들이 있었다. 승부에서 직접 얻는 희열도 엄청나지만 경기장에서 드러나기까지 시행착오를 겪고 노력한 이들의 성장 드라마가 진정성 있게 다가올 때 뭉클해지던 기억이 떠올랐다. 야구 역사에서 한 톨 존재감도 없던 선수들의 뒷이야기가 더욱 감동적으로 되살아났다. 혼자만 알고 묻어두기 아까웠다.

2017년 회사 내부 사정으로 파업을 하게 되면서 의도치 않은 시간이 생겼다. 머릿속에 맴돌던 이야기를 떠오르는 대로 정리하고 기록하기 시작했다. 철두철미한 계획은 없었다. 야구의 7할은 운이라 했던가. 뜻밖에 회사 웹사이트에 정식으로 칼럼을 연재할 수 있는 기회가 생겼다. 공유하고 싶은 이야기는 많았다. 다만 걱정이 하나 있었다. 2000년대에 접어들어 통계학적인 야구 접근법이 대세를 이루면서 '인간적인 야구 이야기'는 자취를 감춘 게 사실이었다. 관심을 끌지 못할 것 같았다. 그렇다고 달리 꾀를 쓸 재간은 없어서 그저 느낀 대로 적기 시작했다. 그렇게 연재 아닌 연재를 하면서 간혹 비판도 받았지만 내 의도에 공감해준 의견이 기대보다 많았다. 감사한 일이다.

지금도 맥주를 곁에 두고 스스로 물었던 질문에 딱 부러지게 답할 수 있는 것은 많지 않다. 해태 타이거즈 투수 이상윤의 얼굴, 지금은 사라진 공설운동장의 공기, 동네 이발관에 널린 〈주간야구〉, 우연히 발견한 메이저리그 잡지와 웹사이트에 남겼던 글 하나, 계획된 건 아무것도 없었다. 그저 우연한 장면들을 따라 한 걸음 한 걸음 흘러오다보니 지금에 이르렀을 뿐이다. 그래도 확실한 것은 하나 있다. 애초에 그 여정이 어느 누구에게 보여주기 위해 꾸며낸 것이 아니라 스스로 느끼고 고심했던 것들을 진심으로 따

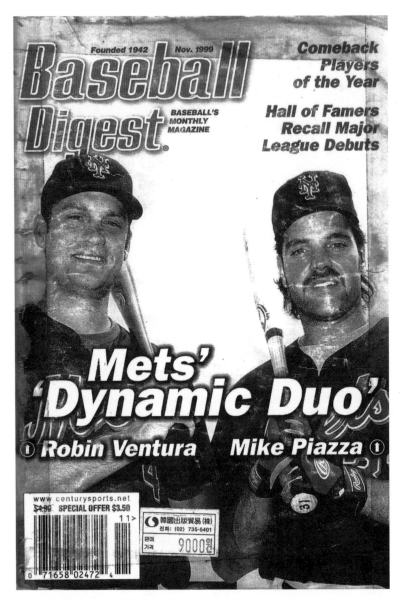

〈베이스볼 다이제스트〉 1999년 11월호

랐을 뿐이라는 사실이다.

야구도 마찬가지이다. 유구한 역사를 자랑하는 메이저리그의 수많은 명장면과 화려한 기록들이 처음부터 그렇게 준비되어 있었던 것은 아니다. 하루하루 작은 노력과 열정의 순간들이 겹치고 이어지면서 잊지 못할 장면이 연출되고, 레전드 선수들이 나타나고, 각본 없는 드라마가 펼쳐진 것이다. 그러한 이야기들을 접하면 여전히 가슴 깊은 곳에서 짜릿함이 느껴진다.

그리고 여기 몇 년 동안 혼자 음미하던 이야기들, 야구에 대해서만은 누구보다 진심이었던 이들의 가슴 벅찬 '진짜 이야기'들을 모았다. '야구가 인생 그 자체'라거나 '야구로 인생을 배운다'는 표현은 잘 와닿지 않는다. 그렇게까지 거창할 필요는 없다. 모르긴 몰라도 인생은 가장 빛나는 순간들을 편집한 하이라이트 명장면이 아니라 우리가 소일했던 모든 순간들의 총합이지 않을까. 그러므로 인생에 다만 하나라도 진심인 것이 있다면 그것들이 자연스레 우리 삶을 대변해줄 것이다. 곁에 두고 늘 함께했던 것들이 우리가 누구인지를 설명해준다고 나는 믿고 있다. 무엇보다 이 이야기들이 야구라는 소재의 한계를 뛰어넘어 치열했던 누군가의 진심을 촘촘히 전할 수 있다면 그보다 더 기쁠 수는 없을 것 같다.

1장

묻어두었던
그들의 진심

드루 로빈슨(출처 : 드루 로빈슨 트위터)

돌아온 사람들의 이야기

———

짐 모리스는 1983년 신인 드래프트에서 1라운드에 지명된 유망주 투수였다. 기대는 컸지만 잦은 부상으로 수술과 재활을 거듭하는 사이 마이너리그에서 6년이라는 시간을 보내며 메이저리그 근처에는 가보지도 못했다. 20대 후반으로 접어들자 더이상 기회를 주는 팀도 없었다. 결국 1989년을 마지막으로 선수생활을 포기한 모리스는 텍사스의 작은 고등학교에서 야구부 코치를 겸한 화학 교사로 근무했다.

그다음은 널리 알려진 이야기이다. 고교 야구부 학생들은 훈련 과정에서 짐 모리스의 심상치 않은 투구를 알아보고 메이저리그 도전을 권유했다. 수년이 흐르면서 모리스의 구위가 자신도 모르게 살아난 것이다. 모리스는 적극적인 복귀 의사가 없었기에 학생들이 지역대회 플레이오프에 진출하면 입단 테스트를 받아보겠다는 약속을 했다.

똘똘 뭉친 야구부는 모리스의 예상을 뛰어넘어 지역대회에서 우승하는

1999년 9월 만 35세에
데뷔전을 치른 짐 모리스
(출처 : 짐 모리스 인스타그램)

사고를 쳤다. 모리스는 약속대로 테스트에 응하게 되었고 탬파베이 데블레
이스 구단도 배려 차원에서 자리를 마련해주었다. 그런데 이게 웬걸, 모리
스는 시속 98마일(158킬로미터)짜리 강속구를, 그것도 12개 연달아 던지면
서 스카우트들을 당황하게 만든 끝에 정식 계약을 맺게 되었다. 드디어 탬
파베이 데블레이스의 유니폼을 입은 모리스는 교사생활을 하던 텍사스에
서 메이저리그 데뷔전을 치르게 되었다. 볼품없는 88마일(142킬로미터)짜
리 직구를 던지다 은퇴한 마이너리거가 10년이 지난 뒤 강속구 투수로 돌
아온 영화 같은 이야기는 실제 영화 〈루키The Rookie〉로 제작되어 많은 사
람들에게 감동을 안겨주었다.

해마다 어떤 이유에서든 그라운드로 돌아오는 선수들의 이야기는 다

메이저리그, 진심의 기록

양하다. 돌아온 과정이나 방식도 가지각색이다. 그러나 이보다 더 충격적인 복귀는 없을 것 같다. 바로 드루 로빈슨의 이야기이다. 드루 로빈슨은 2017년 텍사스 레인저스에서 데뷔해 첫 안타를 홈런으로 기록하며 잠시 주목받기는 했지만 이후 인상적인 장면을 남긴 선수는 아니었다. 2019년 세인트루이스 카디널스 소속으로 7타수 1안타를 기록한 뒤 자취를 감추었고 이후 자연스럽게 야구팬들의 기억에서도 멀어졌다.

그런데 2021년 2월 미국의 스포츠 전문 채널 ESPN을 통해 충격적인 근황이 전해졌다. 우울증에 시달리던 로빈슨이 권총 자살을 시도했으나 실패했고, 이 과정에서 한쪽 눈을 잃은 채 돌아왔다는 비현실적인 내용이었다. 드루 로빈슨은 2010년 프로 선수생활을 시작했지만 이후 빅리그 승격까지 8시즌이나 마이너리그 생활을 견뎌야 했다. 그래도 만 25세에 데뷔해 마이클 피네다를 상대로 홈런을 날렸을 때는 최고가 된 기분을 느끼기도 했다. 그러나 이제 앞만 보고 달릴 줄 알았는데 기대와 달리 다음날 곧바로 강등되고 말았다. 드루 로빈슨은 타격이 월등히 뛰어난 것도 아니었고 내야 수비 불안을 지적받아 외야수로 전업하기도 했다. 확실한 미래 없이 트레이드와 방출을 연달아 겪어야 했다. 신인급 선수들에게 흔히 있을 수 있는 일처럼 보였지만 로빈슨은 그때마다 찾아오는 좌절감을 제대로 극복하지 못했다.

2019 시즌이 끝난 뒤 샌프란시스코 자이언츠와 마이너리그 계약을 맺고 다음을 준비하던 시점에 예상치 못한 코로나19 사태가 발생했다. 2020년 마이너리그 시즌 전체가 취소된 것이다. 지인들과의 접촉이 제한되고 격리가 권고되는 상황 속에서 끝을 알 수 없는 좌절감만 깊어져갔다. 한 달 이상 홀로 지내던 그는 낮아진 자존감을 극복하지 못하고 아무도 자신의 존

충격적인 복귀의 주인공,
드루 로빈슨
(출처 : 드루 로빈슨 트위터)

재를 알지 못하도록 스스로 영원히 사라지기로 결심했다. 그렇게 권총으로
극단적인 선택을 했으나 계획과 달리 다음날 의식을 찾은 로빈슨은 또다시
극단적인 시도를 할까 망설였지만 현실을 받아들이고 911에 구조 요청을
해 극적으로 살아남았다.

드루 로빈슨은 당시 권총 자살 시도로 오른쪽 눈을 잃었고, 회복을 위해
여러 차례 큰 수술을 받는 과정에서 후각과 미각이 상실되었다. 사실상 인
생이 초기화된 상황에서 스스로 할 수 있는 것이 야구였고, 매달리고 싶은
것도 야구였다. 그라운드 복귀는 장담하지 못해도 한쪽 눈으로도 충분히
야구를 할 수 있을 것 같아 훈련을 지속했다고 한다. 물론 정신과 전문의

메이저리그, 진심의 기록

의 도움도 꾸준히 받았다. 그 결과 샌프란시스코 산하 트리플 A팀인 새크라멘토에 합류해 3경기 만에 안타를, 4경기 만에 홈런을 터뜨렸고 외야에서 멋진 다이빙 캐치를 선보이기도 했다. 상상조차 하기 힘든 복귀 이후 명장면까지 남겨 야구계를 떠들썩하게 했다.

2020년에는 콜로라도 로키스의 대니얼 바드가 화제의 중심에 섰다. 2009년 보스턴 레드삭스에서 데뷔한 그는 시속 100마일(161킬로미터)의 불같은 강속구를 손쉽게 뿌리는 구원투수였다. 2011년에는 25경기 연속 무실점 기록을 세우며 차기 마무리투수로 꼽히기도 했다. 그런데 보스턴 구단의 투수진 구성에 변화가 생기면서 2012년 예정에 없던 선발투수로 시즌을 시작했다. 보직이 전환된 대니얼 바드는 완전히 다른 사람이 되었다. 원래 볼넷이 적은 투수는 아니었다 해도 이 정도로 제구력이 무너질 줄은 몰랐다. 흔히 말하는 '입스Yips' 때문이었다. 입스는 신체 기능상 문제가 없음에도 심리적인 이유로 일상적인 동작을 하지 못하는 현상을 말하는데, 야구에서는 원하는 방향으로 공을 던지지 못하는 상황을 설명할 때 주로 쓰는 말이다.

그는 우여곡절 끝에 구원투수로 다시 돌아갔지만 예전의 위력을 찾지는 못했다. 오히려 사회인 야구만도 못한 수준의 폭투 영상으로 흑역사만 남겼다. 대니얼 바드는 2013년을 마지막으로 메이저리그에 서지 못했고 마이너리그에서 몇 년을 버티다 2017년 은퇴했다. 정식 경기는커녕 포수와 코치하고만 연습 투구를 하는데도 폭투가 속출하자 그대로 포기한 것이다. 그만두겠다고 통보한 뒤 눈물이 나올 정도로 속상했지만 동시에 마음이 편해졌다고 할 만큼 그동안 그의 고통은 극심했다.

대니얼 바드는 은퇴 이후 야구와의 연을 끊으려고 했으나 지인의 설득으로 애리조나 다이아몬드백스의 멘털 코치로 부임했다. 자신의 경기력을 회복하지는 못했어도 수년간 다양한 시도를 하면서 쌓은 노하우를 후배들과 공유하지 않는다면 이기적인 인간이 될 것 같았다고 한다. 마이너리그에서 나이를 먹을수록 강등되는 상황은 우울했지만 역설적으로 팀 동료들과 나이 차가 벌어지다보니 자신에게 조언을 구하는 유망주가 많았는데 그런 점도 그에게 동기부여가 되었다. 같이 지내던 유망주들이 구종球種과 그립뿐 아니라 여자친구에 관한 상담을 한 적도 있다고 하니 대니얼 바드의 공감능력이 평소에도 나쁘지는 않았던 모양이다.

애리조나 구단의 멘털 코치로 새로운 삶을 시작한 바드는 마이너리그 각 레벨의 선수들에게 자신의 생생한 경험을 수십 번, 수백 번 들려주었다. 굳이 상담을 원치 않는 선수들과도 밀접하게 지내며 믿음을 쌓았다. 다양한 방식으로 이야기를 나눈 뒤에는 선수들이 편하게 느끼는 장소에서 캐치볼을 하곤 했다.

대니얼 바드가 선수들에게 들려준 조언은 사실 자신에게 필요한 내용인 경우가 많았다. 그러면서 자신의 문제가 나아지고 있었는지도 모른다. 어느 순간 캐치볼을 하던 유망주들이 그의 구위에 주목하기 시작했다. 입단 테스트라도 받아보아야 하는 것 아니냐는 선수들의 말을 웃어넘기던 그는 실제 공을 던지면서 더이상 괴롭지 않을 뿐 아니라 심지어 자신이 즐거워한다는 사실을 깨닫고 진지하게 현역 복귀에 대한 고민을 하기 시작했다. 2013년 구글 검색창에 입스 극복방법을 검색하던 선수는 그렇게 2020년부터 콜로라도 로키스의 핵심 불펜투수로 활약하고 있다.

조금 결은 다르지만 이 분야에서 가장 전설적인 인물은 폴 슈라이버이다. 1922년 브루클린 다저스에서 만 20세를 한 달 앞두고 데뷔한 폴 슈라

말 그대로 천당과 지옥을 오갔던 대니얼 바드(출처 : 콜로라도 로키스 구단 공식 홈페이지)

폴 슈라이버. 전설적인 복귀의 주인공이
반드시 스타 선수일 이유는 없다.
(출처 : pinterest.com)

짐 모리스는 동기부여 전문
강연가로 변신해 사회적
영향력을 발휘하고 있다.
(출처 : 짐 모리스 인스타그램)

이버는 이듬해 초라한 기록과 어깨 부상을 안고 짧은 빅리그 경력을 마감
했다. 이후 10년 넘게 마이너리그와 독립리그를 전전하면서 선수생활을 지
속했지만 별다른 성과는 얻지 못했다. 그러다 1938년 한 스카우트의 주선
으로 뉴욕 양키스의 배팅볼 투수로 일하게 되었다. 그는 치기 좋은 공을 계
속해서 던질 수 있다는 평을 받았다. 실전 투수라면 치명적인 단점이지만
배팅볼 투수로는 더할 나위 없는 평이었다. 루 게릭, 조 디마지오 등 양키스
의 강타자들은 폴 슈라이버의 배팅볼이 타격 훈련에 큰 도움을 준다고 인
정했고, 실제 그해 팀이 우승하면서 슈라이버 역시 선수들과 똑같은 보너
스를 받았다.

그렇게 배팅볼을 던지던 1945년 9월 뉴욕 양키스의 조 매카시 감독은

폴 슈라이버를 선수 명단에 전격 등록했다. 단순 이벤트 차원이 아니라 실제로 그를 특정 상황에서 쓸모 있게 활용하기 위한 것이라는 언급도 덧붙였다. 그리고 9월 4일 디트로이트 타이거즈에 10대 0으로 지고 있던 6회 투아웃 상황에서 폴 슈라이버가 투입되었다. 만 42세의 나이였다. 3.1이닝을 무실점으로 막아낸 슈라이버는 나흘 뒤 다시 디트로이트전에서 1이닝을 뛰었다. 전쟁 여파로 인해 선수 수급이 정상적이지 않았다는 점을 감안하더라도 폴 슈라이버가 22년 만에 메이저리그 경기에서 공식 투구 기록을 남긴 것은 움직일 수 없는 사실이 되었다.

최장기 복귀 기록을 남긴 폴 슈라이버는 1948년 조 매카시 감독이 보스턴 레드삭스로 자리를 옮길 때 함께 유니폼을 갈아입었다. 보스턴에서도 배팅볼 투수로 좋은 평판을 얻어 10년을 일했으며, 원정 경기에서는 테드 윌리엄스의 룸메이트로도 존재감이 있었다고 한다. 이후 폴 슈라이버는 보스턴 레드삭스의 스카우트로 활동하다 1964년 이후 야구계에서 완전히 은퇴했다.

2005년 휴스턴 애스트로스의 첫 월드시리즈 진출 당시 주전 외야수였던 제이슨 레인은 헌터 펜스에 밀려 2007년 은퇴한 뒤 2014년 투수로 빅리그에 복귀한 바 있다. 성적이나 기록을 위한 것은 아니었다. 제이슨 레인은 다양한 상황이 세밀하게 얽히면서 9이닝이 완성되는 야구 경기의 매력을 너무 사랑해 돌아왔다고 한다. 신시내티 레즈의 1990년 월드시리즈 우승 멤버였던 호세 리호는 부상으로 은퇴한 뒤 5년이 지나 명예의 전당 투표 명단에 등록된 이후 현역 투수로 복귀하기도 했다.

영화의 주인공 짐 모리스는 메이저리그에서 대단한 기록을 남기지는 못했다. 대신 은퇴한 뒤 2차례 자서전을 출간하고 저명한 강연가로 활동하면서 사람들에게 용기를 전하고 있다. 또한 극적으로 돌아온 드루 로빈슨도 이제 행복이 무엇인지 알게 되었다면서 주위 사람들에게도 진짜 행복이 무엇인지 스스로 느끼게 해주고 싶다고 이야기했다. 물론 자신처럼 극단적인 경험을 하지 않더라도 말이다. 현실적인 한계를 인정하고 지난해 7월 선수생활을 완전히 마감한 드루 로빈슨은 샌프란시스코 구단에서 심리 상담을 담당하고 있다. '팬그래프' 기준으로 짐 모리스가 평생 기록한 대체 선수 대비 승리 기여도WAR*는 0.1, 드루 로빈슨은 -0.5에 불과하다. 하지만 이들이 메이저리그 1승과 비교할 수 없는 가치를 남겼다는 점은 굳이 설명할 필요가 없을 것이다.

• 최근 통용되는 대표적인 선수 평가 지표. 언제든 기용할 수 있는 후보급 선수, 이른바 '대체 선수'와 비교해 특정 선수가 한 시즌에 가져다줄 수 있는 승리 숫자를 구해 표시한다.

메이저리그, 진심의 기록

'낭만 아닌 생존', 빅리그에서 커피 한 잔

2018년 9월 캔자스시티 로열스 소속의 콜롬비아 출신 유망주 메이브리스 빌로리아는 잊지 못할 추억을 만들었다. 그는 홈 관중이 지켜보는 가운데 꿈에 그리던 메이저리그 데뷔전을 치렀는데 2타점 2루타로 팀 승리를 이끌어 경기 수훈 선수로도 선정되었다. 그는 방송 인터뷰에서 "부모님께 빅리그에 올라가게 되었다고 연락드렸더니 믿지 않으시더라"라고 말해 웃음을 주기도 했다. 메이저리그 선수 명단이 확장되는 9월에 종종 볼 수 있는 장면이다.

다만 추억을 만들 수 있는 기회가 생각처럼 흔히 주어지지는 않는다. 매일 30개 구단 수백 명의 선수들이 열전을 펼치다보니 메이저리거의 희소성에 둔감해지곤 하는데, 실제 마이너리그에서는 단 한 번의 빅리그 호출조차 받지 못한 채 선수생활을 마감하는 경우가 대다수이다. 미국 내에 등록된 고교 야구선수는 대략 45만 명에서 50만 명 정도로 추산되고, 이중

메이저리그 라커룸에 하루만이라도 유니폼을 걸어본 사람 자체가 희귀하다.

대학 야구팀에 진학하는 비율은 5퍼센트에서 6퍼센트, 메이저리그 구단
에 직접 드래프트되는 비율은 0.5퍼센트에 불과하다. 정식 계약을 맺고 마
이너리그 생활을 시작하더라도 상황이 나아진다고 장담할 수는 없다. 보
통 마이너리그 선수 중 메이저리그를 하루만이라도 경험한 선수의 비율을
10퍼센트 안팎으로 본다. 그러므로 매일 경기에 나서는 주전급 선수들은
하늘이 점지한 수준의 재능을 지닌 것으로 보아도 무방하다.

　이렇게 빅리그 호출을 받은 선수 중에서도 단 한 경기만 뛰고 사라진 선
수들을 특별히 구분하는 표현이 있다. 바로 '커피 한 잔A Cup of Coffee'이다.
폴 딕슨의 『야구 사전』에서는 유망주들이 빅리그에 잠깐 머문 경험이 말
그대로 커피 한 잔 마시는 정도의 짧은 시간이라는 점에서 유래된 말이라
고 설명하고 있는데, 어쨌거나 여유나 낭만을 떠올릴 법한 따뜻한 커피의
이미지와는 정반대에 가까운 표현이다.

메이저리그 통계 전문 사이트 '베이스볼 레퍼런스'는 이런 '커피 한 잔'들을 따로 모아두었다. 2021년까지 타자 1522명에 투수 716명. 각자 굴곡진 사연을 간직하고 있겠지만 수많은 '커피 한 잔' 중에 유독 이색적인 기록을 가진 선수라면 2002년 시애틀 매리너스 소속의 론 라이트를 꼽을 수 있다. 그는 마이너리그 시절 150미터가 넘는 비거리의 대형 홈런을 몇 차례 기록해 화제가 되기도 했는데, 2002년 4월 텍사스 레인저스와의 원정 경기를 앞두고 메이저리그에 승격되었다는 통지를 받았다. 만 26세의 비교적 적지 않은 나이였다. 팀에 합류하고도 이틀을 벤치에서 보낸 론 라이트는 당시 시애틀 매리너스의 주전 3루수 제프 시릴로가 경기 전 타격 훈련을 하던 중 튄 공에 맞아 다치는 바람에 갑자기 선발 라인업에 투입되었다. 그리고 긴장할 틈도 없이 출전해 3차례 타석에 섰으나 한 경기에서 아웃 카운트 6개라는 원치 않는 흑역사를 기록했다.

론 라이트는 첫 타석에서 가볍게 3구 삼진을 당했고 두번째 타석에서는 삼중살을 당하고 말았다. 세번째 타석에서는 기어이 병살타를 쳤고 네번째 타석에서 대타로 교체되어 라이트의 하루는 허무하게 끝이 났다. '삼진', '삼중살', '병살타'라니. 평생 삼중살 없이 선수생활을 이어가는 선수도 부지기수인데 그는 보기 드문 '3종 세트'를 단 하루 만에 완성한 뒤 바람처럼 사라졌다. 가족들에게 경기장 방문을 만류했던 것이 천만다행이었다. 이후 론 라이트는 부상으로 조기 은퇴하면서 다시는 메이저리그 무대를 밟지 못했다.

'사건'이 발생하고 15년이 흐른 2017년 〈시애틀 타임스〉와 인터뷰를 가진 론 라이트는 그날 역사적인 경기의 비디오테이프나 사진 등은 따로 보관하고 있는 것이 없고 대신 베테랑 동료 브렛 분이 건넸던 라인업 카드만

가장 씁쓸한 '커피 한 잔'의 주인공 론 라이트
(출처 : 시애틀 매리너스 구단 공식 사진)

메이저리그에서 지켜본 단 하나의 공에 애덤 그린버그의 운명이 바뀌었다.(출처 : MLB.com 영상)

간직하고 있다고 전했다. 그러면서 "결과를 떠나 그 무대에 섰던 기억이 행복하고 감사하다"는 소박한 소감을 밝히기도 했다. 일부 팬들의 기억과는 달리 그는 그날의 일을 굴욕이라고 생각하지 않았다.

론 라이트와 달리 성적이나 실력과 무관하게 '커피 한 잔'으로 사라진 선수도 있다. 시카고 컵스의 유망주 애덤 그린버그는 2005년 플로리다 말린스와의 원정 경기에서 9회 대타로 데뷔했다. 뭐라도 치면 좋고 아니어도 그만인 타석. 하지만 공 하나에 인생이 바뀔 줄은 아무도 몰랐다. 애덤 그린버그는 상대 투수 발레리오 데 로스 산토스의 초구에 머리를 강하게 맞은 뒤 쓰러졌고 뇌진탕 증세와 극심한 두통에 시달린 끝에 부상자 명단에 이름을 올리면서 시즌을 마감했다. 이후 꾸준히 복귀를 노렸지만 제대로 자리잡지 못했고 독립리그를 전전하기도 했다(2011년 독립리그에서 문제의 데 로스 산토스와 맞대결해 안타를 기록했다). 그렇게 기억에서 사라져가던 애덤 그린버그는 2012년 시카고 컵스 팬들의 청원운동에 힘입어 언론의 주목을 받게 되었고, 마이애미 말린스와 1일 계약을 맺은 뒤 감격스러운 복귀전을 치르기도 했다(복귀전에서 삼진을 당하는 바람에 통산 출루율은 0.500으로 반 토막 났다).

'커피 한 잔'은 이색 기록이나 특이한 경력을 가진 선수들을 언급할 때 주로 사용한다는 점에서 안타까울 수 있다. 그래도 결과만 놓고 보면 마냥 우울하기만 한 것은 아니다. 이미 빅리그 무대를 밟아본 극소수에 포함되었다는 것만 보더라도 그렇다. 애덤 그린버그가 데뷔 타석에서 공에 맞지 않았다면 어떻게 되었을지 알 수 없지만 적어도 그의 인생을 다룬 다큐멘터리가 유튜브에 올라가는 일은 없었을 것이다.

'모방에서 창조까지',
빅리거의 생존과 진화

―――――

신인 드래프트 1순위로 뽑혔지만 4년째 마이너리그에 머물면서 기대했던 성장세를 보여주지 못하던 선수. 어느덧 스물네 살의 나이로 유망주로서는 서서히 압박감을 느낄 무렵 우연히 듣게 된 몇 마디에 그는 인생의 전환점을 맞이하게 되었다. 2012년 드래프트 1라운더 출신, 미치 해니거의 이야기이다.

2015 시즌을 앞둔 미치 해니거는 스프링캠프에 유망주 자격으로 참가해 구단 버스를 타고 이동하던 중이었다. 그의 주위에서는 다른 선수들이 수다를 떨고 있었는데 그중에는 A.J. 폴록과 닉 아메드도 있었다. 이 두 사람은 타격과 스윙에 대한 각자의 생각을 이야기하고 있었다. 미치 해니거는 이들의 대화가 귀에 꽂히는 순간 만화처럼 수백 개의 백열등이 머리에 켜지는 느낌을 받았다고 한다. 만족할 만한 성적을 내지 못하고 있던 상황에서 평생 배운 타격법과 상반된, 그것도 자신보다 경력에서 한발 앞선 선

메이저리그, 진심의 기록

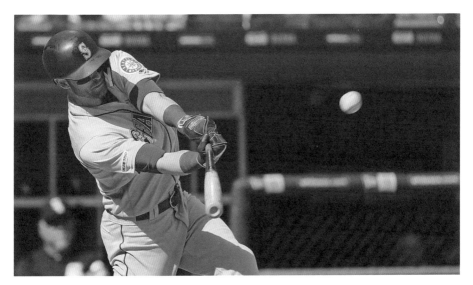
모든 것은 모방에서부터 시작되었다.(출처 : 시애틀 매리너스 구단 공식 홈페이지)

수들의 의견이었기에 궁금증은 더욱 커졌다. 선배 메이저리거들의 대화를 방해하면 안 된다는 생각도 잠시, 그는 호기심을 이기지 못하고 그들의 대화에 끼어들었다. 그날 미치 해니거는 A. J. 폴록에게 튜크스버리 타격 인스트럭터의 이론을 소개받고 곧바로 전자책 몇 개를 다운로드받았다.

그는 먼저 들은 것을 그대로 모방하는 것부터 시작했다. 그러면 정체되었던 자신의 타격을 근본적으로 개선할 수 있을 것 같았다. 구체적으로 이야기하면 당시 유행하던 타구의 발사각도에 관한 것부터 스윙할 때 스트라이크 존에 배트가 머무는 시간을 늘리는 법에 관한 내용이었다. 학습 직후 극적인 결과물이 나오지는 않았다. 미치 해니거는 2015 시즌을 마이너리그 더블 A팀에서 출발했는데 생각했던 성적과는 거리가 있었다. 오히려 출전 기회가 서서히 줄어들기까지 했다. 하지만 이미 직진하기로 결심한 그는 결단을 내렸다. 6월경 구단에 싱글 A팀으로 강등시켜달라고 요청했다.

자신이 새로 익힌 타격을 마음껏 시도하기에는 더블 A팀의 수준도 여유 있는 무대가 아니라고 생각했기 때문이다. 내려놓자 무언가 이루어졌다. 싱글 A팀의 경기에 꾸준히 출전하면서 바뀐 스윙을 적용한 것이 효과를 보기 시작했다. 정확도가 개선되었고 장타력은 몰라보게 향상되었다. 이듬해 미치 해니거는 더블 A팀과 트리플 A팀까지 무난히 졸업한 뒤 마침내 빅리그 데뷔에 성공했다.

미치 해니거는 이후에도 A. J. 폴록과 조시 도널드슨의 타격 자세를 교본으로 삼아 레그킥Leg Kick*을 흉내내며 연습했고, MVP 타자 미겔 카브레라의 스윙 궤적을 꼼꼼히 살피는 등 연구를 게을리하지 않았다. 2017년 시애틀 매리너스로 이적한 그는 2018년 올스타에 선정되면서 노력한 만큼의 평가도 받게 되었다. 스프링캠프에 참가해 버스를 타고 이동하던 그 순간을 인생의 전환점이라고 말하는 미치 해니거는 최근에도 여전히 스트라이크 존에 배트가 머무는 시간에 대해 고민하며 타격을 하고 있다(애리조나 다이아몬드백스의 제이크 램 역시 비슷한 시기에 A. J. 폴록으로부터 영향을 받아 성장한 선수로 알려져 있다).

에이로드A-Rod라는 애칭으로 더 잘 알려진 알렉스 로드리게스는 금지약물 파동 이후 존재 자체가 논쟁의 대상으로 변질된 지 오래이지만 적어도 현역 시절 타석에서 보여준 스윙만큼은 이상적인 모델로 꼽히곤 했다. 데뷔 3년차인 1996년 스무 살에 타격왕을 차지할 만큼 일찌감치 주목받은 에이로드는 어릴 적부터 타격의 롤모델을 정해두고 장점을 배우고 따라 하려고 노력했다. 그 대상이 바로 에드거 마르티네스이다. 에이로드는

---

* 투수가 던진 공에 타격 타이밍을 맞추기 위해 배트를 휘두르기 전 다리를 들어올리는 동작.

가장 이상적인 스윙의 소유자 알렉스 로드리게스(출처 : MLB.com)

2019년 ESPN과의 인터뷰를 통해 메이저리그 초년병 시절 에드거 마르티네스를 스토킹하듯 따라다니며 스윙을 배웠다고 털어놓았다.

　에이로드는 타격 연습 때 평소보다 무거운 배트로 훈련하는 이유부터 볼카운트나 구질에 따른 대처방법, 포스트시즌에서 달라지는 경기 분위기에 대응하는 법 등 타자로서 갖추어야 할 많은 덕목을 에드거 마르티네스로부터 배웠다고 한다. 그는 구단 전세기로 미국 동부와 서부를 가로질러 이동할 때는 일부러 에드거 마르티네스 옆자리에 앉아 잔심부름을 하며 귀찮을 정도로 질문을 퍼부었다는 말도 덧붙였다. 훗날 MVP까지 수상한 에이로드는 에드거 마르티네스를 자신의 야구 인생 최고의 표상이라고 정의했다.

에이로드의 롤모델이었던 에드거 마르티네스는 외적으로는 조용하고 겸손한 성격이었지만 자기 자신에게는 매우 엄격한 선수였다. 특히 스윙에 관해서는 더욱 철저했다. 원정 경기를 위해 이동하는 중에도 손에서 배트를 놓는 일이 드물었고 틈만 나면 배트를 휘둘렀다는 게 주변 사람들의 증언이다. 오죽하면 반려견 이름을 '스윙'으로 짓고, 자신이 소유한 파워보트 이름조차 '시스윙sea-swing'이라 붙였을까.

그렇게 완성해 에이로드가 따라 하려고 애쓴 에드거 마르티네스의 부드러운 스윙 또한 사실은 혼자 깨우쳐 만든 작품이 아니었다. 에드거 마르티네스는 2019년 미국 야구 명예의 전당 헌액을 기념해 출간한 자서전에서 자신의 스윙이 완성된 과정에 대해 자세히 밝힌 바 있다. 그는 마이너리그 시절 성적이 잠시만 부진해도 타격 자세를 바꿀 만큼 이론적으로 정립되지 않은 상태였다고 한다. 그러다 호세 크루스*의 타격을 보고 자신의 단점을 교정할 수 있을 것이라는 기대를 갖게 되었다. 그는 이른바 '인사이드-아웃 스윙inside-out swing'**으로 공을 맞히는 데만 급급하고 높은 공에 약하던 시절, 푸에르토리코에서 상대팀으로 만난 호세 크루스가 바깥쪽 높은 공을 라인드라이브line drive 타구로 연결하는 장면을 보고 깨달음을 얻었다고 한다. 타격 준비 동작에서 배트를 오른쪽 귀 옆까지 치켜드는 에드거 마르티네스의 '시그니처 자세'는 이처럼 호세 크루스의 스윙에서 비롯된 것이었다. 이외에도 레그킥은 커비 퍼켓, 스윙하면서 엉덩이를 회전

• 1970년대와 1980년대를 풍미하며 휴스턴 애스트로스의 최고 스타로 활약한 푸에르토리코 출신의 외야수.
•• 타자의 몸쪽으로 파고드는 공을 반대쪽으로 밀어치는 타격법. 데릭 지터Derek Jeter의 타법으로도 유명하다.

메이저리그, 진심의 기록

2000년 올스타에 선정된 에이로드와 에드거 마르티네스(출처 : 시애틀 매리너스 구단 공식 사진)

하는 방식은 윌 클라크, 여기에 조지 브렛과 라인 샌드버그까지 흉내내면서 자신만의 스윙을 완성했다고 한다.

　호세 크루스는 에드거 마르티네스가 자신의 타격 자세를 연구해 명예의 전당까지 입성했다는 사실에 영광이라고 말하면서 로베르토 알로마도 자신을 따라 한 것으로 안다며 은근슬쩍 자랑도 빼놓지 않았다. 그런 호세 크루스 역시 세인트루이스 카디널스에서 활약하던 시절 밥 깁슨의 타격 자세를 참고했다고 밝혔다(명예의 전당에 헌액된 '투수' 밥 깁슨이 맞다). 에드거 마르티네스와 호세 크루스 모두 홈런보다는 정교함을 바탕으로 2루타 양산에 목적이 있는 타격이라는 점에서 적절한 사례로 남을 만하다. 이후 호세 크루스의 아들인 호세 크루스 주니어는 시애틀 매리너스에서 데뷔해 에드거 마르티네스로부터 많은 조언을 받는 등 서로 영향을 주고받으며 이 야깃거리를 만들어냈다. 에이로드와 에드거 마르티네스를 거쳐 호세 크루스, 더 나아가 투수 밥 깁슨의 타격 능력까지 이어지는 흐름은 꽤 심오해 보인다.

모방과 창조의 흐름은 당연히 타자들만의 것이 아니다. 실력 못지않게 괴짜로 유명한 투수 트레버 바워는 현역 투수 가운데 커브를 주력 구종으로 사용하는 선수 중 한 명이다. 그는 〈베이스볼 다이제스트〉와의 인터뷰에서 자신이 어린 시절부터 커브를 연마한 이유는 배리 지토의 팬이었기 때문이라고 했다. 2000년대 초반 오클랜드 애슬레틱스 소속으로 머니볼 열풍의 중심에 섰던 배리 지토는 포스트시즌에 더 인상적이었던 강심장, 그리고 무지개처럼 크게 휘는 커브가 주무기였던 선수이다.

트레버 바워가 배리 지토 다음으로 영향을 받은 선수는 팀 린스컴이다. 크지 않은 체구에서 뿜어져나오는 강력한 투구는 트레버 바워의 롤모델이 될 만했다. 하지만 메이저리그 승격 후 자신이 팀 린스컴의 투구 동작을 흡수하기에는 신체적으로 무리가 있다고 판단하여 전문가들의 도움을 받아 놀런 라이언의 투구 자세를 보며 학습하고 있다고 했다(트레버 바워는 이 인터뷰에서 해마다 가을 야구에 뛰고 싶고 매년 자신의 가치를 제대로 평가받고 싶기에 FA가 되면 단년 계약만 하고 싶다는 의사도 밝혔다. 이런 기인의 풍모만큼은 아무도 흉내내지 못할 듯하다).

코리안 메이저리거 박찬호 또한 빅리그 데뷔 직후 놀런 라이언의 하이킥을 실전에서 시도했고, 추신수는 마이너리그에서 켄 그리피 주니어의 타격 자세를 그대로 차용하기도 했다. 메이저리그 이외에도 어린 시절부터 마라도나의 영상을 보며 그대로 따라 하려고 노력했다는 스페인 프로축구 레

박찬호를 빅리그로 이끈 놀런 라이언의 투구 자세(출처 : MLB.com)

알 마요르카의 이강인은 2019년 20세 이하 월드컵 4강전에서 마라도나가 1994년 미국 월드컵에서 선보였던 세트피스 장면을 그대로 재현해 화제를 모으기도 했다.

　모방이 창조의 원천이라는 말은 예술 분야에서 흔히 쓰인다. 그러나 표절과 아류의 위험한 경계를 걱정할 필요가 없다는 점에서 스포츠 분야는 훨씬 안전하다. 대가의 풍모를 따라 한다고 해도 그 결과물은 자신의 신체적 특성에 맞는 개성이 묻어난 채 표현될 수밖에 없기 때문이다. 그럼에도 부정한 방법을 쓰지 않고 대선수의 실력마저 표절해낸다면 그야말로 극찬을 받을 만한 일이다. 때로는 생존을 위해, 때로는 개인적인 취향을 이유로 앞선 선수들을 모방하고 습득한 것이 새로운 기록을 만들어내고 또다른 이야기로 이어진다는 것이 꽤나 흥미롭다. 매년 비슷하게 반복되는 것처럼 보이는 메이저리그 시즌이 따분하게 느껴지지 않는 이유 중 하나이다.

그들의 눈물로 기록한
MLB

2019년 워싱턴 내셔널스가 창단 50년 만에 처음으로 월드시리즈 우승을 차지한 것은 많은 사람의 예상을 깬 이변이었다. 그만큼 수많은 이야깃거리를 남기기도 했다. 특히 원정팀만 승리한 최초의 시리즈라는 점은 곱씹어도 흥미롭다. 월드시리즈 7경기 모두 홈팀이 패해 역대 가장 많은 '직관한 팬'들이 실망한 시리즈로도 남게 되었다. 워싱턴 내셔널스가 휴스턴 애스트로스뿐만 아니라 LA 다저스까지 양대 리그 홈승률 1위 팀을 모두 제압하고 정상에 오르면서 '홈 어드밴티지'•에 대한 다양한 의견도 쏟아져 나왔다.

덩달아 2014년 디트로이트 타이거스도 새롭게 주목을 받았다. 당시의 디

• 스포츠 경기에서 홈팀이 원정팀에 비해 유리하다는 가설. 환경적인 요인과 심리적인 요인으로 설명되는데 종목을 불문하고 홈경기 승률이 상대적으로 높은 편이다.

숱한 눈물로 점철된 2019 월드시리즈(출처 : 워싱턴 내셔널스 구단 공식 SNS)

트로이트는 2019년의 워싱턴 내셔널스처럼 걸출한 선발진이 강점인 팀이었다. 저스틴 벌랜더, 맥스 셔저, 릭 포셀로, 아니발 산체스 그리고 데이비드 프라이스까지 당대 최고의 선수들로 이루어져 있었다. 그럼에도 불구하고 기대치에 미치지 못하는 성적으로 유명했다. 몇 차례 가을 야구에서 성과를 내지 못한 디트로이트 타이거즈가 팀 노선을 바꾸면서 해당 선수들은 뿔뿔이 흩어졌다. 이중 저스틴 벌랜더는 2017년 휴스턴 애스트로스에서, 릭 포셀로와 데이비드 프라이스는 2018년 보스턴 레드삭스에서 원하던 우승 반지를 손에 넣었다.

그리고 2019년 맥스 셔저와 아니발 산체스가 우승 멤버에 이름을 올리면서 2014년 디트로이트 타이거즈의 주축 선발진 모두 팀을 옮겨 반지 수집에 성공하는 독특한 상황을 만들어냈다. 실력 못지않게 승부욕이 강한 것으로 잘 알려진 맥스 셔저는 주사 치료까지 받아가며 6차전 구원 등판을 준비했고 최상의 몸 상태가 아님에도 7차전을 버틴 끝에 정상의 자리에 설 수 있었다. 마지막 아웃카운트까지 잠시도 앉지 못하고 서성이던 그가 승리를 확인한 뒤 그라운드로 뛰어나가기까지의 모습은 현지에서도 화제가 되었다. 우승 세리머니가 한창인 수많은 선수 사이로 30대 중반의 맥스 셔저와 아니발 산체스 이 두 선수는 서로를 확인한 뒤 격렬하게 포옹하며 "우리가 결국 해냈다"고 외쳤다. 연봉과 경력으로 설명할 수 없는 원초적인 승부욕이 해소되는 순간이었다. 디트로이트 타이거스에서 이어진 두 노장의 눈물은 워싱턴 내셔널스의 우승이 가진 의미와 별개로 또다른 감동을 선사했다.

냉정한 승부의 세계에서 종종 화제가 되는 눈물이 꼭 성취나 업적과 맞닿아 있는 것은 아니다. 2019년 9월 26일 시애틀 매리너스와 오클랜드 애슬레틱스의 경기. 포스트시즌 경쟁이 한창이었지만 모든 시선은 시애틀 매리너스의 선발투수 펠릭스 에르난데스에게 집중되었다. 2013년 초 맺은 7년 계약이 끝나는 시즌의 마지막 홈경기. 에르난데스 자신은 한 번도 은퇴한다고 말한 적이 없음에도 경기장 안을 가득 메운 관중과 동료 선수, 언론 관계자들은 이미 이 경기를 에르난데스의 고별 경기로 인식하고 있었다. 사실이 그랬다. 출전하면 5회를 버티는 것조차 힘겨운 선수. 꾸역꾸역 던지는 공은 여지없이 라인 드라이브로 뻗어나가고 마운드에서 사투를 벌이는 모습이 안쓰럽기까지 한 선수였다. 냉정하게 볼 때 펠릭스 에르난데스가 출전하지 않는 것이 팀에 도움이 된다는 사실은 부인할 수 없었다. 해마다 명예 회복을 별렀지만 2019년에도 시즌 첫 경기에서 승리투수가 된 이후 13경기에 더 선발 등판하고도 추가 승리를 올리지 못했다.

이날은 수비 도움을 받아가며 5회를 버텼다. 투구수는 벌써 101개. 물러날 때가 되었지만 스콧 서비스 감독은 그에게 기립박수를 선물하기 위해 6회 초 원아웃까지 마운드를 맡겼다. 그리고 마운드로 걸어가 에르난데스에게 이야기했다. 이제는 때가 된 것 같다고. 네가 너무 자랑스럽다고. 이 도시에서 너 이외의 어느 누구도 '킹'으로 불릴 선수는 없을 것이라고. 스콧 서비스 감독의 메시지에 에르난데스는 감정을 주체하지 못했다. 동료들과 일일이 포옹을 나눈 뒤 환호와 기립박수를 보내는 관중들을 향해 인사를 반복하면서 좀처럼 자리를 뜨지 못했다. 팔뚝으로 눈물을 훔치며 더그아웃으로 향했던 에르난데스는 다시 뛰쳐나와 마지막 커튼콜을 조금 더 즐겼다.

2014년만 해도 아메리칸리그 평균자책점 1위에 올랐던 펠릭스 에르난데스는 2016년부터 하락세를 보이기 시작하더니 단 한 번의 반등 없이 급격히 무너졌다. 2005년 만 19세의 어린 나이로 메이저리그에 데뷔해 오랫동안 팀의 에이스 역할을 하며 누적된 투구 이닝이 근본적인 문제였다. 자신의 우상이자 동향 선배인 프레디 가르시아를 존경해 상대적으로 낮은 계약금을 감수하며 시애틀 매리너스에 입단한 것도 운명의 장난이었다. 시애틀 매리너스는 에르난데스가 데뷔한 시즌부터 9년 연속 5할 승률을 밑돌 정도로 형편없는 팀이었다. 에르난데스는 큰 부상도 없이 매년 200이닝 안팎을 소화하며 리그 최고 수준의 경기력을 보여주었지만 그에 걸맞은 주목을 받지 못했다.

가을 야구 무대는 아예 밟아보지도 못했다. 그 과정에서 자신의 통산 기록을 크게 손해본 것은 두말 할 필요도 없다. 그럼에도 한 번도 이적을 생각한 적이 없었고, 연장 계약을 체결하는 기자회견에서도 팀을 포스트시즌으로 이끌겠다고 다짐하며 눈물을 펑펑 쏟기도 했다. 시애틀 매리너

고별전 투구를 마치고 감정이 크게 흔들린 펠릭스 에르난데스(출처 : 시애틀 매리너스 구단 공식 SNS)

스 구단도 애를 쓰기는 했지만 지지리 운이 없었다. 시애틀 매리너스는 2010년대 초반 대니 헐첸, 타이완 워커, 제임스 팩스턴 등 우수한 투수들을 집중적으로 영입해 에르난데스와 함께 투수 군단을 구축하려고 했지만 이들 모두 잦은 부상으로 꿈을 이루지 못했다. 관중들은 이 모든 사실을 알고 있기에 에르난데스에게 박수와 환호를 보내지 않을 수 없었다. 부진해도 미워할 수 없는, 아니 오히려 미안한 마음이 드는 선수가 바로 펠릭스 에르난데스였다. 시기적으로나 맥락상으로 LG 트윈스 팬들이 이동현에게 갖는 마음과 비슷하다고 해도 크게 다르지는 않을 듯하다. 심지어 상대팀인 오클랜드 애슬레틱스 소속이던 신인 투수 헤수스 루자르도는 "나 자신이 빅리그에 승격되었을 때도 눈물이 나지 않았는데 불펜에서 에르난데스를 보고는 울고 말았다"고 이야기했을 정도이다.

그런데 펠릭스 에르난데스의 눈물은 경기 도중 교체될 때 보였던 것이 전부가 아니었다. 사실 경기 전 워밍업을 하기 위해 외야 불펜으로 천천히 향하던 그는 이미 그때 눈시울이 뜨거워진 상태였다. 애써 태연한 척 과장된 표정으로 껌을 씹어가며 걸었지만 이내 모자를 푹 눌러써 눈을 가렸고 결국 눈가의 눈물을 훔칠 수밖에 없었다. "불펜으로 향하면서 이미 눈물이 나기 시작하는데 지금은 절대 안 된다고 생각했습니다. 그런데 그게 참 어렵더라고요." 개인적으로는 이때의 눈물에 더 관심이 간다.

스물한 살에 보스턴 레드삭스와의 원정 경기에서 마쓰자카 다이스케와 맞대결을 펼쳐 1피안타 완봉승을 거두고 넘치는 패기를 과시했던 선수. 메이저리그 역사상 최초로 사이영상 수상과 퍼펙트게임 달성, 그리고 2500탈삼진을 한 팀에서 이루어낸 선수. 펠릭스 에르난데스는 눈물의 경기를 마치고 기자회견에서 "아직 은퇴하지 않는다"고 말했다.

이보다 앞선 9월 7일 워싱턴 내셔널스와 애틀랜타 브레이브스의 경기 5회 말에 구원 등판한 워싱턴 내셔널스의 투수 에런 배럿은 1이닝을 무난히 소화했다. 지극히 평범한 경기였지만 배럿은 고개를 좀처럼 들지 못한 채 더그아웃으로 향했고 그에게 동료들의 격려가 이어졌다. 잠시 후 배럿은 더그아웃 구석에서 아예 얼굴을 감싸고 펑펑 울기 시작했다. 데이브 마르티네스 감독도 배럿에게 수건을 건네며 한참을 위로했다. 이루어질 것이라고 생각하지 못했던 빅리그 복귀전이 4년 만에 현실이 된 순간 그는 감정을 주체하지 못했다.

2014년 데뷔한 에런 배럿은 첫해부터 워싱턴 내셔널스의 주축 불펜 투수로 활약했다. 2020년부터 2년간 KIA 타이거즈의 지휘봉을 잡기도 했던 맷 윌리엄스 감독이 워싱턴 내셔널스 감독으로 부임한 시즌이었다. 그는 그

에런 배럿 자신도 믿기 어려웠던 복귀전(출처 : 메이저리그 공식 홈페이지)

해 디비전시리즈 명단에도 포함되었을 만큼 인정받는 투수였다. 하지만 이 듬해 팔의 통증이 심해지다 못해 손가락의 감각이 사라질 정도로 상태가 악화되어 결국 팔꿈치 부상으로 토미 존 수술*을 받게 되었다. 이후 1년 정도 재활을 거쳐 2016년 7월에는 연습 경기에 참가할 수 있을 정도로 상태가 호전되었다. 그런데 여기서 투구 도중 팔이 부러지는 치명적인 문제가 발생했다. 당시 상황을 묘사한 〈워싱턴 포스트〉 기사에 따르면 현장에 있던 선수와 코치들은 에런 배럿의 뼈가 부러지는 순간 총탄이 발사되는 듯한

• 부상당한 팔꿈치 인대를 다른 인대로 교체하는 수술. 정식 명칭은 '척골 측부 인대 재건술' 이지만 최초로 해당 수술을 받고 재기에 성공한 토미 존의 이름을 따서 흔히 일컫는다.

소리를 생생하게 들었다고 한다. 다음 투구를 위해 대기하고 있던 맷 레이토스는 이 상황을 목격하고 구토까지 했을 정도이다. 통증이 재발한 것은 배럿에게 물리적 고통 이상의 상처를 안겨주었다. 더스티 베이커 감독은 분석용으로 촬영중이던 영상을 받아본 뒤 이 영상이 공개되지 않도록 하드디스크를 밀폐된 곳에 보관했다고 한다.

이후 에런 배럿은 2년 동안 재활에 전념했다. 2018년 싱글 A팀에서 투구를 다시 시작했고 20경기를 뛰면서 가능성을 확인했다. 그리고 2019년 스프링캠프에서 빅리그 수준의 투구가 가능하다는 것을 보여주었다. 워싱턴 내셔널스 구단도 그의 안정적인 복귀를 돕기 위해 장기적인 시각으로 접근했는데 더블 A팀 경기에서 부담이 적은 상황부터 테스트를 시작했다. 그가 적응되었다고 판단되면 좀더 부담스러운 상황에 투입하는 식이었다.

연투*에 대한 테스트도 이어졌다. 원하지 않는 결과가 나올 때도 있었지만 전체적으로 향상되고 있는 것은 확실했다. 그렇게 50경기를 뛰면서 모든 테스트가 끝났다. 워싱턴 내셔널스 구단은 에런 배럿의 빅리그 합류를 결정했고, 이 사실은 더블 A팀의 감독 맷 르크로이에게 통보되었다. 그는 배럿을 팀 동료들 앞에 서게 한 뒤 "내가 너의 감독이었다는 것이, 그리고 빅리그 승격 소식을 전할 수 있다는 것이 영광"이라고 말했다. 배럿의 과거를 익히 아는 맷 르크로이 감독이 눈물을 참으며 동료들 앞에서 영광의 순간을 알리는 인간적인 모습은 SNS에서 큰 화제가 되었다.

탬파베이 레이스의 케빈 키어마이어와 함께 정상급의 중견수 수비로 잘

---

* 구원투수가 연일 경기에 등판해 던지는 일. 인간이 전력으로 던질 수 있는 공의 개수는 제한적이기 때문에 구원투수의 경우 팀 상황에 따른 등판 간격이나 투구수 조절이 필수적이다.

　　　　　　　　　　　　　　　　메이저리그, 진심의 기록

알려진 케빈 필라는 2019년 4월 2일 토론토 클럽하우스 통로에서 두 눈이 시뻘겋게 충혈된 채 기자들과 마주쳤다. 샌프란시스코 자이언츠로 트레이드되었다는 소식을 전해들은 직후였다. 그는 무엇 때문에 감정적으로 동요되었느냐는 취재진의 질문에 한동안 기자들의 시선을 회피하며 제대로 답을 하지 못했다. 잠시 감정을 추스른 후에야 토론토 블루제이스 구단과 사람들에 대한 애정이 생각보다 컸다고 답했다. 이제 이적하면 몇 주 후 원정팀 자격으로 토론토를 방문해야 하는데 그 상황을 쉽게 받아들이지 못할 것 같다는 것이었다.

정말 그랬다. 트레이드된 지 3주 후 원정팀 선수로 토론토를 방문한 그는 자신을 열렬히 환대하는 팬들의 박수에 쉽지 않은 표정 연기를 해야 했다. 그는 모든 관중의 환호가 들리는 가운데 전광판에서 펼쳐지는 자신의 호수비 특집 영상을 애써 무신경한 표정으로 바라보았다. 영상이 끝난 뒤 모자를 벗어 간단히 답례하고 경기에 돌입한 케빈 필라는 복귀 첫 타석에서 적시타를 터뜨리며 냉혹한 승부의 세계에 몰입한 것처럼 보였다. 하지만 속마음은 그리 간단하지 않았다. 그는 경기를 마친 후 또 한번 충혈된 눈으로 인터뷰에 응할 수밖에 없었다. 자신이 정말 감정에 충실한 사람이란 것을 인정하면서 눈물을 참기 위해 경기에 더 집중했다고 털어놓았다.

야구는 비즈니스이고 선수는 상품인 메이저리그에서 숱하게 벌어지는 트레이드가 뭐 그리 대단한 일인가 싶겠지만 정작 당사자들이 받는 충격은 적지 않은 듯하다. 그럼에도 케빈 필라처럼 트레이드 직후 감정의 동요를 일으킨 모습이 생생하게 노출되는 경우는 흔하지 않다. 사람과 팀에 대한 진짜 애정이 묻어나는 그의 표정에서 잠시나마 메이저리그의 인간적인 모습을 확인할 수 있었다.

은퇴 선언을 한 뒤 전광판에서 흘러나오는 가족들의 영상 편지를 보고 눈물샘이 터진 뉴욕 양키스의 C.C. 사바시아, 내셔널리그 동부지구 1위를 확정하고 홈 팬들 앞에서 소감을 밝히다 말문이 막혀버린 브라이언 스닛커 감독도 2019년을 돌아볼 때 기억에 남는 눈물의 주인공들이다. 승부가 전부라는 말로 프로의 세계를 냉정하게 치부하기에는 이런 기억들이 꽤 오래가는 것 같다. 가공되지 않은 장면인 것은 확실하다.

예측 불가능한 인생 그 자체,
너클볼!

'야구는 인생의 축소판'이라는 말이 있다. 이는 야구 경기 중 벌어지는 수많은 플레이, 그리고 선수들의 사연에 인생의 희로애락이 그대로 녹아 있다는 말이다. 또한 매일 온갖 상황이 기록과 뒤섞이는 야구의 묘미를 압축한 문구이기도 하다. 하지만 이를 과하게 해석해 야구만이 특별히 예찬해야 할 대상인 것처럼 목소리를 높이는 사람들을 보면 부담스럽다. 굳이 따지자면 체조도 인생의 축소판이고, 근대 5종도 인생을 닮은 스포츠로 손색이 없다. 애초에 누군가 자신의 삶을 바쳐 만들어가는 일이라면 그것이 인생과 무관할 리 없다.

그런데 너클볼은 다르다. 너클볼이라는 구종 자체가 갖는 특별함은 물론 너클볼 투수가 굳이 그 공을 던지게 된 사연까지 곱씹을수록 인생의 희로애락이 제대로 응축된 축소판처럼 느껴진다. 조금 과장한다고 해도 그럴 만하다고 납득하게 된다. 너클볼의 사전적 설명은 "손가락 끝이나 손톱,

너클볼

관절 등으로 공을 찍어 누른 채 던지는 구종"이다. 가장 큰 특징은 회전이 거의 없는 상태로 날아간다는 것이다. 시속 160킬로미터를 넘나드는 강속구와 현란한 궤적의 변화구 모두 젖 먹던 힘을 쥐어짜 공을 최대한 강하게 회전시켜 만드는데 너클볼은 정반대이다. 회전을 없애는 것이 핵심이다.

메이저리그에서 시속 93마일(150킬로미터) 직구의 분당 회전수는 보통 2300회 정도인 반면 너클볼의 분당 회전수는 150회 수준으로 알려져 있다. 실제 투수의 손을 떠난 너클볼은 물리적으로 한 바퀴 반 정도 돌고 포수의 미트에 꽂히는 것이 이상적이라고 한다. 회전수를 조금이라도 높이기 위해 과학적인 훈련법을 동원하는 현대 야구의 흐름에 정면으로 역행하는 공인 셈이다. 회전 없는 공은 날아가는 동안 황당할 만큼 이리저리 흔들린

　　　　　　　　　　　　　　　　　메이저리그, 진심의 기록

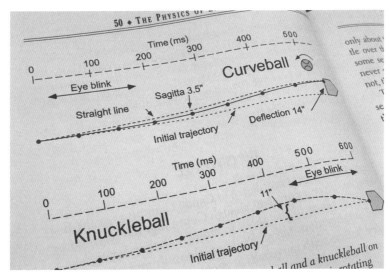

너클볼은 물리학 이론과 자주 접목되는 소재이다.(출처 : 로버트 어데어, 『야구의 물리학』)

다. 솔기가 있는 쪽과 없는 쪽의 기류가 달라지면서 미세한 공기의 흐름에도 쉽게 휘둘린다. 날아가는 방식도 그때그때 제각각이다. "춤추고, 솟아오르고, 때론 날갯짓에, 비틀거리다 떨어진다. 회전 없이 그리고 예측 불가능한 방향으로." 폴 딕슨의 『야구 사전』에서 너클볼의 움직임을 묘사한 수식어들이다. 너클볼을 시각적으로 쉽게 이해할 수 있도록 돕는 장면이 축구에도 존재한다. 크리스티아누 호날두와 주니뉴 페르남부카노의 전매특허로 잘 알려진 무회전 프리킥이 정확히 같은 원리로 비행한다. 그래서 무회전 프리킥을 너클 프리킥이라고도 부른다.

"타격은 타이밍, 투구는 타이밍을 빼앗는 것"이라는 대투수 워런 스판의 명언만 생각하면 너클볼은 타자의 리듬을 깨는 색다른 시도일 뿐이다. 하지만 현실은 그리 간단하지 않다. 너클볼은 타자의 리듬만 깨는 것이 아니라 포수가 공을 받는 방식마저 무너뜨린다. 너클볼에 당황하는 포수와 무회전 프리킥에 넋이 나간 골키퍼의 모습도 꽤나 비슷하다. 밀워키 브루어스의 명해설자이자 현역 시절 너클볼 투수였던 필 니크로의 공을 받아본 적이 있는 밥 유커는 너클볼을 확실히 잡는 방법에 대해 "공이 구르다 멈출 때까지 기다려서 줍는 것"이라고 말했다.

그래서 너클볼 투수에게 전담 포수는 필수이다. 가장 최근에 활약한 너클볼 투수 R.A. 디키에게는 전담 포수 조시 톨리가 있었다. 뉴욕 메츠에서 뛰던 디키가 2012년 말 토론토 블루제이스로 트레이드되는 과정에서 조시 톨리도 패키지처럼 따라간 것은 너무나 자연스러웠다. 2011년까지 보스턴 레드삭스에서 활약하다 은퇴한 너클볼 투수 팀 웨이크필드도 더그 미라벨리와 주로 호흡을 맞췄다. 미라벨리 역시 트레이드와 관련된 사연이 있다. 극적인 면으로는 조시 톨리보다 훨씬 강렬하다.

보스턴 레드삭스는 2006 시즌을 앞두고 더그 미라벨리를 샌디에이고 파드리스로 트레이드했다. 미라벨리가 수행했던 너클볼 전담 포수이자 백업 포수 역할은 조시 바드를 영입해 맡기는 것으로 정리했다. 보스턴 생활을 좋아하던 미라벨리에게는 원치 않는 트레이드였지만 샌디에이고 파드리스에서 주전으로 도약할 수 있는 가능성이 있었으니 마냥 섭섭한 일만은 아니었다(샌디에이고 파드리스가 마이크 피아자를 영입하기 전까지의 이야기이다). 그런데 막상 시즌이 시작하자 문제가 생겼다. 별일 아닐 것 같던 '너클볼 받는 일'을 조시 바드가 생각대로 해내지 못했다. 바드가 너클볼을 잡으려고 안간힘을 쓰는 모습만 보면 마치 사회인 야구선수로 보일 정도였다. 개막 후 팀 웨이크필드가 나선 5경기에서 기록된 패스트볼passed ball(포일)*만 10개였다. 바드는 별도로 개인 연습을 하는 장면이 중계방송

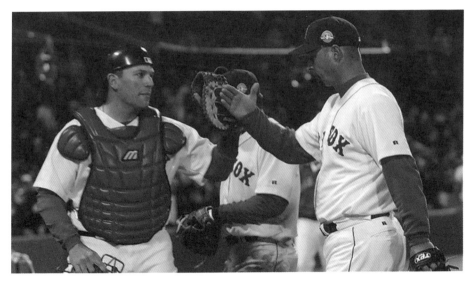

팀 웨이크필드가 던지면 더그 미라벨리가 받아 꿰는, 말 그대로 '실과 바늘' 같은 사이였다.(출처 : 보스턴 글로브 닷컴)

에 포착될 만큼 그 나름대로 애를 썼지만 크게 달라진 것은 없었다.

　사태의 심각성을 깨달은 테오 엡스타인 보스턴 단장이 결단을 내렸다. 당장 5월 1일 뉴욕 양키스와의 홈경기부터 팀 웨이크필드의 너클볼을 조시 바드가 받는 일이 없어야 했다. ESPN을 통해 전국에 생중계되는 전통의 라이벌전이라는 것만으로도 명분은 충분했다. 하지만 무시하지 못할 이유가 하나 더 있었는데 다름아닌 이 경기는 '밤비노의 저주'**를 깬 주역이자 '동굴맨'으로 불리던 조니 데이먼이 뉴욕 양키스로 이적한 뒤 깨끗하게 면도한 얼굴로 처음 펜웨이 파크에 복귀하는 무대라는 사실이었다. 풍성한

* 투수가 던진 공을 포수가 정상적으로 잡지 못해 상대 주자가 진루하는 경우 주어지는 기록.
** 보스턴 레드삭스가 1920년 베이브 루스를 뉴욕 양키스로 트레이드한 뒤 한차례도 우승하지 못한 반면 양키스는 이후 최다 우승팀이 되면서 회자된 저주. 밤비노는 베이브 루스의 별명이다. 2004년 보스턴 레드삭스가 86년 만에 우승하며 밤비노의 저주는 깨졌다.

더그 미라벨리의 긴급 이송 작전에 환호하는 관중들(출처 : MLB.com 영상)

이야깃거리 덕에 언론의 관심이 집중될 것이 자명했다.

테오 엡스타인은 전국적으로 망신당하는 것을 피하기 위해 가장 쉬운 길을 택했다. 그냥 더그 미라벨리를 다시 데려오는 것이었다. 샌디에이고 파드리스의 케빈 타워스 단장과 속전속결로 이야기를 끝냈다. 저녁 7시 경기를 앞둔 당일 아침에 트레이드가 성사되었다. 곧바로 기장과 부기장 그리고 더그 미라벨리까지 셋을 태운 6인승 자가용 비행기가 샌디에이고에서 이륙했다. 시차 3시간을 거슬러올라가는 6시간 일정의 비행. 숨가쁘게 날아온 자가용 비행기는 저녁 6시 48분 보스턴의 한 공항에 착륙했고, 미라벨리는 경찰의 호위를 받으며 경기 직전에 가까스로 경기장에 도착했다(유니폼은 이동하는 차 안에서 갈아입었다).

해당 자가용 비행기 업체 직원이 라디오 방송에 출연해 '미라벨리 이송 대작전'을 떠들어댄 덕분에 펜웨이 파크 주변은 이미 미라벨리를 환영하는 인파로 북적였다. 미라벨리는 호위 차량에서 내리자마자 팬들의 박수를 받으며 경기장으로 뛰어들었다. 마땅한 야구화를 갖추지 못해 윌리 모 페냐의 것을 빌려 신었고 팀 웨이크필드와는 간단히 호흡만 맞춘 채 경기에 투입되었다. 웨이크필드는 7이닝 3실점으로 준수한 투구를 보여주었고, 미라벨리도 도루 저지 하나를 기록했다. 경기는 보스턴 레드삭스가 7 대 3으로 승리했다. 역사상 가장 유명한 백업 포수 트레이드는 이렇게 완성되었다. 말하자면 너클볼 때문에 일어난 해프닝이었다.

팬들에게는 흥미로웠지만 테오 엡스타인은 훗날 자신이 저지른 최악의 트레이드가 바로 더그 미라벨리의 트레이드였다고 털어놓았다. 성적이나 결과 때문이 아니라 인내심 부족으로 경솔한 판단을 내렸다는 것, 그리고 창의적인 방법을 찾지 못한 과정이 문제였다는 것이다.

번외로 더그 미라벨리 대신 샌디에이고 파드리스로 떠넘겨진 조시 바드 역시 둘째 아이의 출산을 앞둔 만삭의 아내를 남겨둔 채 새 팀으로의 합류를 위해 다급하게 공항으로 가야 했다. 탑승을 기다리는 과정에서 바드를 알아본 승객으로부터 너클볼 포구 실력을 비판하는 말까지 듣게 된 것은 운명이라기에는 너무 잔인했다.

타자가 치기 힘들고 포수가 잡기도 힘든 너클볼. 하지만 가장 근본적인 문제는 '잘 던지는 것' 자체가 어렵다는 것이다. 일단 일반적인 투수는 너클볼을 주무기로 삼을 이유가 없다. 굳이 비틀거리는 공을 던져 불확실성에 기댈 필요가 없기 때문이다. 실제로 대다수 너클볼 투수는 스스로 자랑스럽게 너클볼을 던지게 된 것이 아니다.

팀 웨이크필드는 피츠버그 파이리츠 입단 때만 해도 타자였는데 마이너리그 성적이 형편없었다. 어느 날 소속팀 감독이 웨이크필드가 연습 도중

팀 웨이크필드의 야구 인생은 너클볼처럼 수시로 휘었다.(출처 : 피츠버그 파이리츠 구단 공식 홈페이지)

무심코 던진 너클볼에 주목했고, 아예 너클볼 투수가 되는 것이 어떠냐는
권유를 하게 되었다. 단순히 타자에서 투수로 전향하는 것도 아니고 뜬금
없이 너클볼 투수를 해보라는 말에 웨이크필드는 선수를 그만두라는 조
롱이라고 생각해 자존심이 크게 무너졌다고 한다. 하지만 냉정하게 생각해
보았을 때 그는 화를 낼 처지가 아니었다. 빅리그 승격을 떠나 입에 풀칠이
라도 하려면 할 수 있는 것은 무엇이든 다 해보아야 했다. 절실했던 웨이크
필드는 마이너리그에서 너클볼 투수로 꽤 괜찮은 성적을 올리면서 빅리그
승격에 성공했고 데뷔전에서는 완봉승을 거두는 사고까지 쳤다. 너클볼로
쌓은 통산 200승의 첫걸음은 이렇게 시작되었다.

이 방면 최고의 드라마는 R.A. 디키의 몫이다. 테네시대학 시절 시속

메이저리그, 진심의 기록

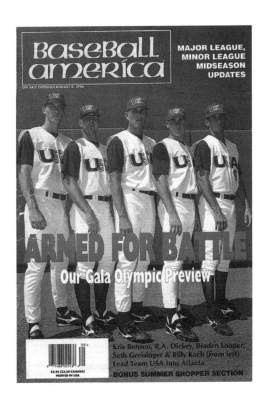

문제의 잡지 표지. 왼쪽에서
두번째가 R.A. 디키의 모습이다.
(출처 : 〈베이스볼 아메리카〉)

95마일(153킬로미터)의 빠른 공을 뿌리던 디키는 애틀랜타 올림픽 대표팀
에 선발될 정도로 인정받는 유망주였다. 1996년 드래프트 1라운드에서 텍
사스 레인저스에 지명되었고, 82만 5000달러의 계약금을 약속받으며 순조
로운 야구 인생을 시작하는 듯했다. 그런데 사진 한 장이 그의 운명을 바꿔
놓았다. 당시 올림픽 대표팀 주축 투수들이 나란히 등장한 〈베이스볼 아메
리카〉 표지 사진이었다(크리스 벤슨, 빌리 코치, 세스 그레이싱어 등 당대 특급
유망주들과 함께 포즈를 취했다). 텍사스 레인저스의 팀 닥터는 이 사진을 보
고 "디키의 오른팔 각도가 부자연스러워 보인다"는 뜻밖의 의견을 제시했
다. 그의 의견은 구단 내에서 진지하게 다루어졌지만 디키는 이 상황을 전

혀 알지 못했다. 텍사스 레인저스 입단 전 신체검사를 요식 행위 정도로 생각하고 계약서에 서명할 준비를 하고 있었는데 전혀 예상치 못한 일이 벌어진 것이다. 팀 닥터가 디키에게 "오른쪽 팔꿈치 인대가 없다"며 평소 출입문 손잡이를 통증 없이 열고 닫을 수 있었는지 묻기까지 했다. 더그 멜빈 텍사스 단장도 인대 없는 선수와 계약하는 것은 어렵다고 통보했다.

청천벽력이 따로 없었다. 텍사스 레인저스 구단 측은 나름대로 두 가지 안을 제시했다. 애초에 제시한 금액의 10분의 1도 안 되는 7만 5000달러만 받고 일단 마이너리그에서 버티든지, 아니면 이대로 돌아가야 한다는 것이었다. 그러나 디키에게는 다른 선택지가 하나 더 있었다. 학창시절 '팔 보험'에 가입했었는데 혹시 팔에 큰 문제가 생겨 선수 생명이 중단되면 100만 달러의 보험금을 받을 수 있는 조건이었다. 보험금 100만 달러에 야구 인생을 접거나 아니면 7만 5000달러를 받고 바닥부터 다시 시작해야 하는 상황. 디키의 선택은 마이너리그였고 이후 메이저리그 데뷔까지 4년의 시간이 걸렸다. 그러나 성공적이지는 않았다. 선발과 불펜을 오가면서 활약했지만 기억에 거의 남지 않는 선수였다. 그는 2006년까지 텍사스 레인저스에서 뛴 6년 동안 '베이스볼 레퍼런스' 기준으로 대체 선수 대비 승리 기여도가 0.1이었다. 말 그대로 아무나 대체 가능한 수준의 선수였다.

R.A. 디키가 오렐 허샤이저 투수 코치와 상의 끝에 너클볼 투수로 변신한 것은 바로 이때이다. 2005년 말부터 본격적으로 도전해 2006년에 너클볼 전문 투수로 정식 선발 기회를 얻었는데 4회를 채우지 못하고 홈런 6개를 얻어맞았다(한 경기 피홈런 6개는 메이저리그 최다 타이기록으로, 디키에 앞서 팀 웨이크필드도 6개를 내준 적이 있다). 완성되지 않은 너클볼의 '위력'만 체험한 셈이다.

하지만 디키의 매력은 추락을 거듭해도 포기하지 않는다는 데 있다(영문학 전공의 독서광으로 소문난 그는 평소 책을 통해 안정을 찾는다고 밝힌 적이 있다). 그는 너클볼 레전드 중 한 명인 찰리 허프와 꾸준히 교감하며 너클볼 그립과 구속을 조정하는 노력을 지속했고, 여러 팀을 전전하면서도 희망을 놓지 않은 끝에 2010년 뉴욕 메츠에서 비로소 제대로 된 너클볼 투수로 자리잡을 수 있었다. 마이너리그에서 보여준 성과만으로 인정받아 정식 선발진에 안착했고, 2012년에는 너클볼 투수 최초로 사이영상까지 받아 우여곡절 많았던 인생의 정점을 찍었다(같은 해 공개된 다큐멘터리 〈너클볼!〉에 R.A. 디키와 팀 웨이크필드의 인생 역정이 상세하게 묘사되어 있다).

"가치 있는 것은 쉽게 가질 수 없다"는 말을 좌우명으로 삼고, 야구선수에게 가장 필요한 덕목으로 인내심을 꼽은 R.A. 디키. 그는 자신에게 가장 자랑스러운 점도 그동안 버텨온 인생 여정이라고 말할 정도로 삶을 대하는 태도가 남다르다. 이처럼 너클볼 투수에게는 재능보다 인생을 바라보는 관점이 더 중요한 것처럼 보일 때가 있다(디키가 자랑스러워하는 또 하나는 슈퍼스타 데릭 지터와의 상대 전적이다. 20타수 4안타로 강했다).

일반적으로 너클볼 투수들은 다른 선수들에 비해 적절한 지도를 받기 어렵다. 너클볼을 제대로 던져본 사람이 워낙 희귀하기 때문이다. 그래서 선후배 너클볼 투수들이 모인 커뮤니티가 활성화되었고 서로 노하우를 전수하는 데 주저하지 않는 그들만의 문화도 생겼다. 기본적인 투구 정보는 물론이고 너클볼 투수에 대한 편견과 그로 인해 빚어지는 다양한 일화를 공유하며 서로 '멘털 관리'를 돕는 것이 색다른 점이다. 자신도 도움을 받았으니 누군가에게 도움을 주는 것이 당연하다는 반응이다.

더 빠르게 던지고, 더 강하게 쳐야 인정받는 시대에 잣대가 하나만 있을 수는 없다고 웅변하는 공, 막다른 벽에 다다랐을 때 생존을 위해 시도하는 공이 바로 너클볼이다. 던지기 어렵고 받기도 쉽지 않은데다 코칭스태프마저 환영하지 않는 공. 주류가 아니어서 겪어야 했던 사연 하나하나가 너클볼처럼 예측 불가능한 궤적의 삶으로 연결된다. R.A. 디키, 팀 웨이크필드, 톰 캔디오티 등 너클볼 투수들의 인생은 모두 책으로 출간되었다. 하지만 2022년 현재 메이저리그에 너클볼 전문 투수는 없다. 누가, 언제 나타날지 알 수도 없다. 그런 불확실한 안타까움과 혹시 모를 기대감까지 뒤섞여 녹아든 것이 바로 너클볼이다. 이 정도면 인생 그 자체라고 해도 손색이 없지 않을까.

일상에서 무르익은
빅리거의 성공 비결

───────

2020년 메이저리그에서 규정 타석을 채운 선수 중 타율 꼴찌인 선수가 있다. 하물며 포지션마저 공격력이 우선시되는 1루수라면 도저히 포장해주기 어려운 선수로 생각할 수밖에 없다. 그런데 이 선수에 대한 평가는 좀 다르다. 탁월한 수비로 타격에 대한 아쉬움을 상쇄한 1루수. 바로 시애틀 매리너스의 에번 화이트이다.

마이너리그에서 1루만 전담했던 유망주라면 장타력이 폭발하지 않는 이상 매력이 떨어진다. 경기 장면을 직접 보지 않았더라도 그 자체로 수비력에 흠결이 있는 선수로 자동 분류된다. 전통적인 1루수의 가치보다 다양한 포지션의 소화 능력이 인정받는 현대 야구에서는 더더욱 그러하다. 그런 면에서 에번 화이트는 좀 남다르다. 드래프트 당시부터 '뛰어난 1루 수비'가 먼저 언급되었으며 1루 수비 유형도 차별화된다. 현역 1루수 중에서도 수비가 좋은 여러 선수가 있지만 아드리안 곤살레스처럼 안정적인 포구

로 인정받는 경우가 대다수이다. 그런데 에번 화이트는 1루수로는 보기 드
문 화려함을 과시한다. 과거 캘리포니아 에인절스와 샌프란시스코 자이언
츠에서 활약했던 J. T. 스노처럼 안정감을 넘어 역동적인 자태로 명장면을
만들어내곤 한다.

골드글러브는 수비만 평가하는 시상이지만 타격 능력에 따른 유명세가
표심에 개입되는 한계를 안고 있다. 가장 유명한 사례로는 1루수로 28경기
만 뛰고도 골드글러브를 수상한 1999년의 라파엘 팔메이로를 꼽을 수 있
다. 정반대의 경우도 있다. 1997년부터 3년 연속 내셔널리그 유격수 황금
장갑을 수상한 뉴욕 메츠의 레이 오도녜스는 형편없는 타격 능력이 오히
려 수비력을 돋보이게 만든 경우라고 할 수 있다. 1997년과 1998년에는
(타율이 아닌) 출루율뿐만 아니라 장타율마저 2할대를 기록해 메이저리그
최저 타율 선을 뜻하는 '멘도사 라인Mendoza Line'으로 자주 언급되었다(현
대 야구의 통계 지표로 보아도 레이 오도녜스의 수비력이 최상급이었음을 부정할
수는 없지만 3년을 내리 수상한 것은 그의 극단적인 물방망이 캐릭터가 지닌 화제
성 덕분이었다고 생각한다).

2020년 골드글러브는 코로나19로 인한 단축 시즌이라는 점을 고려해
투표를 일절 배제하고 대신 통계 수치로만 포지션별 최종 후보를 선정했다.
그 결과 에번 화이트가 아메리칸리그 1루수 수상자로 선정되었다. 신인 선
수가 1루수 수상자가 된 것은 1957년 골드글러브 역사가 시작된 이래 최
초이다. 세이버메트릭스Sabermetrics 만능론까지 주장할 필요는 없지만 타
격 부진을 따져 묻는 편견 없이 수비력만으로 결실을 맺었다는 것은 의미
심장하다.

시애틀 매리너스의 제리 디포토 단장은 에번 화이트가 빅리그 데뷔도

팬이 쏟은 물품을 줍고 있는 에번 화이트. 높게 평가받은 인성도 다년 계약의 요인이 되었다. (출처 : 에번 화이트 SNS)

하지 않은 2019년 11월 6년간 2400만 달러의 장기 계약을 맺었다. 메이저 리그 경력이 없는 선수가 다년 계약을 한 것은 휴스턴 애스트로스의 존 싱글턴과 필라델피아 필리스의 스콧 킨거리, 시카고 화이트삭스의 엘로이 히메네스에 이어 화이트가 역대 네번째이고, 이중 더블 A팀 선수로는 사상 최초이다. 언론의 관심을 끌고자 했던 제리 디포토 단장의 이른바 '관종 기질'이 드러난 계약이라고 폄하되기도 했지만 에번 화이트의 골드글러브 시즌을 보면 단정하기에는 아직 이르다.

에번 화이트는 자신의 수비에 대한 자부심을 숨기지 않는 편이다. 2021년 그는 시애틀 매리너스 구단 전담 방송과의 인터뷰에서 독보적인 수비력에 대한 비결로 성장 배경을 들기도 했다. 그는 어릴 때부터 배트로

장난감 골프채에서 시작된 에번 화이트의 오른손 타격(출처 : 시애틀 매리너스 구단 공식 홈페이지)

타격하는 것보다 글러브로 공을 받는 것에 관심이 더 많았고, 가족들과 야외에서 시간을 보낼 때면 배트를 휘두르기보다 아버지에게 땅볼을 쳐달라고 부탁했을 정도였다고 한다. 야구선수로 성장하면서도 또래 선수들과 관점이 달랐던 게 눈에 띄는 수비력으로 발현된 것이 아닐까 하고 화이트 스스로 짐작하기도 했다.

화려한 수비로 특화된 화이트에게 또 하나 특이점이 있다면 야수로는 드물게 좌투우타라는 것이다. 오른손잡이가 타격과 주루의 이점을 얻기 위해 후천적으로 좌타석에 설 수 있도록 길러지는 경우는 흔하지만 반대로 왼손잡이가 우타자로 자리잡는 경우는 보기 드문 일이다. 2000년 이후 주목할 만한 좌투우타 선수로는 명예의 전당에 헌액된 리키 헨더슨 이외에도 라이언 루드윅과 코디 로스가 떠오르는 정도이다(류현진의 경우 오른손잡이이면서 왼손으로 투구하는 독특한 좌투우타인데, 타격 기회가 적다는 점에서 직접 비교하기는 어렵다. 투수로는 랜디 존슨이나 테리 멀홀랜드 등 비슷한 사례가 있는 편이다).

에번 화이트의 좌투우타 역시 성장 배경과 관련이 있다. 어린 시절 할아버지 집 뒷마당에서 온갖 놀이를 하던 화이트에게 골프채가 쥐어진 순간이 그 시작이었다. 할아버지가 그의 사촌형에게 주려고 만든 어린이용 골프채는 당연히 오른손잡이용이었다. 그 골프채로 화이트가 골프공을 쳤을 뿐만 아니라 각종 타격 행위를 해댄 탓에 야구에서도 자연스럽게 우타석이 편해졌다는 이야기이다. 본격적으로 야구를 하면서 그의 아버지는 여러 차례 스위치히터가 될 것을 권유했지만 화이트는 끝까지 고집을 부렸다. 스스로 오른쪽 타석을 더 자연스럽게 느끼기도 했지만 '좌투우타'로 무언가 특별해진 프로필마저 좋았다고 한다.

구체적으로 수치화하기 어려운 어린 시절의 몇 가지 경험이나 습관으로 메이저리그 선수를 설명하는 것은 무리일 수 있다. 하지만 의외로 적지 않은 선수들이 이런 식으로 자신의 정체성 일부를 설명한다는 것이 흥미롭다. 앞에서 좌투우타로 언급한 류현진은 최상급의 제구력을 지닌 선수라고 해도 무방하다. 류현진이 메이저리그에 진출한 이후에는 제구력의 비결을 묻는 어떤 질문에도 구체적으로 답한 적이 없지만 한화 이글스 시절에는 자신만의 소소한 이야기를 들려준 적이 있다. 류현진은 KBO리그에서 독보적인 활약을 펼치던 지난 2010년 8월 MBC 〈시사매거진 2580〉과의 인터뷰에서 "집에다 그물망을 만들어 구멍을 뚫은 뒤 그곳에다 공을 집어넣는 연습을 많이 했다"고 했다. 그러면서 언젠가 메이저리그 무대에 서보는 것이 꿈이라고 수줍게 말을 이었다. 사이영상 2위에 오르기도 한 현재의 류현진을 돌아보면 격세지감을 느낀다.

집에다 그물망을 만들어서 구멍을 뚫어가지고
거기다 집어넣는 연습을 많이 했어요

류현진이 밝힌 제구력의 조기 교육(출처 : MBC 〈시사매거진 2580〉)

역대 최고의 제구력 소유자로는 그레그 매덕스를 떠올릴 수 있다. 초인 적인 제구력 탓에 오히려 투심 패스트볼의 현란한 구위가 묻힐 정도로 그 는 '제구의 역사'에 자신의 이름을 깊이 각인시켰다. 이런 매덕스도 명예의 전당에 헌액되면서 어린 시절에 했던 놀이를 언급한 적이 있다. 그는 어렸 을 때 투수 코치로 잘 알려진 친형 마이크 매덕스와 '홈런 더비'라고 부르 는 게임을 자주 했다고 한다. 이 게임은 의자 하나를 홈 플레이트삼아 한 명은 던지고 한 명은 치는 놀이인데, 타자가 헛스윙하거나 투수가 공을 의 자에 맞히면 아웃이 되는 방식이었다. 그레그 매덕스는 "형의 방망이를 피 하는 동시에 공을 의자에 맞히려고 애쓴 순간들이 엄청난 훈련이 되었다" 며 지난날을 회상했고, 마이크 매덕스는 "두 꼬마가 어린 시절부터 로케이 션의 중요성을 체득했다"고 의미를 부여했다.

그레그 매덕스와 달리 류현진에게는 천적으로 불리며 반갑지 않은 연관

메이저리그, 진심의 기록

놀런 에러나도는 어린 시절 길러진 경쟁심의 표본이다.(출처 : 세인트루이스 카디널스 공식 SNS)

검색어로 등장하는 세인트루이스 카디널스의 놀런 에러나도 역시 이 분야에서 언급될 만한 이야깃거리를 가지고 있다. 데뷔 후 10년 연속 골드글러브를 수상한 역대급 수비력은 물론 3년 연속 130타점을 기록한 최초의 3루수로 기록될 만큼 폭발적인 타력을 지닌 에러나도. 그는 성적뿐만 아니라 경쟁을 즐기는 자세와 투지 넘치는 플레이로 팬들의 호르몬 분비를 촉진하는 현역 대표 스타이다. 평소에도 경기 전에 타격 훈련을 가장 많이 하려고 애쓰고, 갖가지 펑고fungo⁕를 다양한 방식으로 받아내야 직성이 풀

⁕ 수비 연습을 돕기 위해 배트로 공을 쳐주는 행위. 'Fun'과 'Go'가 합쳐진 말이라는 의견부터 '잡다'는 뜻의 독일어 'fangen'에서 유래했다는 설 등이 있으나 어원은 불분명하다.

린다는 그는 자신의 이런 기질이 사촌들과의 놀이 문화에서 비롯되었다고 이야기한 적이 있다.

놀런 에러나도는 어린 시절 2명의 친형제와 사촌 7명이 모두 자동차로 10분 거리에 모여 살았는데, 이들 10명이 시끌벅적하게 동네 야구를 하거나 새벽 1시까지 탁구를 치는 등 이웃들이 괴로울 정도로 거칠게 경쟁하며 하루하루를 보냈다고 한다. 그렇게 다섯 살 때부터 부모님이 속을 썩을 정도로 놀이에 심취한 결과가 지금의 경쟁심을 갖게 된 원천이라는 설명과 함께 그런 환경에서 자랄 수 있었던 것이 지금 생각해보면 축복이었다고 한다. 그 10명의 말썽꾼 중 한 명이 콜로라도 로키스에서 뛰었던 내야수 조시 푸엔테스이다. 그는 사촌 에러나도가 동네 야구를 하면서 일일이 판정에 개입하고 커미셔너처럼 경기를 지휘하며 스스로 경기 MVP까지 선정하는 등 북 치고 장구 치면서 놀이를 주도했다는 후일담을 털어놓기도 했다. 누가 보아도 평범한 친구는 아니었던 것이 분명하다.

현역 최고의 선수 중 한 명인 LA 다저스의 무키 베츠는 어린 시절 TV 요리 프로그램을 즐겨 보며 자주 따라 하다 식재료를 버리게 되어 부모님께 여러 차례 혼난 적이 있다고 한다. 그런데 당시 시행착오를 겪으며 얻은 경험으로 무엇이든 새롭게 시도하는 것에 거부감이 없었고, 덕분에 메이저리그에서 새로운 타격법을 익힐 때도 두려움을 줄일 수 있었다고 한다. 무키 베츠는 "누군가 성공에 대해 조언을 듣고 싶어한다면 무엇이든 일찍 시작하라는 말을 해주고 싶다"고 덧붙이기도 했다.

선수와 기록의 인과관계를 수치로 입증해 야구의 단면을 풀어놓는 것도 재미있는 일이지만 때로는 당사자가 직접 털어놓지 않으면 알 수 없는 요소로 성공의 일부를 알아가는 것도 흥미로운 일이다. 시카고 화이트삭스의 루커스 지올리토는 배우였던 어머니가 집에서 대본 연습하는 장면을 보며 결과보다 준비 과정이 더 중요하다는 것을 알게 되었다고 한다. 선수들이 하루하루 성장하는 모습을 일일이 지켜볼 수는 없지만 어떤 선수의 평범한 하루가 훗날 기막힌 성취를 위해 무르익는 과정이라고 생각한다면 오늘 경기장에서 보여주는 장면 하나도 사뭇 다르게 다가올 것이다. 사소한 습관에 특별한 의미를 부여할 필요는 없지만 애정어린 시선으로 바라봐주는 것쯤은 나쁘지 않을 것 같다.

'멘털 게임'을 대하는
그들의 자세

2018 시즌 보스턴 레드삭스를 메이저리그 전체 승률 1위로 이끈 앨릭스 코라 감독은 시즌 도중 특별한 '게임'을 시도했다. 그는 ESPN 팟캐스트 방송에서 2년차 3루수 라파엘 데버스와 조건을 걸고 내기를 한 바 있다고 밝혔다. 내용인즉슨 데버스가 볼넷을 얻을 때마다 50달러, 밀어쳐 만든 홈런이 나오면 100달러를 주기로 했다는 것이다(현금을 직접 주는 대신 데버스가 좋아하는 멕시칸 레스토랑의 식사 상품권을 제공했다고 한다). 일종의 핸디캡도 있었다. 데버스가 스트라이크 존을 벗어난 공에 헛스윙을 할 때마다 반대로 10달러를 코라 감독에게 주는 것이었다.

목적이 분명해 보이는 이 게임은 5월 17일 볼티모어전부터 시작되었다. 데버스는 이후 8경기 중 7경기에서 볼넷을 얻어냈다. 앞선 42경기 중 볼넷이 10개였던 것과 비교하면 이 내기가 잠시나마 효과가 있었던 셈이다. 선수마다 특징이 달라도 볼넷만큼은 노력하면 얻을 수 있는 여지가 있다는

사소한 내기로 의지를 테스트하다.(출처 : 보스턴 레드삭스 구단 공식 SNS)

뜻도 된다. 5월 19일 데버스는 좌중간으로 '밀어친' 홈런도 터뜨려 식사 상
품권을 꽤 많이 확보했다. 앨릭스 코라 감독이 이런 방법까지 동원한 것은
팀의 미래로 손꼽히던 라파엘 데버스가 기대치에 훨씬 미치지 못했기 때
문이다. 4월 19일 3할을 기록했던 타율이 2할대 중반으로 떨어지고, 5월
2일부터는 14경기 연속 볼넷을 얻지 못하는 등 그는 극심한 부진을 겪고
있었다. 물론 이 게임이 성립될 수 있었던 것은 데버스 역시 단순히 멕시칸
음식을 원 없이 먹고 싶었기 때문이 아니라 자신의 문제점에 공감했기 때
문이다.

흥미로운 것은 기술적인 접근이나 통계에 따른 대안이 대세처럼 보이는
요즘 시대에도 코라 감독이 특정 선수의 '멘털'을 관리하기 위해 지극히 전

통적인 방법을 동원했다는 것이다. 보스턴 레드삭스가 '세이버메트릭스' 이론을 적극적으로 수용하고자 했던 구단이라는 점을 생각하면 더욱 그렇다(코라 감독은 과거 현역 선수 시절 테리 프랭코나 감독이 성적이 부진하던 외야수 J.D. 드루에게 "담장을 맞히는 타구가 나오면 100달러를 주겠다"는 식으로 자극했던 기억을 떠올렸다고 한다).

팀 재건에만 10년은 필요해 보이던 필라델피아 필리스가 내셔널리그 동부지구 선두 경쟁에 뛰어들 수 있게 만든 게이브 캐플러 감독도 조금 색다른 방식으로 선수들을 길들여 화제가 되었다. 대타로 마운드에 들어설 선수를 붙잡고 어깨를 토닥이며 자신감을 갖도록 힘을 불어넣어주면 선수들은 잠시 후 여지없이 결정타를 터뜨렸다. 닉 윌리엄스, 애런 알테어의 홈런이 좋은 예이다. 냉정하게 이야기하면 필라델피아 필리스가 올린 성적은 선발진의 활약에 의한 것이었다. 그럼에도 승리에 익숙해진 팀 분위기를 전하는 선수들의 입에서는 캐플러 감독이 전하는 '긍정 에너지'가 끊이지 않았다. 게이브 캐플러 감독은 시즌 초반 미숙한 투수 교체로 감독 능력에 의심을 받고, 롭 톰슨 수석 코치의 지시를 받는 꼭두각시에 불과하다는 폭로가 나오는 중에도 서서히 팀을 안정시키고 있다는 평가를 받았다(2017년 SK의 외국인 감독 트레이 힐먼이 노장 이대수를 대타로 교체한 뒤 더그아웃에서 별도의 격려 행위로 화제를 모은 것과 비교할 만하다).

2008년 뉴욕 양키스에서 데뷔한 포수 프란시스코 세르벨리는 2014년 11월 피츠버그 파이리츠로 이적하면서 이듬해 스프링캠프에서 가장 먼저 할일을 일찌감치 생각해두었다. 그것은 바로 피츠버그의 모든 투수들과 저녁식사를 한 번 이상 하는 것이었다. 그는 각각의 투수와 좋아하는 구종이나 경기 운영방식에 대해 오랜 시간 이야기를 나눈 한편, 어떤 식으로 이야

메이저리그, 진심의 기록

투수와의 식사시간을 소중
히 여긴 프란시스코 세르벨리
(출처 : 프란시스코 세르벨리 인
스타그램)

기할 때 긍정적으로 혹은 부정적으로 반응하는지도 유심히 살피며 성격을
파악했다고 한다. 프란시스코 세르벨리가 계획한 저녁식사 일정을 모두 소
화하는 데는 3주가 걸렸다. 이런 그의 세심한 노력과 2015년 프레이밍 수
치 1위를 기록한 실력이 더해지면서 세르벨리는 그해 피츠버그가 98승을
거두는 데 적지 않은 기여를 했다(세르벨리는 2015년부터 3년간 낮은 볼을 스
트라이크로 뒤바꾼 개수가 1208개로 이는 포수 중 가장 높은 기록이었다).

지금은 타구 속도, 타구 발사각도, 수비 시프트, 공의 회전수 등 각종 데
이터가 물리적으로 소화할 수 없을 만큼 쏟아져나오는 시대이다. 통계와
분석 도구가 발달하면서 선수들의 플레이는 물론 관중들의 '보는 눈'까지
진화하고 있다. 그럼에도 여전히 설명할 수 없는 부분이 경기의 상당 부분

을 차지하고 있다는 것이 야구의 매력이다. 모든 스포츠가 마찬가지이겠지만 그래서 '야구는 멘털 게임'이라는 말이 여전히 상식으로 받아들여진다.

앨릭스 코라 감독은 일반적으로 선수 시절 박찬호가 활약하던 LA 다저스의 신참 내야수 이미지로 남아 있다. 그가 현역 때 남긴 가장 유명한 장면은 18구 승부 끝에 맷 클레멘트 상대로 홈런을 날린 것이다. 이런 장면을 과연 치밀하게 분석한 통계로 모든 것을 설명할 수 있을까? 역시 논리나 수치로 설명할 수 없는, 아니 그럴 필요 없이 그저 보고 즐기면 되는 것이 이 '멘털 게임'의 묘미이다.

2장

진심의 깊이를
목격하다

타격 장갑(출처 : MLB.com 영상)

타격 장갑의 시초를 찾다 발견한
사소한 의미

세계에서 가장 유명한 메이저리그 기자 레너드 코페트는 자신의 대표 저서인 『야구란 무엇인가』에 이렇게 적었다.

> 대부분의 경기를 오후 4시부터 치르고 기차 편으로 이동하던 시절에는 우의友誼가 자연발생적으로 우러나오게 마련이었다. 그 시절의 선수들은 (누구나 경제적인 이유에서) 룸메이트가 있었다. 선수들이나 기자들이나 따지고 보면 경제적으로 같은 계층에 속해 있었다. 서로 살림살이를 걱정해주었고 비슷한 월급쟁이 신세라는 동류의식이 있었다.

20세기 중반 메이저리그의 풍경을 현대 야구와 비교하는 관점은 다양할 수 있지만 어떤 경우에도 경제 규모의 차이를 빼놓고 이야기할 수는 없다. '베이스볼 레퍼런스'에 따르면 1967년 메이저리그 최저 연봉은 6000달러,

평균 연봉은 1만 9000달러였고 같은 해 미국 통계국이 고시한 미국 가구당 연평균 소득은 8200달러였다. 윌리 메이스처럼 12만 5000달러를 받는 당대 최고 스타가 있기는 했지만 상당수의 메이저리거는 일반 직장인과 동질감을 느낄 법했다(물론 지금 상황은 전혀 다르다. 2019년 미국 가구당 연평균 소득이 6만 8000달러인 반면 메이저리그 최저 연봉은 55만 5000달러로 8배 이상 높고, 평균 연봉은 무려 438만 달러에 달해 동질감 따위는 사라진 지 오래이다).

실제 60년대 선수들이 용돈을 벌기 위해 아르바이트를 따로 한 일화도 여럿 전해진다. 시카고 화이트삭스의 해설자로 유명한 켄 해럴슨 역시 마찬가지였다. 1963년 데뷔한 그는 초년병 시절 가구당 평균 소득을 밑도는 최저 연봉 6000달러로는 생활이 어려워 시간이 날 때마다 내기 골프나 당구, 때로는 팔씨름으로 용돈을 벌었는데 오히려 본업보다 소득이 더 좋았다고 너스레를 떨곤 했다. 그러다 예상치 못한 일이 발생했다. 1964년 9월 4일 붙박이 주전이 아니던 그는 상대팀인 뉴욕 양키스가 오른손 선발투수를 예고해 당연히 벤치에서 대기할 것으로 생각했다. 마음놓고 동료 3명과 편을 나눠 27홀 골프를 즐긴 뒤 경기장에 도착했는데 무슨 이유에서인지 상대팀 선발투수가 훗날 명예의 전당에 헌액된 왼손 투수 화이티 포드로 바뀌어 있었고 자신도 4번 타자로 버젓이 라인업에 올라 있었다.

켄 해럴슨은 서둘러 경기 전 타격 연습에 나섰지만 골프를 치는 동안 생긴 손바닥의 물집이 점점 심각한 통증을 유발한다는 것을 깨닫기 시작했다. 문득 스친 생각에 곧바로 클럽하우스로 뛰어간 그는 청바지 주머니에 구겨넣었던 빨간색 골프 장갑을 왼손에 끼고 나왔다. 임기응변치고는 효과가 있었다. 장갑 한 짝으로 물집의 아픔을 억누른 해럴슨은 그날 홈런 2개를 날렸다. 이 장면을 본 상대팀 양키스의 대스타 미키 맨틀은 경기 직후

자신이 타격 장갑의 창시자라고 주
장한 켄 해럴슨(출처 : pinterest.
com)

클럽하우스 직원에게 부탁해 골프 장갑 한 묶음을 사오게 했다. 다음날 경
기에서 양키스 타자들은 모두 빨간 골프 장갑을 착용한 채로 경기에 나섰
다. 그리고 미키 맨틀 역시 홈런을 날렸다.

　이 소문이 급격히 퍼지면서 타격 장갑이 유행처럼 번져 현재에 이르렀다
는 것이 켄 해럴슨이 밝힌 타격 장갑의 역사이다. 당연히 타격 장갑의 시초
역시 본인이라고 주장하고 있다. 이 이야기의 반전이라면 정작 타격 장갑을
과감히 도입해 성공을 거둔 켄 해럴슨은 그날 이후 단 한 번도 장갑을 낀
적이 없다는 것이다(특유의 허풍으로 이해하자). 50년 이상 지난 이야기를 되

짚는 과정에서 몇 가지 기억의 오류가 발견되기는 했지만 대체로 그의 이야기는 흥미롭게 받아들여졌다(현실적으로 1950년대까지 타격 장갑을 착용한 모습이 뚜렷하게 기억나는 게 없다보니 기정사실로 받아들여진 측면도 있다).

그런데 2021년 세이버메트릭스의 대부로 불리는 빌 제임스가 의문을 제기했다. 1960년에 열린 하먼 킬러브루와 로키 콜라비토의 홈런더비 사진에 두 선수가 타격 장갑을 착용한 모습이 찍혀 있다는 것이다(해당 홈런더비 영상은 유튜브에서도 확인할 수 있다). 빌 제임스는 자신의 트위터를 통해 켄 해럴슨의 주장을 믿지 않는다면서 맨손 타격을 거부한 최초의 선수를 찾아나섰다. 영향력 있는 야구계 인사의 물음에 전문가들과 야구광들이 자신의 기억을 하나둘씩 끄집어냈고, 이 분야에서 최고의 공신력을 자랑하는 메이저리그 공식 역사학자 존 손까지 가세했다. 존 손은 '최후의 4할 타자' 테드 윌리엄스가 한국전쟁에 참전한 뒤 돌아온 1953년 물집 때문에 일시적으로 타격 장갑을 착용했다고 명료하게 정리했다. 하지만 근거가 있느냐고 묻는 질문에는 추가 트윗을 내놓지 않았다.

또한 보스턴 레드삭스의 전설 중 한 명인 칼 여스트렘스키가 먼저 장갑을 착용했다는 주장도 제기되었다. 그가 장갑을 착용한 채 타격하는 모습은 검색을 통해 쉽게 찾아볼 수 있다. 다만 해당 사진이 찍힌 정확한 시점은 알 수 없다. 1961년에 데뷔한 선수이므로 켄 해럴슨보다 앞설 수도 아닐 수도 있다는 추측만 할 뿐이다. 이밖에 롭 네이어는 1932년 브루클린 다저스 소속으로 타격왕을 차지했던 레프티 오둘이 당시 어설프게나마 장갑을 착용했고, 폴 딕슨의 『야구 사전』에서는 1949년 보비 톰슨이 스프링캠프에서 골프 장갑을 착용했다고 소개하고 있다. 장비가 발전하지 않았던 19세기 메이저리그에서는 선수들이 수비를 위해 생활용 장갑과 다를 바

메이저리그, 진심의 기록

없는 모양의 글러브를 착용했고, 그 상태로 타석에서 방망이를 쥐었다는 의견마저 제시되었다.

여러 사례가 거론될수록 돌고 돌아 켄 해럴슨 쪽으로 다시 무게중심이 이동하는 것 같다. 해럴슨보다 앞선 사례라고 제시한 경우 모두 타격 연습이나 스프링캠프, 홈런더비 때 장갑을 착용한 정도였을 뿐 실제 정규 시즌 경기에서 착용한 것이 입증된 것은 켄 해럴슨뿐이라는 이야기이다. 결국 빌 제임스가 제기한 의문에 대한 확실한 답은 찾을 수 없었다. 다만 켄 해럴슨이 최초는 아닐지라도 타격 장갑의 대중화에 결정적인 영향을 끼친 인물이었다는 점만 확인했을 뿐이다.

국내 MLB 팬들이 타격 장갑이라는 용품에 관심을 갖게 된 것은 숀 그린 때문이라고 해도 과언이 아니다. 1993년 토론토 블루제이스에서 데뷔해 2000년부터 라울 몬데시 대신 LA 다저스의 우익수로 활약한 그는 '박찬호 도우미' 계보에 이름을 올리면서 미국 현지에서의 인지도에 비해 상대적으로 국내에서의 인지도가 높은 선수이다. 숀 그린은 LA 다저스로 이적한 후 홈경기에서 홈런을 치면 자신의 타격 장갑을 어린이 팬들에게 선물하는 독특한 세리머니로도 인기가 높았다. 덕분에 선한 이미지가 만들어진 것도 사실이다.

그런데 2020년 숀 그린은 한 매체와의 인터뷰에서 '장갑 세리머니'에 얽힌 비화를 털어놓았다. 토론토 블루제이스 시절에는 행하지 않았던 세리머니를 통해 LA 거주 어린이만을 우대하게 된 이유라도 있었던 것일까? 그의 기억에 의하면 발단은 2000년 4월 홈경기가 치러진 어느 날이었다(홈런 기록을 보면 16일이나 30일로 추정된다). 대기 타석에 서 있던 그는 자신의 타격 장갑이 찢어진 것을 알게 되었지만 곧바로 타석에 들어서야 했기 때문에

숀 그린은 홈런을 친 뒤 장갑부터 벗는 선수로 유명했다.(출처 : MLB.com 영상)

새 장갑을 가져올 수 없었다고 한다. 어쩔 수 없이 그대로 타석에 들어섰
는데 놀랍게도 홈런을 치고 말았다(어딘지 켄 해럴슨 이야기와 겹친다). 숀 그
린은 베이스를 돌면서 장갑을 바꿔야겠다고 생각했고 홈베이스를 밟은 뒤
끼고 있던 장갑을 정말 아무 생각 없이 더그아웃 옆에 있던 어린이에게 건
넸다.

　그런데 그 순간 LA 다저스의 전담 캐스터 빈 스컬리가 특유의 달콤한
목소리로 외쳤다고 한다. "다저스에 새로 온 숀 그린 선수가 아마 홈런을
칠 때마다 하는 행위인 것 같습니다." 숀 그린은 트레이드 전까지 토론토
블루제이스에서 119개의 홈런을 치는 동안 단 한 번도 장갑을 누군가에게
건넨 적이 없었다. 하지만 LA 다저스에서는 빈 스컬리의 말이 진리라 생각

　　　　　　　　　　　　　　　　　　　　메이저리그, 진심의 기록

요즘은 '맨손 타자'가 별종으로 여겨진다. 사진은 브래드 밀러(출처 : 필라델피아 필리스 구단 공식 SNS)

했고, 아이들이 좋아하는 모습도 나쁘지 않아 그 순간 세리머니를 지속하기로 했다는 것이다. 다만 스스로 만든 의식이 아니다보니 잊는 경우가 종종 있었는데 그때마다 클럽하우스 직원이 상기시켰다고 한다. 나중에는 홈런을 칠 때마다 더그아웃 근처로 모여드는 아이들을 보고 상당히 뿌듯했다고도 한다.

타격 장갑은 선수는 말할 것도 없고 동호인들조차 사회인 야구에 가입하면 가장 먼저 구입하는 품목일 만큼 기본 중의 기본이 되었다. 오히려 장갑을 사용하지 않는 맨손 타자가 별종으로 여겨질 정도이다. 블라디미르 게레로를 시작으로 마크 그레이스, 호르헤 포사다, 모이세스 알루 등 맨손 타자로 유명했던 스타들의 이름은 널리 알려져 있다. 지금도 김하성의 팀 동료였던 월 마이어스를 비롯해 맷 카펜터, 브래드 밀러 등이 흙을 비비고 침을 뱉은 손으로 장갑 없이 배트를 휘두르며 명맥을 잇고 있다(KBO 리그에는 KIA에서 뛰었던 프레스턴 터커가 대표적이다).

켄 해럴슨의 '타격 장갑 시초론'은 어차피 검증할 수 없는 이야기였다. 호탕한 야구계 원로가 방송과 잡지 등을 통해 여러 차례 자신이 최초라고 주장하는데 명백한 거짓말이 아닌 이상 면전에서 진지하게 반박하기는 어려운 일이다. 냉정하게 생각해보면 타격 장갑의 시초를 찾는 일이 누군가 파헤치고 따져 물을 역사적 과업도 아니었을 것이다. 게다가 타격 헬멧처럼 구체적인 개발 과정이 필요하고 물리적으로 눈에 띄는 용품이라면 모를까, 19세기 누군가 잠시 장갑을 착용했다고 주장해도 역시 입증할 수 없는 수준의 이야기일 뿐이다.

타격 장갑의 시초가 누구이든 켄 해럴슨의 이야기에는 시대상의 변화가 담겨 있다. 소소한 재미 또한 덤이다. 그렇게 자리잡은 타격 장갑은 손 그린 이후에도 많은 스타들이 팬에게 건네는 기념품 중 하나가 되었다. 우연히 갖춰지고 퍼지면서 이야깃거리까지 담게 된 타격 장갑. 이 정도면 가끔 주목할 정도의 의미는 확인한 듯하다.

메이저리그, 진심의 기록

야구적 상상력의 최고봉, 애스트로돔

1950년대의 미국만큼 생동감 넘치고 즐거운 시간과 공간이 있었을까? 어떤 나라도 그런 번영을 누린 적은 없었다. 1951년 즈음에는 약 90퍼센트의 미국 가정에 냉장고가 있었다. 미국인이 세계 가전제품의 80퍼센트를 독차지하고 세계 인구의 5퍼센트에 불과한 미국인의 재산이 나머지 95퍼센트 인구가 지닌 재산보다 많았다. 미래에 대한 기대도 대단했다. 잡지마다 거대한 유리를 씌운 식민지가 세워질 것이라고 말했다. 당시 야구는 지금으로서는 상상도 할 수 없을 정도로 미국의 심리 세계를 지배했다. 물론 프로 풋볼과 프로 농구가 있었지만, 야구 시즌이 다시 시작될 때까지 추운 겨울을 지내는 데 약간의 도움을 주는 사소한 볼거리 수준에서 벗어나지 못했다.

−빌 브라이슨,『발칙한 미국산책』

애스트로돔(출처 : 미국 의회도서관 자료)

정치와 이념을 잠시 접고 본다면 1950년대는 미국인들에게 '아메리칸 드림'이 살아 숨쉬는 시대였다. 동시에 야구의 위상 역시 지금과는 차원이 달랐던 시절이기도 하다. 그런데 여기에서 '거대한 유리를 씌운 식민지' 이 야기라니. 누군가 예견이라도 한 것일까. 상상이 현실로 이루어지던 당시 미국에 정말 '거대한 유리를 씌운' 야구 서식지가 탄생했다.

빌 브라이슨이 찬양했던 바로 그 1950년대, 이야기는 휴스턴에서 시작 된다. 당시 휴스턴 시장이던 로이 호프하인즈는 바쁜 일정 속에서도 매주 막내딸 디니와 야구장에서 시간을 보내곤 했다. 휴스턴에는 메이저리그팀 이 아직 없던 때라 트리플 A팀인 휴스턴 버팔로스의 경기를 지켜보며 추억 을 쌓았다. 다만 홈구장인 버팔로 스타디움에서 각별한 시간을 보내기 위 해서는 많은 인내심이 필요했다. 더위, 습도 그리고 모기의 삼중고 때문이

메이저리그, 진심의 기록

었다. 여기에 비까지 내리는 날에는 모처럼 마련한 자리가 허탈하게 끝나 곤 했다. 아빠와 즐거운 시간을 아무런 방해 없이 보내고 싶었던 디니는 별 생각 없이 한마디 던졌다.

"아빠, 왜 야구는 실내에서 못 해요?"

공신력 있는 기관이 인증해준 것은 아니지만 디니의 이 질문이 애스트 로돔Astrodome 역사의 시작이라고 알려져 있다.

아이의 한마디가 얼마나 큰 영향을 주었는지는 알 수 없으나 최소한 로 이 호프하인즈 시장의 추진력에 불을 붙인 것만은 사실이다. 이후 이탈리 아 로마를 방문해 콜로세움을 보면서 그의 돔구장 구상은 더욱 구체화되 었다. 그는 콜로세움에서 강한 햇살을 막기 위해 대형 천막을 설치했다는 사실을 알고 그것에서 영감을 얻었다고 한다. 한때 돔 형태의 실내 쇼핑몰 건립도 추진했던 그이기에 이론적으로 어떤 크기의 돔 구조물도 지을 수 있다는 답을 얻은 상태였다. 쇼핑몰은 뜻대로 되지 않았지만 그 의욕을 메 이저리그 구단 유치와 돔구장 건설 쪽으로 쏟아부었다.

야구계에서 돔구장 건설에 관한 구상을 한 것이 이번이 처음은 아니었 다. 월터 오맬리가 브루클린 다저스의 새 구장을 고려하면서 학계의 도움 을 받아 돔구장 건설을 진지하게 논의한 적이 있었다. 하지만 당시 기술로 는 현실적인 문제가 많았고, 오맬리는 훗날 장소를 옮겨 캘리포니아 야구 의 상징을 건립하는 쪽으로 계획을 변경했다. 다저 스타디움Dodger Stadium 이 그 결과물이다.

때마침 메이저리그도 몸집을 불리는 시기였다. 1960년 내셔널리그 구단 증설이 결정되었고 휴스턴에도 메이저리그팀이 창단되었다. '휴스턴 콜트 45'라는 이름의 빅리그팀은 1962년 창단 첫 시즌을 맞이했는데 홈구장 콜트 스타디움Colt Stadium은 앞에서 이야기한 '삼중고'를 체험해야 하는 면에서 버팔로 스타디움과 크게 다를 것이 없었다. 메이저리그 선수들도 그 고통을 고스란히 감내해야 했다. 리그 사무국은 열사병을 우려해 콜트 스타디움의 야간 경기를 확대 편성하도록 허가해주었다. 선수들에게는 더위보다 모기가 더 큰 문제였다. 특히 수비를 하기 위해 자세를 잡고 집중해야할 때가 가장 고역이었다고 한다. 얼마나 심했으면 휴스턴 경기에서 모기기피제를 바르는 요령이 팀마다 전해질 정도였다. 샌디 쿠팩스는 "버팔로 스타디움의 모기들은 터보 엔진을 장착한 것 같다"는 말을 하기도 했다.

로이 호프하인즈 시장은 모기의 추억 때문인지는 몰라도 휴스턴에 유치되는 메이저리그 구단은 반드시 돔구장을 사용할 수 있게 하겠다는 생각을 해왔다. 1962년 첫 삽을 떴는데 '콜트45'라는 팀명에 걸맞게 삽질 대신 권총을 발사하는 행사로 착공식부터 기본 틀을 깼다. 이후 선수들이 모기약을 발라가며 3년의 고통을 견딘 사이 1965년 최초의 다목적 돔 건축물이 완성되었다. 원래는 지명을 딴 해리스 카운티 돔으로 불릴 예정이었지만 호프하인즈 시장은 우주산업의 중심으로 떠오르는 휴스턴의 이미지에 맞춰 구단명도 바꾸기로 했다. '콜트45'를 대신할 최종 후보인 애스트로스Astros와 스타스Stars 중 협력사 대표의 의견을 반영해 구단명은 휴스턴 '애스트로스', 홈구장은 '애스트로돔'으로 결정했다(막내딸 디니는 한 매체와의 인터뷰에서 이 명칭 변경 역시 자녀들의 의견이 반영된 것으로 기억한다고 이야기한 적이 있다).

2022년 현재에도 돔구장을 처음 가보면 누구나 신기하다는 생각부터 하게 된다. 하물며 1965년이라면 무엇을 상상하든 그 이상이었을 것이다. 수천 대의 자동차가 늘어선 주차장 중심부에 우뚝 솟은 돔구장은 실내 온

삼중고(더위, 습도, 모기)의 해방구로 각광을 받은 애스트로돔(출처 : 휴스턴 애스트로스 구단 공식 홈페이지)

'콜트45'에서 착안한 애스트로돔 착공식(출처 : 휴스턴 애스트로스 구단 공식 홈페이지)

도가 1년 내내 섭씨 22도로 유지되었다. 호화로운 스카이박스와 다양한 레스토랑은 물론 미용실과 볼링장, 예배당에 날씨 안내소까지 마련되었다. 야구에 무관심한 관중들도 각종 엔터테인먼트 시설에는 눈길이 가지 않을 수 없었다. 코미디언 밥 호프는 "분만실과 묘지만 갖추면 평생 밖으로 나갈 일이 없는 곳"이라고 할 정도였다. 조금 낯간지럽지만 미국인들은 애스트로돔을 '세계 8대 불가사의'라고 불렀다(빌리 그레이엄 목사가 "세계 불가사의 중 하나"라고 말한 것에 로이 호프하인즈 시장이 '8대 불가사의'로 살을 붙였다고 한다).

애스트로돔 개장 경기는 전국적으로 화제였다. 애스트로스로 구단명을 바꾼 만큼 구장 관리인들은 우주복을 본뜬 옷을 단체로 입고 경기 준비 작업에 임했는데 이조차 큰 이슈가 될 정도였다. 특히 210만 달러를 들여 만든 초대형 전광판 '애스트로라이트Astrolite'는 압도적인 존재감을 과시했다. 돔구장의 외형에 이미 충분히 놀란 채 입장한 관중들은 외야 벽면을 따라 좌우 144미터에 걸쳐 조성된 전광판을 보고 한 번 더 입이 벌어졌다. 인천 SSG 랜더스필드의 빅보드를 일상적으로 접하는 지금의 시점에서 보아도 간단치 않아 보일 정도이다. 경기 상황에 맞춰 관중의 응원을 유도하는 전광판 그래픽은 애스트로돔이 시초이자 표준이 되었다. 우리에게 갤러그로 알려진 전설적인 오락실 슈팅 게임 '스페이스 인베이더'가 1970년대 중반에 개발되었다는 점을 생각하면 당시 애스트로돔에 구현된 그래픽이 얼마나 놀라운 수준이었을지 짐작이 가고도 남는다(유튜브에서 애스트로돔의 초창기 전광판 영상을 확인할 수 있다).

최초의 돔구장은 그 자체로 혁명이었지만 햇빛이 들어오고 천연 잔디를 깔아야 한다는 생각까지 버리지는 못했다. 일반적인 야구장에 지붕만 덮

인조 잔디는 위기에서 역사가 만들어진 사례이다.(출처 : 휴스턴 애스트로스 구단 공식 홈페이지)

은 개념이었기 때문에 그라운드와 잔디는 기존 방식 그대로였다. 천장 골조 사이사이로 4500개의 채광창을 만들어 잔디가 햇빛을 보고 자라도록 했는데 이것이 경기력을 좌우할 것이라고는 생각하지 못했다. 뜬공만 나오면 모눈종이 같은 채광창 사이로 공이 나타났다 사라지는 통에 선수들이 타구 판단에 애를 먹었다. 휴스턴 애스트로스의 투수 켄 존슨은 "여기에서 뜬공을 정확하게 잡은 선수에게 훈장과 상금 50달러를 주어야 한다"고까지 했다. 결국 정상적인 경기 진행을 위해 천장의 채광창에 페인트를 칠해야 했다. 천연 잔디는 자연스럽게 무용지물이 되었다. 개장 한 달도 되지 않은 때였다. 모양새가 빠지기는 했지만 어쩔 수 없이 1965년 시즌의 상당 기간 동안 죽은 잔디를 녹색으로 칠한 그라운드에서 경기를 치렀다.

위기와 기회를 엮어 이야기하는 것은 식상하지만 그래도 될 일은 어떻게든 되는 모양이다. 대안이 생겼다. 로이 호프하인즈 시장은 당시 인조 잔디를 개발해 특허를 받은 뒤 학교에 설치했다는 몬산토사의 소식을 접하고 곧바로 접촉했다. 몬산토사가 인조 잔디를 개발한 배경도 특이하다. 한국전쟁 때 도시에서 징집된 병사들이 지방 출신 병사보다 허약하다는 평가가 나왔는데, 근본적인 이유가 도시의 녹지 부족으로 결론이 나면서 포드 재단의 지원을 받아 도심 녹지 조성용 합성 잔디를 만들게 되었다.

개발 배경이 어떻든 무슨 상관이겠는가. 휴스턴 애스트로스 구단은 1966년 시즌 개막에 맞춰 인조 잔디를 공수해 애스트로돔 그라운드에 까는 데 성공했다. 개발 초기여서 공급량이 원활치 않은 탓에 우선 내야 쪽만 잔디를 깐 채로 시작했지만 그 정도로도 호응은 폭발적이었다. 애스트로돔의 혁신적인 이미지는 극대화되었고, 몬산토사는 인조 잔디의 상품명을 아예 '애스트로터프AstroTurf'로 바꿔 성공을 이어갔다. 1979년까지 26개의 메이저리그 구장 중 10곳에 인조 잔디가 조성되었다. 지금은 인조 잔디가 주류에서 밀려났지만 등장 이후 최소 30년, 길게는 50년간 미국 프로스포츠의 패러다임을 뒤흔든 소품 이상의 중요한 발명품이었다.

상식을 초월한 구장에서 상상하지 못한 일은 계속 벌어졌다. 듣도 보도 못한 '페어 지역 중계'도 그중 하나이다. 1965년 4월 28일 휴스턴 애스트로스와 함께 창단된 뉴욕 메츠와의 맞대결에서 애스트로돔을 신기하게 둘러보던 메츠 중계진은 천장 꼭대기에 매달린 곤돌라를 보고 호기심이 발동했다. 구장 관리인에게 문의한 결과 곤돌라에 몇 명 정도는 탈 수 있으며, 기술적으로 천장까지 올라가 방송도 가능하다는 답변을 들었다. 비범한 공간에서 창의성이 발휘된다고 하면 지나친 포장일까? 캐스터 린지 넬슨을 포함한 방송 관계자들은 그 자리에서 곤돌라에 매달려 중계방송을 해보기로 결심했다. 실시간으로 이 소식을 접한 뉴욕 메츠의 케이시 스텡겔 감독은 주심에게 혹시 경기중 타구가 곤돌라에 타고 있는 린지 넬슨을 맞히면 어떻게 처리되는지 물었고, 당시 그라운드룰에 따라 그냥 인플레이가 될 것이라는 설명을 들었다.

드디어 천장 꼭대기에 매달려 있던 곤돌라가 수직으로 내려와 2루 베이스 앞에 도착하기까지 45분이 걸렸다. 방송 관계자들을 태운 곤돌라는 다시 63미터를 오른 끝에 멈췄다. 린지 넬슨은 믿기 힘들 정도로 후들거리는 다리를 힘겹게 버티고 서 있었다. 처음 몇 분 동안은 그냥 서 있는 것조차 어려웠다고 한다. 공포심을 간신히 억누르고 있던 와중에 생각지도 못한 문제가 생겼다. 린지 넬슨이 무전기를 통해 지상의 해설진과 이야기를 주고받으려고 하자 해당 무전기의 주파수가 휴스턴 택시업체의 무전 주파수와 겹쳐 혼선이 되는 상황이 벌어진 것이다. 린지 넬슨의 무전기에서는 실시간 방송되는 경기 해설과 휴스턴 시내에서 택시를 호출하는 음성이 뒤죽박죽 흘러나왔다. 결정적인 문제가 하나 더 남아 있었다. 꼭대기에서 내려다보니 그라운드의 선수 모두가 같은 크기의 개미처럼 보였고 타구도 수평 궤적밖에 볼 수 없어 뜬공과 직선 타구조차 구분하기 어려웠다.

시간이 흘러 어느 정도 적응되면서 한마디씩 끼어들 여유가 생겼을 때는 이미 7회가 한창 진행중이었다. 유의미한 내용을 전달한 것은 휴스턴의 8회 말 2득점 상황 정도가 전부였다. 마치 우주 같은 곳에서 경기를 지켜본 중계진은 특이한 일화만 남긴 채 지구로 돌아올 수밖에 없었다. 시카고 컵스의 대표 해설자였던 해리 캐리처럼 관중석에 앉아 중계방송한 기록은 있지만 페어 지역 안에서 경기 전체를 지켜본 것을 넘어 스스로 그라운드

애스트로돔 천장을 올려다본 모습으로 가운데 오각형 곤돌라가 린지 넬슨 일행이 머문 공간 이다.(출처 : 미국 의회도서관 자료 / 휴스턴 애스트 로스 데일리 트위터)

룰의 일부가 된 인물은 그 이전에도, 그 이후에도 없었다.

희소성만 보면 '페어 지역 중계'에 필적할 만한 사건이 또 하나 있다. 1976년 6월 15일에 발생한 '돔구장 우천 취소 사건'이 바로 그것이다. 돔에서 우천으로 취소라니. 일단 비 때문인 것은 맞다. 경기 시작 시간인 저녁 7시 35분을 앞둔 그날 낮 12시경 시작된 폭우는 그칠 줄을 몰랐다. 당일 시내 강수량이 190밀리미터, 국지적으로는 332밀리미터까지 기록되었을 정도였다. 휴스턴 애스트로스 구단의 공식 역사를 담당하고 있는 마이크 아코스타에 따르면 이날 거센 빗줄기로 인해 구장으로 진입하는 모든 도로가 유실된 듯해 보였다고 한다. 휴스턴 도시가 평탄하고 낮은 지대에 위치한데다 애스트로돔의 그라운드가 지하 14미터 깊이로 건설된 구조적인 면도 사태를 악화시키는 데 한몫했다.

휴스턴 애스트로스 선수들은 오후 3시 팀 훈련에 앞서 이미 1시경 대부분 경기장에 도착한 상태였다. 그때만 해도 도로가 완전히 침수되지는 않았다. 버스로 단체 이동한 피츠버그 파이리츠 선수들 역시 도로가 봉쇄되기 전 경기장에 도착했다. 다만 숙소에서 경기장까지 평소 15분이면 충분했는데 이날은 30분 넘게 걸렸다고 한다. 경기장 안에 머물던 선수들은 외부 상황의 심각성을 모른 채 일상적인 훈련을 준비하고 있었다. 외야 전광판 쪽에서 실내로 빗물이 침투하기는 했지만 경기에 지장을 줄 것이라고 생각한 선수는 아무도 없었다. 피츠버그 선수단처럼 폭우가 심해지기 전에 도착한 열성팬도 20명 정도 있었다(이들은 일찌감치 움직인 덕분에 잊지 못할 경험을 하게 된다).

그러나 경기를 치르는 데 꼭 필요한 심판진과 상당수의 구장 관리 직원들은 빗줄기를 뚫지 못했다. 일부면 모르지만 경기를 진행하기 위해 필요한 인원이 대부분 도착하지 못한 상태라 허술하게라도 경기를 치르는 것이 불가능했다. 경기 시간이 다가오면서 당시 휴스턴 애스트로스의 단장이던 탤 스미스에게 결단의 순간이 찾아왔다. 명분은 확실했다. 팬과 구성원들의 안전이 가장 중요했다. 그는 오후 5시경 경기 취소 결정을 내렸다. 우천 취소는 보통 '레인 아웃rain-out'이라고 표현하는데 구단의 대변인은 "정확히 이야기하면 '레인 아웃'이 아니라 '레인 인rain-in' 사태"라며 이 와중에 너스레를 떨었다. 사상 초유의 돔구장 우천 취소 사건이었다.

여기서 끝난 것이 아니었다. 경기는 취소되었지만 선수들은 집으로 돌아갈 수 없는 상황이었다. 애스트로돔 밖의 세상이 어떻든 이곳에 모인 사람들은 일단 살아야 했다. 구장 여기저기에 위치한 테이블을 2루 베이스 근처에 모아놓고 준비할 수 있는 만큼 음식을 올리기 시작했다. 이내 양 팀 선수단의 보기 드문 그라운드 만찬이 벌어졌다. 이미 경기가 취소되었으므로 선수들은 부담 없이 식사를 즐겼다. 애초 스위트석을 위해 준비한 스테이크 메뉴가 제공된 가운데 음식보다 주류가 더 많이 소진되었다는 후문이다. 일찌감치 출근에 성공한 일부 구단 직원들은 물론 열성팬 20여 명도 만찬에 동참해 역사적인 순간을 함께했다.

식사를 마친 뒤 래리 디커를 포함한 선수 몇 명은 돔 천장까지 이어진 작업용 통로에 올라가 구장 내부 전경을 바라보며 여유도 맘껏 누렸다. 피츠버그 파이리츠 선수들은 버스가 천천히 움직이기 시작한 오후 8시가 지나서야 원정 숙소로 향할 수 있었다. 자가용을 이용해야 하는 휴스턴 애스트로스 선수들은 사정이 좀 달라서 일부는 그나마 수위가 더 낮아진 밤늦게 물길을 거슬러 퇴근할 수 있었고, 몇몇은 아예 애스트로돔의 고급 스위트룸에서 잠을 청한 뒤 다음날 돌아갔다고 한다.

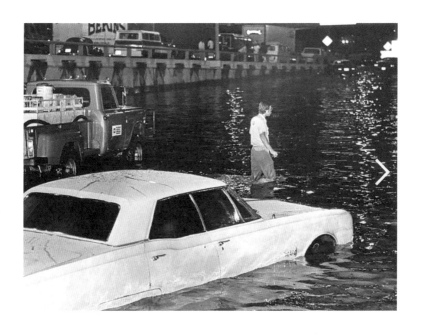

우천으로 경기가 취소된 당일 휴스턴 시내(위)와 애스트로돔의 역사적인 실내 만찬(아래)
(출처 : 휴스턴 애스트로스 구단 공식 홈페이지)

2005년 태풍 카트리나가 상륙했을 때 이재민 대피소로 사용된 애스트로돔(출처 : 휴스턴 애스트로스 구단 공식 홈페이지)

다목적 시설로 지어진 만큼 애스트로돔에는 온갖 행사가 줄을 이었다. 야구, 미식축구, 복싱, 농구 등 스포츠 경기는 말할 것도 없고 각종 시사회와 전시회, 종교 행사는 물론 가축 품평회, 로데오, 콘서트, 정치집회 등 사람들이 모일 만한 일로는 열리지 않은 것이 없다고 해도 될 정도였다. 태풍 카트리나가 뉴올리언스를 덮친 2005년에는 이재민들의 대피소로 변신하기도 했다.

그러나 휴스턴 애스트로스가 개폐식 돔구장 엔론 필드Enron Field(지금의 미닛메이드 파크)로 홈구장을 옮긴 2000년 이후 애스트로돔은 더이상 예전의 명소가 아니었다. 추억의 가치를 높이 평가하는 사람들이 애스트로돔을 유지하거나 다른 용도로 활용하기 위해 애를 쓰기도 했다. 초대형 실내 공원으로 탈바꿈하려는 계획도 있었다. '세계 8대 불가사의 양조장'

메이저리그, 진심의 기록

이라는 수제 맥주 가게가 근처에 생기기도 했다. 이후 유지비 문제로 철거될 뻔한 적도 있고, 오히려 철거 비용 때문에 결정이 미루어져 존치된 기간도 있었다. 결국 돔구장 재생 프로젝트가 채택되어 NRG 스타디움으로 이름을 바꾼 채 훗날을 도모하고 있다. 최근에는 코로나19 사태로 인해 임시 의료 시설로 사용되기도 했다.

애스트로돔 이야기가 재키 로빈슨의 인생처럼 역사에 화두를 던지는 소재는 아니다. 특정 인물이 모든 것을 일궈낸 것처럼 이야기하는 것도 옳지 않고, 알려지지 않은 이면도 있을 것이다. 그래도 파격적인 상상력과 과감한 추진력에 때로는 유연함이 느껴지는 발상의 전환까지 폭넓게 아우르는 이야기라고는 할 수 있다. 에버츠 필드나 크로슬리 필드처럼 미국인들만의 추억 속 야구장 이야기보다 애스트로돔은 확실히 피부에 와닿는 이야기이다. 그 역사를 돌이켜보는 것이 누군가의 행동 의지를 조금은 자극할 만하다고 생각한다.

야구에 대한 진정성 있는 호기심이 어떤 일까지 가능하게 할까. 또다른 이야기를 기대하는 마음 한편으로 휴스턴이라는 지명이 사인 훔치기 사건 이후 야구계에서 비아냥의 대상이 되었다는 것은 너무나 큰 아쉬움으로 남는다.

시간을 거스른 사나이

　매년 괴물들이 줄지어 등장하는 메이저리그에서도 샌디에이고 파드리스의 후안 소토는 단연 돋보이는 존재이다. 마이너리그 시절부터 '도미니카공화국의 브라이스 하퍼'라 불리며 주목받았고, 만 19세에 워싱턴 내셔널스에서 시행착오 없이 주전 자리를 꿰찼다. 그는 이듬해 소속팀이 월드시리즈 정상에 오를 수 있도록 견인차 역할을 했으며, '어린 베이브 루스'라는 별명까지 얻더니 데뷔 세번째 시즌에는 역대 내셔널리그 최연소 타격왕에도 올랐다.

　그는 2021년까지 4시즌 통산 3할 타율에 4할 출루율, 5할 장타율, 이른바 '3-4-5' 비율을 유지할 만큼 힘과 정교함, 선구안을 두루 갖춘 보기 드문 선수이다. 독보적인 실력과 별개로 후안 소토의 행보 중 가장 독특한 것이라면 개인적으로 '데뷔 경기 이전 홈런'이라는 이름 붙이기도 힘든 이색 기록을 꼽고 싶다. 그는 워싱턴 내셔널스 소속이던 2018년 6월 18일 뉴욕

현역 최고의 블루칩이자 이색 기록의 주인공인 후안 소토(출처 : 워싱턴 내셔널스 구단 공식 사진)

양키스와의 홈경기에서 3대 3으로 맞선 6회 대타로 기용되어 관중석 꼭대기까지 날아가는 초대형 투런 홈런을 터뜨렸다. 팀의 5대 3 승리를 이끄는 결승포였다. 그런데 이 경기는 원래 5월 15일에 열려 5회까지 진행되다가 비로 중단되는 바람에 한 달 뒤쯤 재개된 것이었다. 야구에서 간혹 벌어지는 서스펜디드 게임suspended game이었다.

문제는 후안 소토가 5월 15일에는 메이저리그 선수가 아니었다는 것이다. 그의 빅리그 공식 데뷔 날짜는 5월 20일로, 그다음 날인 21일에 터뜨린 홈런을 자신의 첫 홈런으로 기억하고 있는 상태였다. 그러니까 공식 데뷔전보다 서류상 5일 앞선 경기에서 '시간을 거슬러올라가' 홈런을 날린 것이다. 5월 15일에 소토는 워싱턴 산하 더블 A팀에서 4타수 3안타를 몰아친 '뜨거운 유망주' 신분이었다.

이 경기에서 후안 소토만 홀로 시간을 거스른 것은 아니다. 상대팀인 뉴욕 양키스의 그레그 버드도 원래 경기 날짜인 5월 15일에 마이너리그에서 재활중이었는데 이후 후안 소토처럼 승격되어 별일 없이 경기에 투입되었다. 정반대의 타임머신도 작동했다. 5월 15일 경기에서 비로 중단되기 전까지 2점 홈런을 포함해 뉴욕 양키스의 3득점을 모두 불러들인 타일러 오스틴은 정작 해당 경기가 재개된 날에는 트리플 A팀의 유니폼을 입고 있었다. 소소하지만 덥수룩한 수염으로 뒤덮였던 브라이스 하퍼의 얼굴도 6월 18일에는 말끔하게 정리된 상태로 시간의 변화를 나타냈다.

그렇다면 후안 소토의 공식 기록은 어떨까? 북미 프로스포츠의 공식 기록을 집대성하는 엘리아스 스포츠 뷰로에 따르면 후안 소토의 데뷔전은 싱겁게도 그냥 5월 20일이다. '시간을 거스른 홈런'은 시즌 6호 홈런으로 기록되었고, 다만 6호 홈런의 날짜는 비로 중단되기 전 경기가 당초 개시된 날짜로 표기되었다. 그냥 후안 소토에게 날짜가 특이하게 기록된 홈런 하나가 남는 셈이다.

이런 해프닝은 후안 소토만 겪은 것이 아니다. 천하의 배리 본즈도 초년병 시절 비슷한 경험을 했다. 그는 1986년 5월 30일 피츠버그 파이리츠 소속으로 데뷔했고 8월 11일 대수비로 출전해 결승 타점을 올렸다. 그런데 8월 11일 경기는 그가 데뷔하기 이전인 4월 20일에 진행되다 중단된 뒤 다시 재개된 경기였다. 1970년대 피츠버그 파이리츠의 대표적인 스타였던 데이브 파커 역시 같은 경험을 한 선수로 남아 있다. 공교롭게 배리 본즈와 데이브 파커 모두 MVP를 수상한 경력이 있다. 후안 소토에게는 나쁠 것 없는 우연이다(그는 2021년 MVP 투표 최종 2위에 올랐다).

이보다 더 특이한 일이 있을까 싶지만 빅리그의 오랜 역사에는 더한 일도 있었다. 경우는 조금 다르지만 메이저리그 역사상 가장 독특한 일 중 하나로 기억되는 이른바 '조엘 영블러드 사건'이다. 결론부터 이야기하자면 하루에 2팀의 유니폼을 입고 각각 안타를 친 사건이다. 이름도 인상적인 조엘 영블러드Joel Youngblood는 1982년 8월 4일 뉴욕 메츠의 중견수로 시카고 원정 경기에 출전해 2타수 1안타로 활약하다 갑자기 4회 말 수비에서 무키 윌슨으로 교체되었다. 영문도 모르고 경기에서 빠진 그는 감독으로부터 트레이드되었다는 소식을 들음과 동시에 최대한 빨리 몬트리올 엑스포스 구단에 합류해야 한다는 통보를 받았다. 조엘 영블러드는 급하게 택시를 잡아타고 공항으로 가던 중 자신의 글러브를 시카고 리글리 필드에 두고 왔다는 사실을 뒤늦게 깨닫고 잠시 망설이다가 수년간 동고동락한 글러브 없이는 제대로 경기에 임할 수 없을 것 같다는 생각에 택시를 돌려 장비를 챙긴 뒤 가까스로 비행기에 몸을 실었다.

같은 시각 몬트리올 엑스포스는 필라델피아에서 원정 경기를 치르고 있었다. 부랴부랴 필라델피아 필리스의 홈구장인 베테랑스 스타디움에 도착한 영블러드는 자신의 이름이 새겨진 유니폼을 받아들고 6회 대수비로 곧장 투입되었다. 그리고 7회 타석에서 내야안타를 기록했다. 이후 9회까지 5차례 뜬공을 잡아낸 뒤에야 그의 긴 하루가 끝이 났다.

트레이드 과정에서 서류상으로 한 선수가 하루에 2팀에 소속되는 일은 있을 수 있다. 하지만 현실 경기에서 하루에 2팀의 유니폼을 입고 나타나 안타를 기록한 경우는 조엘 영블러드가 유일하다. 그는 낮 경기에서 퍼거슨 젱킨스를 상대로, 그리고 야간 경기에서는 스티브 칼턴을 상대로 안타를 날렸다. 그는 두 투수 모두 훗날 명예의 전당에 헌액된 대투수라는 점을 꽤 자랑스러워했다. 그날 조엘 영블러드를 떠나보낸 뉴욕 메츠는 승리했으나 급하게 투입시킨 몬트리올 엑스포스는 패했다.

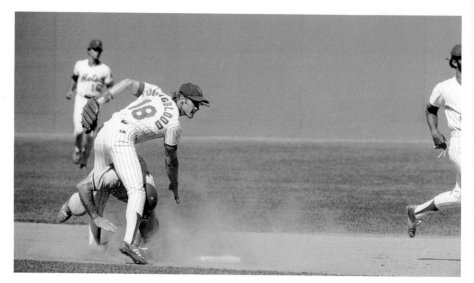

이름만큼이나 특이한 기록의 주인공인 조엘 영블러드(출처 : 메이저리그 공식 홈페이지)

시카고 컵스가 1988년 이전까지 홈경기를 낮에만 치렀다는 점도 이 사건에 적잖은 영향을 미쳤다(야구는 한낮에 하는 전통을 고수해야 한다는 철학을 중시해 시카고 컵스는 지금도 야간 경기를 가장 적게 치르는 구단이다). 조엘 영블러드는 현역 시절 송구 능력, 흔히 말해 어깨가 좋았던 선수임에도 소속팀 감독마다 그를 내야수로 전환시키려고 하면서 결과적으로 큰 빛을 보지 못했다는 평가를 남겼다. 대신 유일무이한 기록 하나는 남겼다. 후안 소토와는 다른 의미로 시간을 거스른, 사실은 정말 촉박한 상황에서 시간을 아껴 쓴 사례이다. 특별한 의미를 부여하기보다 그 자체로 메이저리그의 깨알 같은 면모를 확인할 수 있는 이색 해프닝이었다.

메이저리그의 진정성 확인 장치,
인센티브의 세계

———

　야구에서 아웃카운트 하나의 가치를 돈으로 환산하면 얼마나 될까? 시대에 따라 다르고, 경기 상황에 따라 차이가 있을 것이다. 2007년 뉴욕 양키스에서 데뷔해 12년간 활약한 투수 필 휴즈에게 2014년 9월 24일은 아웃카운트 하나의 값어치를 몸소 느낄 만한 하루였다.

　2014년은 필 휴즈가 미네소타 트윈스와 FA 계약을 맺은 첫 시즌이었다. 팀 성적은 기대와 달랐지만 적어도 그에게는 성공적이었던 한 해였다. 문제의 그날 필 휴즈는 애리조나 다이아몬드백스와의 경기에 선발 등판해 8회까지 1점만 내주는 훌륭한 투구를 펼쳤다. 투구수는 96개. 2대 1로 앞선 8회 상황이었으므로 구원투수가 나올 법도 했지만 더이상 남은 등판이 없는 시즌 마지막 홈경기라는 점에서 충분히 완투를 시도할 만했다. 그런데 모자에서 빗방울이 고여 떨어질 정도로 빗줄기가 굵어져 결국 경기는 66분 동안 중단되었다. 미네소타 트윈스의 론 가든하이어 감독은 경기가 재개되자 필 휴즈 대신 구원투수 재러드 버턴을 투입해 9회를 막아냈다.

필 휴즈는 자신의 한 시즌 최다인 209와 3분의 2이닝을 기록하며 시즌을 마쳤다. 그런데 여기에 이야깃거리가 있었다. 그의 2014 시즌 기본 연봉은 800만 달러로, 180이닝을 채우면 25만 달러, 195이닝에 도달하면 추가 25만 달러를 더 받을 수 있었다. 그렇게 그는 50만 달러의 보너스는 확보한 상태였다. 여기에다 210이닝까지 채우면 별도의 50만 달러를 더 받는 옵션 계약이 되어 있었다. 그가 스스로 마운드를 내려간 것도 아니고 팀의 1승이 그 어느 때보다 중요했던 경기도 아니었다. 아무도 예상하지 못한 비 때문에 아웃카운트 하나가 모자라 50만 달러의 보너스를 아쉽게도 놓치게 된 것이다.

그러나 시즌이 완전히 마감된 상태는 아니었다. 아직 디트로이트 타이거스와의 원정 4경기가 남아 있었다. 하지만 론 가든하이어 감독은 남은 경기에서 필 휴즈가 불펜에서 대기하는 일은 없을 것이라고 못을 박았다. 연봉 800만 달러의 선수에게 50만 달러를 더 챙겨줄 이유가 없었던 것일까? 사실 필 휴즈는 경기 직후 상황을 파악하고 있었다. 그리고 감독과 상의하에 인센티브를 채우지 않은 채 자연스럽게 시즌을 마감하기로 결심했던 것이다. 그렇게 미네소타 트윈스 구단은 50만 달러를 아낄 수 있었다. 공교롭게도 필 휴즈 대신 남은 아웃카운트를 처리한 무명의 불펜 투수 재러드 버턴은 이 경기를 마지막으로 빅리그에서 자취를 감추었다.

요즘 메이저리그에서 선수의 계약 내용에 인센티브가 포함되는 것은 흔한 일이다. 폴 딕슨의 『야구 사전』에서는 인센티브를 "선수가 시즌 도중 특정한 목표나 수상 실적을 달성할 경우 제공하기로 약속한 계약의 일부"라

메이저리그, 진심의 기록

필 휴즈는 50만 달러를 굳이 더 챙기는 것이 부자연스럽다고 생각했다.(출처 : 메이저리그 공식 홈페이지)

고 설명하고 있으며, '미스터 옥토버'*로 불린 거포 레지 잭슨의 사례가 인용되어 있기도 하다. 역사와 전통을 자랑하는 메이저리그인 만큼 다양한 선수가 특이한 인센티브로 나름의 존재감을 드러내곤 했다.

레지 잭슨은 현역 마지막 시즌이었던 1987년 친정팀인 오클랜드 애슬레틱스로 돌아오면서 476타석을 넘어서면 600타석까지 매 타석 1000달러를 받는 참으로 세밀한 인센티브 조항을 추가했다(최종 374타석으로 시즌을 마감하면서 실현되지는 못했다). 그는 이외에도 MVP 순위에 따른 세세한 보

• 2차례 월드시리즈 MVP를 거머쥐었을 정도로 포스트시즌 경기에 유독 강해 '10월의 사나이'
  라는 별명이 붙었다.

너스 조항은 물론 홈 관중이 일정 수준을 넘어서면 1명당 받는 금액까지 정해두기도 했다. 레지 잭슨이 워낙 유별나기는 했지만 실제 인센티브의 형태도 다양하다. 골프 사랑으로 유명한 그레그 매덕스는 현역 시절 말년에 골프 클럽 회원권을 계약 내용에 넣는 조건으로 샌디에이고 파드리스와 계약을 하기도 했다.

또한 홈런왕 출신의 거포 트로이 글로스는 2004년 애리조나 다이아몬드백스와 계약하면서 아내의 승마 훈련비로 매년 25만 달러를 제공받는 내용을 추가했고, 덕분에 그가 은퇴한 이후에도 아내 앤 글로스는 승마대회에서 좋은 성적을 기록한 것으로 알려져 있다. 이외에도 알렉스 로드리게스처럼 자신보다 높은 연봉을 받는 선수가 나오면 자동적으로 자신의 연봉이 올라가도록 계약한 경우도 있으며, 선수의 몸관리를 위해 체중에 옵션을 붙이는 경우도 있다. 타격 성적이 두드러지지 않으면서도 실버슬러거상을 수상하면 보너스를 받도록 한 세사르 이스투리스, 최악의 수비력을 지니고도 골드글러브에 인센티브를 걸어둔 애덤 던도 있다. 이쯤 되면 진심어린 목표라기보다 선수와 구단이 서로의 진정성을 확인해가면서 덧붙인 유머러스한 신뢰의 흔적으로 읽히기도 한다.

범위를 조금 확대하면 1972년 오클랜드 애슬레틱스의 괴짜 구단주 찰리 핀리가 콧수염을 가장 멋지게 기른 선수에게 상금을 주기로 하자 롤리 핑거스가 개성 넘치는 수염을 기르고 나타나 300달러의 인센티브를 받은 사례도 있다. 뜬금없지만 1983년 KBO리그에서 1억 원을 받기 위해 30승을 올린 장명부도 언급될 만하다(당시 투구한 427.1이닝은 초창기 프로야구라는 점을 감안해도 생각할수록 놀랍다). 그러나 요즘 메이저리그 사무국은 구체적인 개인 기록에 따른 인센티브 조항을 금지하고 있다. 2011년부터는

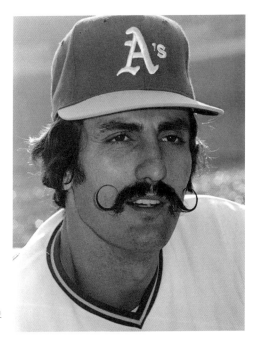

인센티브에 자신만의 개성까지 확보한 롤리 핑거스(출처 : AP)

500홈런, 3000안타와 같은 대기록 달성에 따른 인센티브도 금하고 있다. 대신 출전 경기수나 이닝수, 타석수, 그리고 올스타전 출전 여부와 각종 수상 실적에 따른 인센티브 정도는 허용하고 있다.

〈포브스〉에 따르면 류현진이 선발투수로 나선 2019년 올스타전에서도 12명의 선수가 인센티브를 받았다. 저스틴 벌랜더와 놀런 에러나도 같은 선수야 너무나 당연해 보이지만 맥스 셔저가 출전하지 못하게 되면서 대체 선발된 신시내티 레즈의 서니 그레이처럼 뒤늦게 불려가 보너스를 받는 경우도 있다. 2019년 초대형 연장 계약을 맺은 마이크 트라우트 역시 올스타전에 출전해 인센티브를 받았다. 이외에도 골드글러브, 실버슬러거,

MVP 등을 수상할 때마다 보너스를 받을 수 있었는데 실제로 실버슬러거와 MVP를 거머쥐며 번외 수입을 벌어들였다.

같은 해 올스타로 처음 선정된 캔자스시티 로열스의 휘트 메리필드는 꽤 복잡한 인센티브 계약을 맺었다. 일정 타석을 넘어서면 0.5점, 골드글러브는 1점, 올스타는 2점 등 실적에 따라 총점을 매긴 뒤 1점당 정해진 금액을 추가로 받는 식이다. 또한 가장 익숙하면서도 특이한 사례로 마에다 겐타의 계약도 빼놓을 수 없다. 2016년부터 LA 다저스와 8년 계약을 맺은 마에다는 매년 기본 연봉 300만 달러만 확보한 채 시즌을 시작한다. 400만 달러 수준인 빅리거 평균 연봉만도 못한 수준이다. 이후 지루한 덧셈이 기다리고 있다. 개막전 명단에 포함되는 조건으로 15만 달러, 선발 출전 15경기부터 추가 인센티브, 90이닝 이상 출전할 때마다 일정한 보너스를 계속 더해 받는 식이다. 보장된 연봉보다 옵션이 큰데다 트레이드 거부권마저 포함되지 않았다는 이유로 선수의 권리가 축소된 사례라고 비판받기도 했다.

류현진의 경우도 이전까지 계약 내용에 올스타전 출전 보너스가 없었는데 2019년 역대급 시즌을 보낸 덕분에 다양한 인센티브의 맛을 보게 되었다. 류현진은 토론토 블루제이스와 4년간 8000만 달러의 FA 계약을 체결하면서 올스타전 출전은 물론 사이영상 주요 순위에 따른 인센티브 조항을 추가했다. 더불어 원정 경기 때마다 숙소에서 스위트룸을 이용하는 조건도 포함되었다. 처음 언급한 필 휴즈와 류현진을 엮을 만한 일화가 있다. 필 휴즈는 아웃카운트 하나 차이로 50만 달러를 놓친 2014년 나름 중요한 기록을 남겼다. 류현진의 투구 때 자주 등장하는 '볼넷-삼진' 비율이 그것이다. 그해 필 휴즈는 186삼진, 16볼넷을 기록해 단일 시즌 최고인

2019 올스타전 선발투수로 선정된 류현진(출처 : LA 다저스 구단 공식 SNS)

11.63의 볼넷-삼진 비율을 기록했다. 이 분야에서 그 못지않은 류현진이 등판할 때마다 중계방송에서 해당 기록이 부각되자 자신의 트위터를 통해 "류현진 선수, 나도 기록 하나 좀 남깁시다"라면서 애교 섞인 푸념을 하기도 했다.

때로는 선수 개인의 의욕이나 진정성을 확인하기 위해, 때로는 구단의 성의를 입증하기 위해 인센티브 조항은 다양한 방식으로 계약서에 포함된다. 그러나 서로 믿지 못한 의심의 결과물이 인센티브로 남을 때도 있다. 1986년 MLB닷컴의 칼럼니스트 리처드 저스티스는 〈워싱턴 포스트〉에 근무하던 당시 메이저리그 단장이 계약서에 인센티브 조항을 넣는 이유를 세 가지로 정리한 적이 있다. 첫째, 기분 나쁜 에이전트를 사무실에서 빨리 내쫓고 싶어서. 둘째, 기본 연봉을 올리는 것보다 선수단 전체 연봉 관리에 유리해서. 셋째, 해당 선수가 그 인센티브를 받을 수 없다고 생각해서. 물론 당사자가 아닌 이상 그 속내는 알 수 없다.

트레이드에도 외상이 있다?
'추후 지명 선수'

───────

2018년 7월 오승환은 토론토 블루제이스에서 활약하던 중 콜로라도 로키스로 트레이드되는 예상치 못한 경험을 했다. 그는 주전급 선수들의 트레이드가 드문 한국과 일본에서만 활동했던 까닭에 야구 인생에서 처음 트레이드를 겪고 잠시 당황했다는 소감을 털어놓기도 했다. 오승환이 이적했다는 사실은 누구나 쉽게 확인할 수 있었다. 콜로라도 로키스의 유니폼을 입고 새로운 홈구장의 마운드에 오른 뒤 동료들과 20차례 이상 하이파이브까지 나눈 장면을 모두 목격했기 때문이다. 다만 서류상으로 오승환의 트레이드는 아직 마무리된 것이 아니었다.

당초 콜로라도 로키스는 오승환을 데려오면서 토론토 블루제이스에게 1루수 유망주 채드 스팬버거, 외야수 유망주 포레스트 월과 함께 '정해지지 않은 1명'을 더 내주기로 했다. 유망주 2명을 보내는 것으로는 부족해 적당한 선에서 1명을 더 보내기로 한 것이다. 큰 틀에서 합의된 선수들은

콜로라도 로키스 시절의 오승환(출처 : MBC 뉴스)

이미 이적 절차를 밟으면서도 나머지 부분은 적당히 외상으로 처리한 셈이다(콜로라도 로키스는 한 달 뒤 브라이언 베이커라는 투수 유망주를 보내 해당 건을 마무리했다).

메이저리그 트레이드 소식에서 자주 접할 수 있는 PTBNLPlayer to Be Named Later. 이를 폴 딕슨의 『야구 사전』에서는 "상호 합의하에 트레이드를 마무리할 목적으로 향후 넘어가는 선수"라고 정의하고 있는데, 우리말로는 간단히 '추후 지명 선수' 정도로 번역할 수 있다. 선수를 보내는 쪽에서 명단을 전달하면 받는 쪽이 그중 한 명을 선택하는 것이 일반적이다. 추후 지명 선수는 대개 트레이드의 핵심보다는 전체 균형을 맞추는 용도로 거래된다. 해당 선수 본인에게는 미안한 이야기이지만 어정쩡한 급일 수밖에 없다. 당연히 큰 주목을 받는 경우도 없다. 추후 지명 선수를 받는 팀조차 진지하게 전력 보강을 꾀하는 경우는 없다. 잘 키워서 훌륭하게 성장하면 나쁠 것이야 없지만 그런 기대조차 하지 않는 것이 현실이다. 그저 수

메이저리그, 진심의 기록

지 타산을 꼼꼼하게 따져보거나 마이너리그 구단 운용을 위해 채워넣는 선수 정도에 그치는 경우가 대부분이다. 선수층 확보 자체에 의미가 있다는 뜻으로 '뎁스Depth용 선수'라고도 불린다. 다양한 규모의 트레이드가 일상적으로 이루어지는 메이저리그의 단면이다.

그런데 구색을 갖추려고 끼워넣은 '추후 지명 선수'가 모두 어정쩡하게 사라지는 것은 아니다. 사람이 하는 일이다보니 별생각 없이 넘긴 선수가 심심치 않게 '터지곤' 한다. 데이비드 오티즈는 이 분야의 1인자로 잘 알려져 있다. 1996년 9월 시애틀 매리너스는 올스타 출신 내야수 데이브 홀린스를 영입하면서 미네소타 트윈스에 추후 지명 선수 1명을 내주기로 약속했다. 시애틀 매리너스가 건넨 명단에서 미네소타 트윈스가 선택한 선수가 바로 데이비드 오티즈였다. 그의 성장세가 이어지고 있었지만 시애틀 매리너스 구단은 스무 살의 싱글 A 선수에게 큰 의미를 부여하지 않았다.

그렇다고 미네소타 트윈스가 데이비드 오티즈의 가치를 제대로 간파한 것도 아니었다. 한 시즌에 홈런 20개 정도는 치지만 왼손 투수에 약하고 수비력에서는 가치가 없는 선수. 미네소타가 생각한 오티즈는 이 정도 수준의 선수였고, 연봉 조정 자격을 갖춰 급여가 오르기 시작하자 방출을 결정했다. 선수생활을 접어야 할 위기에 처한 데이비드 오티즈는 다행히 페드로 마르티네스의 추천으로 보스턴 레드삭스와 계약할 수 있었다. 이후는 우리가 익히 알고 있는 그대로이다. 데이비드 오티즈는 금지 약물 논란에도 불구하고 10차례 올스타에 선정되었고, 우승 반지 3개를 거머쥔 뒤 명예의 전당 입성까지 성공했다. 말 그대로 레전드가 되었다.

2008 시즌 가을 야구를 준비하던 밀워키 브루어스는 클리블랜드 인디언스의 검증된 선발투수 CC 사바시아를 데려오는 대가로 유망주 3명을

방출 후보 선수였던 데이비드 오티즈가 명예의 전당에 입성한 순간(출처 : 보스턴 레드삭스 구단 공식 SNS)

넘겨주었다. 추후 지명 선수 1명을 더 보냈는데 이렇게 네번째로 거명된 선수가 현재 휴스턴 애스트로스의 올스타 외야수 마이클 브랜틀리이다. 이외에도 모이세스 알루와 제이슨 슈밋 등이 원 소속팀의 무관심을 딛고 보란 듯이 성장해 올스타전까지 출전한 인생 역전의 주인공들이다.

'외상 트레이드'의 역사는 생각보다 오래되었다. LA 다저스의 투수 코치로 친숙한 릭 허니컷도 선수생활 초기였던 1977년 추후 지명 선수로 지목되어 짐을 쌌던 시절이 있었고, 1910년 조 잭슨의 경우까지 거슬러올라가기도 한다. 마이너리그를 소재로 한 영화 〈19번째 남자Bull Durham〉(1988)에 퇴물 선수로 등장하는 케빈 코스트너가 자신의 정체를 묻는 질문에 추후 지명 선수라고 답하는 장면도 나온다.

선수들의 기본권을 보호하기 위한 논의와는 별개로 야구에서 선수가

　　　　　　　　　　　　　　　　　메이저리그, 진심의 기록

케빈 코스트너는 '추후 지명 선수'로 영화에 처음 등장한다.(출처 : 영화 〈19번째 남자〉)

곧 상품이라는 점을 새삼 확인할 수 있는 대목이 바로 추후 지명 선수의 존재이다. 오승환이 콜로라도 로키스로 이적한 뒤의 활약을 지켜볼 때 오승환에만 주목하는 대신 토론토 블루제이스로 향했던 추후 지명 선수의 행보를 지켜보는 것도 흥미로운 일이다. 재미있는 점은 트레이드 당시 더 높게 평가받았던 1루수 유망주 채드 스팬버거와 외야수 유망주 포레스트 월은 2021년까지 마이너리그에 머물고 있던 것에 비해 추후 지명 선수였던 투수 유망주 브라이언 베이커는 빅리그 데뷔에 성공했다는 것이다.

결과적으로 토론토 블루제이스는 준수한 구원투수를 높지 않은 연봉으로 시즌 내내 활용한 뒤 트레이드를 통해 유망주까지 건지며 남는 장사를 했다. 반면 2018년 초 오승환과의 최종 계약 직전 석연치 않은 이유로 변심했던 텍사스 레인저스는 토론토가 누린 혜택을 구경만 하는 처지가 되었다. 당시 텍사스 레인저스의 수완이 부족했다는 것만은 확실하다.

열 번 넘어지고도 다시 일어선 사나이

2020년 kt 위즈의 조용호에게 플레이오프 4차전은 악몽 그 자체였다. 많은 야구팬이 지켜보는 무대에서 치명적인 실수를 저지르고 말았다. 2루 주자였던 그는 후속 타자의 타구를 제대로 판단하지 못해 선취 득점의 기회를 날려버리고 말았다. 팀이 2연패 뒤 2연승을 노리고 있던 시점이어서 전체 흐름을 뒤집을 뻔했기에 더 뼈아픈 실수였다. 그날 kt는 패했고 그대로 탈락했다.

누구라도 아쉬움이 남겠지만 특히 조용호에게는 잔인할 정도였다. 서른한 살에 처음 주전이 되어 팀 창단 첫 가을 야구 진출을 이끌었는데 한 해의 마지막 경기가 가장 원치 않는 방식으로 기록되었다. 이렇게 기억될 해는 아니었다.

조용호는 고등학교 때 부상으로 인해 프로 구단에 지명받지 못했다. 대학교에 진학한 이후 스카우트들의 주목을 받은 순간도 있었지만 그때도 발목 인대를 크게 다치는 바람에 프로 진출의 기회를 또다시 놓치고 말았다. 독립야구단 고양 원더스에서 지푸라기라도 잡아보고자 했지만 원하는 결과를 얻지 못했다.

그는 더이상 야구선수의 길을 가기 어렵다고 판단해 사회복무요원으로 병역의 의무를 이행하면서 우유와 피자를 배달하기도 했고, 중국 음식점 요리사 일을 배우기도 했다. 야구를 잊고 살 수밖에 없다고 생각했다.

그러다 소집해제를 앞두고 동네 아이들이 야구공을 던지며 노는 모습에 자신도 모르게 마음이 흔들렸다. 그는 가슴 깊은 곳에서부터 끓어오르는 야구에 대한 열망을 인정할 수밖에 없었다. 조용호는 대학 시절 은사를 통해 SK 와이번스 구단의 입단 테스트 기회를 얻었고 어렵사리 육성선수* 신분으로 입단하게 되었다.

무명 선수라는 말도 과분할 지경이었다. 창창한 고졸 선수들과 경쟁해 2017년 만 26세의 나이에 1군에 데뷔했다. 꿈같은 하루하루였다. 그런데 그 정도만으로도 기적이라고 생각했던 게 과오였을까. 첫해 가능성을 보여주었지만 프로 무대는 그 정도의 성과로 나이 많은 유망주에게 호락호락 자리를 내주지 않았다. 꾸준히 실력을 보여주지 못한 조용호는 팀 상황까지 맞물리면서 잉여 자원으로 여겨졌다.

그러다 예상치 못한 기회가 찾아왔다. 무상 트레이드였다. 원래 트레이드의 핵심은 주는 쪽과 받는 쪽 사이에서 행하는 저울질에 있다. 가치 있는 선수를 얻으려면 그만한 대가를 치러야 한다. 하지만 SK 구단은 아무 대가 없이 조용호를 kt 위즈로 보내주었다. 당시만 해도 신생팀 kt는 전형적인 약팀이었고, 조용호 정도면 kt에서 출전 기회를 얻을 만한 선수라고 판단해 호의를 베푼 것이었다. 흔히 '길 터주기' 트레이드라고 불리는데 선수뿐 아니라 감독과 구단 관계자 모두가 선후배로 얽혀 있는 한국 야구에서 종종 벌어지는 독특한 트레이드이다. 메이저리그에서는 찾아보기 힘든 사례이다.

kt 위즈의 유니폼을 입은 조용호는 자신의 장점을 극대화하는 쪽으로 초점을 맞추었다. 어차피 힘으로 승부할 수 없는 유형이라는 점을 인정하고 타격 타이밍을 빠르게 가져가면서 짧게 밀어치는 쪽에 집중하기로 했다. 지기 싫어하는 승부 근성은 실투를 놓치지 않으려는 선구안으로 드러났다. 2번의 실수는 없다는 각오로 2020년 시즌 초 kt의 주전 자리를 꿰찬 조용호는 개막 첫 달 4할의 타율을 몰아쳤고, 상대 투수가 가장 많은 공을 던지게 하는 까다로운 선수로 자리를 잡았다(타석당 투구수 4.48개로 전체 1위).

프로 구단 유니폼을 입는 것도 상상에 불과하던 선수가 그렇게 파란만장한 인생을 겪은 끝에 주전 선수로 발돋움한 뒤 밟은 가을 야구 무대였다. 그런데 그곳에서 대형 사고를 친 것이다. 조용호는 그날 실수했던 장면을 거짓말 보태 3만 번 정도 되새겼고, 이후 닷새 동안 잠을 이루지 못했다고 한다. 누구를 탓할 수도 없는 상황이었다. 그는 "누가 뭐래도 형은 최고의 선수였고, 형처럼 끝까지 포기하지 않는 사람이 되겠다"는 동생이 보낸 문자 메시지에 눈시울이 뜨거워

졌다고 한다. 자신의 마음을 알아준 동생의 진심이 너무 고마웠다. 그는 열 번 잘해도 한 번 실수하면 비난받을 수 있는 현실을 받아들이기로 했다.

현역 최다 타석 무홈런. 조용호가 가진 특이한 기록이다. 데뷔 후 무려 1600회 이상 타석에 들어서고도 홈런 기록이 하나도 없다. 무리하게 한 방을 노리다가 잃는 것이 더 많다는 생각에 자신의 쓰임새를 스스로 한정한 결과이다(2022년 6월 데뷔 1632타석 만에 통산 첫 홈런을 쏘아올리면서 무홈런 기록에 종지부를 찍었다). 다른 것은 몰라도 근성 하나만은 자신 있던 그는 이미 숱하게 넘어졌으니 이제 제대로 딛고 일어서는 모습을 보여주어야겠다고 마음먹었다.

2021년 생애 가장 많은 경기에 출전한 조용호는 주연은 아닐지 몰라도 필요할 때마다 몸을 날려 빈틈을 채우곤 했다. kt도 창단 첫 리그 1위에 올랐으며 한국시리즈까지 통합 우승을 차지했다. 1년 전 눈물을 흘렸던 조용호도 2021년 진짜 우승 멤버가 되었다. 지나온 여정을 조금이나마 알기에 우승 이후 환하게 웃는 그의 모습이 더욱 인상적이었다.

• 정식 드래프트에서 지명받지 못한 선수 중 별도의 임시 계약으로 영입된 선수. 과거 연습생이나 신고선수로 불리기도 했다.

3장

레전드의 숨겨진
1퍼센트

2002년 월드시리즈에 나선 배리 본즈(출처 : 메이저리그 공식 홈페이지)

배리 본즈는 왜 그때
삼진을 당했을까?

2002년 10월 26일 샌프란시스코 자이언츠와 애너하임 에인절스의 월드시리즈 6차전. 3승 2패로 우승에 한발 다가선 샌프란시스코 자이언츠는 이날도 5회까지 3대 0으로 앞서고 있었다. 6회 초에는 당대 최고의 타자 배리 본즈가 떠오르는 신예 프란시스코 로드리게스로부터 우월 솔로 홈런을 터뜨렸다. 높은 슬라이더를, 흔히 말해 연습하듯 '받쳐놓고 때린' 홈런이었다. 별다른 세리머니 없이 타구를 바라보다 베이스를 돌기 시작한 배리 본즈가 홈베이스를 밟으면서 4대 0이 되었다.

배리 본즈는 7회 초에도 등장했는데 제프 켄트의 적시타로 5대 0이 된 다음이었다. 투아웃 주자 1루 상황에서 이번에는 바닥까지 떨어지는 변화구에 큰 스윙으로 허망하게 삼진을 당했다. 상관없었다. 그는 이미 고의 4구, 볼넷, 홈런으로 앞선 3타석에서 자신의 위엄을 한껏 과시한 뒤였다. 이제 샌프란시스코 자이언츠는 아웃카운트 9개만 잡으면 뉴욕 자이언츠 시절 이후 58년 만에 월드시리즈 우승을 차지하게 되고, 무엇보다 천하의 배리 본즈가 드디어 우승 반지를 획득하는 순간이라는 점이 대중과 언론의 관심을 집중시켰다. 하지만 7회 말 애너하임 에인절스의 스콧 스피지오의 3점 홈런, 8회 말 대런 어스태드의 솔로포로 분위기가 완전히 뒤바뀌었다. 이후 개릿 앤더슨의 안타를 처리하다 공을 2번 더듬고 미끄러지면서 휘청인 배리 본즈는 트로이 글로스의 2타점 2루타가 된 타구에 다시 공을 더듬으며 체면을 심하게 구겼다. 경기는 역전패로 끝났고 그 여파로 7차전까지 내주면서 평생 꿈꿔온 우승 반지는 눈앞에서 날아갔다.

개인적으로 배리 본즈를 떠올릴 때마다 잊히지 않는 장면이다. 그는 2003년 디비전시리즈를 마지막으로 가을 야구 무대를 밟지 못했다. 끝내 반지는 얻지 못했고 오히려 2007년을 마지막으로 불명예스러운 은퇴를 해야 했다. 배리 본즈는 선수생활의 대부분을 자신의 기대만큼 인정받지 못한 채 보냈다. '약물 청정 시기'로 인식되는 피츠버그 파이리츠 시절은 물론 샌프란시스코 자이언츠에서 신적인 능력을 보여줄 때도 그랬다. 2002년 월드시리즈 이전까지 이미 4차례 MVP를 수상했지만 이와 별개로 본즈 자신은 합당한 평가를 받지 못했다고 생각했다. 그럴수록 더 개인 성적에 몰두했고 반지에 집착했다.

이런 배리 본즈의 이면을 이해하려는 이들은 아버지에 대한 기억이 작용한 결과라고 설명하곤 한다. 그의 아버지 보비 본즈는 1970년대 활약한 대표적인 '5툴 플레이어'*였다. 특히 30홈런-30도루를 5차례나 기록

---

* 타격의 정교함과 파워, 주루, 송구 능력, 수비력 등 야구의 5개 분야에서 모두 두각을 나타내는 만능선수를 말한다.

했을 정도로 파워와 스피드가 돋보였다(메이저리그 사상 '30-30'을 5번 달성한 선수는 보비 본즈 이외에도 한 명이 더 있는데 바로 배리 본즈이다). 삼진왕으로 불리기는 했지만 올스타 3회, 골드글러브 3회로 스타급 선수였음은 부정할 수 없다. 그러나 그는 경기장 밖에서 그리 훌륭한 인물은 아니었다. 보비 본즈를 설명하는 가장 흔한 단어는 폭음과 줄담배가 대표적이었으며, 사생활 문제로 구단과 자주 마찰을 일으켰다. 좌충우돌하는 성격 탓에 구단주와 단장, 언론과 팬은 물론 동료들까지 그에게 등을 돌렸다는 평이다. 1975년 뉴욕 양키스로 이적한 이후부터 거의 매년 팀을 옮기다시피 한 것도 바로 이러한 이유 때문이다. 간혹 인종차별로 부당하게 비난받는 경우도 있었다고 한다.

배리 본즈는 어릴 때부터 아버지가 경기 외적인 이유로 소외당하는 모습을 지켜보았다. PBS에서 제작한 메이저리그 역사 다큐멘터리 〈베이스볼 BASEBALL〉에 당시 정황이 기록되어 있다. 그의 어린 시절을 기억하는 지인들은 본즈가 인정받기 위해서는 오직 실력으로만 승부해야 한다는 신념을 가진 것처럼 보였다고 말한다. 보비 본즈는 아들이 어릴 때부터 재능을 보이기 시작하자 직접 슈퍼스타를 키우기 위해 애를 썼다. 팀의 선배이자 아들의 '대부'인 윌리 메이스와 친밀한 관계를 유지하며 여러 장점을 접할 수 있도록 했고, 집에서는 아들에게 전력투구로 배팅볼을 던져주기도 했다. 보비 본즈는 슈퍼스타가 되기 위해서는 실력 이상의 무언가를 갖춰야 한다고 생각했는데, 예를 들면 태도나 말투에도 일종의 '스웨그'가 있어야 한다고 여겼다. 배리 본즈가 종종 오해를 불러일으키거나 태도 논란에 휩싸인 것을 본 사람들은 이 역시 아버지의 영향이라고 생각했다.

배리 본즈는 고등학교 졸업 후 곧바로 프로에 진출하지 않았다. 샌프란

선수 배리 본즈와 코치 보비 본즈(출처 : 배리 본즈 인스타그램)

시스코 자이언츠가 7만 달러의 계약금을 제시했으나 그가 7만 5000달러
를 요구하면서 협상이 결렬되어 애리조나 주립대에 진학했다. 이후 피츠버
그 파이리츠에 입단한 배리 본즈는 무리 없이 빅리그에 적응했고, 동료들
이 일찌감치 '명예의 전당감'이라고 여겼을 만큼 탁월한 기량을 펼쳤다. 그
러나 그 역시 그라운드 밖에서는 내성적인 편이었고 감정 조절이 되지 않
아 종종 주위 사람들을 당황하게 했다고 한다. 보비 본즈는 아들이 경기에
집중하려 오해를 사는 것이라고 변호했지만 주위의 생각은 달랐다. 그는
팀의 승패보다 자신의 기록을 중시하는 선수로 치부되기도 했다.

　배리 본즈는 당시 동료 외야수 앤디 반 슬라이크가 '미스터 피츠버그'
로 불리며 팀의 간판으로 대접받는 것을 불편하게 생각했다. 반 슬라이

　　　　　　　　　　　　　　　　　　　　　　메이저리그, 진심의 기록

크를 '위대한 백인들의 영웅'이라 부르며 시기심을 드러낸 적도 있다. 그는 1990년부터 3년 연속 팀을 가을 야구로 이끌기도 했지만 포스트시즌에서 성적이 크게 부진해 영웅이 되지는 못했다. 1992년 시즌을 마친 후 FA 자격을 얻은 배리 본즈는 피츠버그의 제시액에 실망해 팀을 떠나기로 결정했다.

"여러분, 좋은 소식입니다. 메이저리그 역대 최고액입니다. 배리 본즈가 6년간 4300만 달러에 샌프란시스코 자이언츠와 계약했습니다." 그의 샌프란시스코행은 지역 방송에서 뉴스 속보로 전해졌다. 입단식에서 배리 본즈는 "어린 시절 꿈을 이루었다"며 눈물까지 흘렸다. 그는 아버지의 등번호 25번을 물려받았고, 샌프란시스코 자이언츠 구단은 보비 본즈를 1루 코치 겸 타격 코치로 채용해 본즈 부자가 경기중 1루에 나란히 선 모습을 연출하기도 했다.

배리 본즈는 이적 후 처음으로 치른 홈경기의 첫 타석에서 홈런을 날려 팬들을 열광시켰고 팀도 극적으로 승리했다. 그는 확실한 동기부여를 통해 이적 첫해를 커리어 하이 시즌으로 마무리했다. 모두 완벽한 성공을 예감했으나 그것으로는 부족했다. 그는 2000년까지 가을 야구는 딱 2번 더 출전했을 뿐 그마저 디비전시리즈를 넘지 못했다. "우승 대신 배리 본즈를 가졌다"며 자부심을 드러낸 팬들도 있었지만 그로서는 여전히 갈증을 해소하기는 어려웠다.

이 와중에 배리 본즈의 인생을 바꾼 또 하나의 사건이 있었는데, 1998 시즌 마크 맥과이어와 새미 소사의 이른바 '홈런 빅뱅'이다. 애리조나 다이아몬드백스와 탬파베이 데블레이스 등 신생팀의 가세로 얇아진 투수층, 타자 친화적인 신구장들의 건설, 심지어 파업 후유증을 극복하기 위한 MLB 사

마크 맥과이어와 새미 소사의 홈런 경쟁은 세계적인 뉴스거리였다.(출처 : MBC 뉴스 1998년 8월 20일자)

무국의 포석까지 다양한 원인 분석이 있지만 중요한 것은 마크 맥과이어와 새미 소사가 야구를 '홈런 게임'으로 만들었다는 것이다. 두 거포의 경기 전 타격 연습을 보기 위해 관중이 몰리는 진풍경이 펼쳐졌고, 맥과이어가 타격 연습의 첫번째 공에 번트를 대는 루틴을 소화하면 팬들이 장난 섞인 야유를 보내기도 했다. 마크 맥과이어가 가는 곳마다 관중이 몰려 당시 피츠버그 파이리츠의 홈구장이던 스리리버스 스타디움Three Rivers Stadium은 27년 만에 이틀 연속 매진이 되었을 정도였다.

외향적이고 화통한 성격에 폭발적인 홈런포를 뿜어낸 새미 소사도 시카고 컵스에서 마이클 조던급 인사가 되었다. '천만 불짜리 미소'라는 낯간지러운 수식어가 따라다녔고, 더그아웃에서 용수철처럼 튀어나와 리글리 필드의 우익수 담장 앞에서 관중을 향해 경례하는 모습에 팬들은 열광했다.

홈런 열풍은 배리 본즈의 자존심에
상처를 입혔다.(출처 : 〈스포츠 일러스
트레이티드〉1998년 12월 21일자)

미국은 물론 중남미 대다수 국가에서 마크 맥과이어와 새미 소사의 홈런
은 매일 뉴스거리가 되었다. 우리나라에서도 당시 지상파 스포츠 뉴스가
그들의 홈런 경쟁을 연일 보도했을 정도였다.

　마크 맥과이어의 클럽하우스 사물함에서 남성 호르몬의 일종인 안드
로스텐다이온이 발견되어 잠시 논란이 있었지만 팬들의 환호 속에 묻혀
버렸다. 사회적 분위기도 마찬가지였다. '안드로스텐다이온은 아스피린이
나 커피 수준'이라는 칼럼이 실리는가 하면 맥과이어의 사물함을 훔쳐본
AP 뉴스의 스티브 윌스타인 기자에게 클럽하우스 출입 자격을 박탈해야
한다는 비난도 제기되었다. 안드로스텐다이온은 프로미식축구NFL나 국제

올림픽위원회IOC에서는 이미 금지된 성분이었지만 메이저리그MLB에서는 그렇지 않았다.

유야무야 홈런 경쟁이 재개되었다. 마크 맥과이어와 새미 소사의 맞대결이 벌어지는 날은 내야 지정석보다 좌익수 쪽 외야석이 더 비싼 경우마저 생겨났다. 맥과이어는 70홈런 신기록을 세웠고, 66홈런으로 마감한 소사는 시즌 MVP를 수상한 뒤 도미니카공화국에서 국빈 대접을 받았다. 〈뉴욕 타임스〉는 "98 시즌 메이저리그는 많은 미국인에게 우울증 치료제 역할을 했다"는 기사를 보도하기도 했다. 어찌 되었건 약은 약이었다.

모두가 축제 분위기였으나 배리 본즈는 즐겁지 않았다. '역대 최고의 만능선수'가 목표였고 전무후무한 400홈런, 400도루를 달성했지만 모두 홈런 기록에만 관심을 보였다. 누구도 그를 최고의 선수라고 부르지 않았다. 좌절감을 맛본 배리 본즈는 이듬해 근육으로만 10킬로그램 가까이 몸을 불린 채 스프링캠프에 나타났다. 홈런 타자로 변모한 그는 2000년에 자신의 한 시즌 최다인 49홈런을 기록했다. 힘이 빠져야 할 나이에 다른 선수와는 차원이 다른 수준으로 도약했다. 명백한 물증은 없지만 이 시기에 금지 약물을 접한 것으로 여겨진다.

마크 맥과이어나 새미 소사와 달리 섬세한 선구안과 경기 상황을 종합적으로 판단하는 능력까지 갖춘 배리 본즈는 상상 이상으로 질주했다. 2001년 전반기에만 39홈런을 터뜨려 한 시즌 최다 홈런 기록을 갈아치울 후보로 주목받기 시작했다. 그는 바깥쪽 낮은 코스를 제대로 찌른 랜디 존슨의 강속구도 여유 있게 밀어쳐 넘길 만큼의 경지에 올라섰고, 상대팀들은 고민 없이 고의사구를 택하곤 했다. 또한 그는 자신의 평판을 바꾸기 위해 애쓰기도 했다. 경기장 밖에서 팬들과 스킨십하는 장면을 연출했고,

홈 팬들에게 사랑한다는 말을 하기도 했다. 결국 9·11 테러의 충격에서 벗어나게 해준 존재로까지 평가받으며 73홈런 단일 시즌 신기록을 달성했다.

이제 남은 것은 단 하나. 배리 본즈에게 월드시리즈 우승은 그 어떤 것과도 비교할 수 없는 목표였다. 그는 우승만 아니면 당장 은퇴해도 아쉬움이 없다고 했다. 정상에 오르고 싶다는 원초적인 욕망은 물론이고 큰 무대에서 자신의 능력을 입증하려는 욕심도 작용했을 것이다. 피츠버그 파이리츠 시절 포스트시즌에서 부진했던 과거는 자신의 평가에서 지우기 힘든 흑역사였다. 기회가 찾아왔다. 2002년 양대 리그 와일드카드 팀끼리 만난 월드시리즈에서 배리 본즈는 정말 예전과 달랐다. 그는 시리즈 내내 마음만 먹으면 아무때나 홈런을 날릴 수 있을 것처럼 압도적인 존재감을 보여주었다. 타격왕을 차지한 시즌에 월드시리즈에 출전한 선수가 역대 모두 37명인데, 배리 본즈는 그중에서도 가장 높은 0.471의 월드시리즈 타율을 기록했다. 30타석에 들어서 무려 13개의 볼넷을 얻을 정도로 집중 견제를 받으면서도 4개의 홈런을 날렸다. 말 그대로 괴물이었다. 결과적으로 괴물 한 명으로는 부족했다.

너무 멀리 돌아왔다. 다시 2002년 10월 26일 월드시리즈 6차전 이야기로 돌아가보자. 7회 5대 0. 샌프란시스코 자이언츠의 우승을 의심하는 분위기는 찾아볼 수 없었다. 샌프란시스코의 불펜 투수들은 경기가 끝나면 그라운드의 어느 방향으로 뛰쳐나갈지 의논중이었다. 7회 초 배리 본즈의 삼진도 비슷한 분위기 속에서 나온 것처럼 보인다. 영원히 잊히지 않을 우승 자축포를 터뜨려 스포트라이트를 받기 위한 영웅의 스윙이었을 수도 있고, (행여 그럴 리 없겠지만) 농담처럼 말하곤 하는 '퇴근 본능'이었다고 해도 납득이 간다. 물론 프란시스코 로드리게스의 변화구에 어이없이 허를

배리 본즈(출처 : 배리 본즈 공식 홈페이지)

찔린 결과일 수도 있다.

그러나 어떤 경우든 배리 본즈가 월드시리즈 내내 보여준 초인적인 집중력과는 거리가 있었다. 그리고 그 이후 거짓말처럼 곧바로 운명이 바뀌었다. 삼진 하나가 달라질 운명을 암시하는 것처럼 느껴졌다. 배리 본즈의 인생을 다룬 베스트셀러 『러브 미, 헤이트 미*Love me, Hate me*』에서는 월드시리즈 6차전이 열린 10월 26일을 "본즈를 증오하는 사람에게 최고의 날"이라고 정리하고 있다.

7차례 MVP에 통산 최다 762홈런. 여기에 단일 시즌 232볼넷과 고의사구 120개는 배리 본즈의 위엄을 상징적으로 보여주는 기록이다. 수많은 '약쟁이' 선수가 있다지만 어느 누구도 배리 본즈 수준에는 근접조차 하지

메이저리그, 진심의 기록

못했다. 군이 정의하자면 '약신藥神'이라고나 할까. 숱한 대기록을 남기고도 옹호받을 수 없는 선수가 된 배리 본즈. 그에게 마지막 남은 자존심이었던 명예의 전당 입성마저 2022년 초 최종 투표에서 끝내 좌절되고 말았다. 여전히 그를 평가하는 시선이 극명하게 갈린 상황 속에서 그가 원하는 진정한 명예는 끝까지 얻지 못할 것 같다.

단 한 번도 나타난 적 없는 존재,
'베이브 루스, 그 이상'의 오타니

───────

2021년 8월 22일 리틀리그 월드시리즈가 진행중이던 미국 펜실베이니아주 윌리엄스포트 경기장이 북적였다. 유소년 야구 활성화를 위한 이벤트 경기에 참가하는 빅리거들이 도착했기 때문이다. 현역 스타들이 모습을 드러내자 사인을 받으려는 유소년 선수들은 여기저기 금세 스타의 주위를 에워쌌다. 이중 가장 많은 아이들이 몰려 유독 긴 줄까지 늘어선 곳의 끝에는 다름아닌 오타니 쇼헤이(LA 에인절스)가 있었다. 그의 상징성을 가장 원초적으로 보여준 장면이었다.

지금 메이저리그는 '투타 겸업' 선수 오타니 쇼헤이의 시대라고 해도 과언이 아니다. 2021년 홈런 46개로 빅리그 전체 3위에 오름과 동시에 투수로 팀 내 최다인 9승에 3.18의 평균자책점까지 비현실적인 성적으로 갈수록 진화하는 모습에 미국 언론은 연일 그의 표정 하나까지 살펴 의미를 부여했다. 또한 그는 만장일치로 2021 시즌 아메리칸리그 MVP를 차지했다.

데뷔 첫해 신인왕을 차지한 오타니 쇼헤이(출처 : 메이저리그 공식 홈페이지)

시간을 거슬러 지난 2017년 12월 오타니 쇼헤이가 LA 에인절스와 계약했다는 소식이 전해지자 한정판으로 제작된 오타니 공식 야구카드 1만 7000여 장이 하루 만에 매진되었다. 야구카드 제조사 판매 신기록이었다. 기대감에 걸맞은 열풍도 이어졌다. 데뷔 첫해인 2018년 오타니 쇼헤이는 타자로 22홈런, 투수로 4승을 기록해 신인왕을 차지했다. 이만하면 성공적이었다.

하지만 그해 9월 팔꿈치 수술 소식과 함께 시즌을 마감했고, 이듬해 무릎 수술까지 받는 바람에 한동안 그가 마운드에서 공을 뿌리는 모습은 볼 수 없었다. 세계 최고 수준의 리그에서 투수와 타자를 모두 감당하기에는 인간의 육체가 한없이 미약하다는 것을 입증이라도 하는 것처럼 보였다.

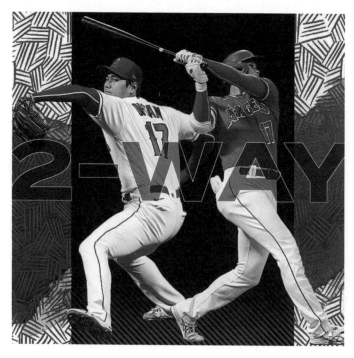

역사상 최고의 투타 겸업 선수
오타니 쇼헤이
(출처 : LA 에인절스 공식 SNS)

그래서일까. 오타니 쇼헤이는 한 일본 방송 매체와의 인터뷰에서 가장 원하는 것이 무엇인지를 묻는 질문에 '건강한 신체'라고 답한 적이 있다. 그래도 한 시즌이나마 투타 겸업을 몸소 실천한 것은 현대 야구에서 의미 있는 도전이라고들 이야기했다. 수술 이후 재활과 코로나19 여파 속에서 치른 2020 시즌에 오타니는 타자로 1할대 타율, 투수로 2경기에 출전한 것이 고작이었다. 이제 현실을 인정하고 투수와 타자 중 한쪽에 집중하라는 쓴소리가 터져나왔다. 그는 학창 시절부터 주위에서 한계를 이야기할 때마다 오히려 강하게 동기가 부여된다고 했다. 자신의 2020년을 '불쌍했던 시즌'으로 간단히 정리한 그는 2021년 빅리그 4년차를 앞두고 더 직진하기로 결심했다.

메이저리그, 진심의 기록

'야구는 프로레슬링이 아니'라는 일본 야구계 원로 장훈의 일침에도 체계적인 웨이트트레이닝으로 완전히 달라진 체형을 만드는 한편, 시애틀에 위치한 투수 전문 훈련기관 '드라이브 라인'에서 투구 자세를 최적화하기 위해 신체 각 부분의 움직임을 살폈다. 강도 높은 훈련을 이어가는 사이 주기적으로 혈액을 채취해 식이요법에 따른 피로 회복도를 세밀하게 측정할 만큼 집요하게 관리했다. 이미 시행착오를 겪은 그에게는 이제 도전이 아닌 실행을 위한 준비가 필요했다. 한 시즌 내내 최고의 리그에서 완벽한 투타 겸업을 견뎌낼 '건강한 신체'가 그만큼 절실했다.

오타니 쇼헤이가 겨우내 기울인 노력과 무관하게 2021 시즌을 앞두고 제시된 전망은 기존의 통념에서 크게 벗어나지 않았다. 기대도 있었지만 회의론이 더 우세했다. 만화적 상상을 추종하고 무모한 도전마저 미화한다며 일본 야구계를 비판하는 의견도 있었다. 기대하는 쪽도 그저 2018년 수준의 성적이면 만족할 정도였다. 그 이상을 바라는 것은 인간된 욕심이 아니었다. 그런데 비관론과 낙관론 모두 보기 좋게 예상이 빗나갔다. 뚜껑이 열리자 생전 보지 못한 광경이 펼쳐졌다. 4월 4일 시즌 첫 선발 등판에서 2번 타자 임무까지 맡은 오타니 쇼헤이는 첫 타석 초구를 걷어올려 시원한 홈런을 날렸다. 선발투수가 2번 타자로 나선 것도 1903년 이후 처음이었고, 1973년 지명타자 제도가 도입된 이후 아메리칸리그에서 선발투수가 홈런을 날린 것도 최초였다.

홈런 7개를 쌓아가던 4월 26일에는 텍사스 레인저스를 상대로 시즌 첫 승을 거두었다. 베이브 루스 이후 꼭 100년 만에 홈런 1위 타자가 선발투수로 등판한 날이었다. 타석에서 2안타를 곁들이는 것도 잊지 않았다(이 경기는 양현종의 메이저리그 데뷔전이기도 했다). 오직 자신만 가능한 '오타니식

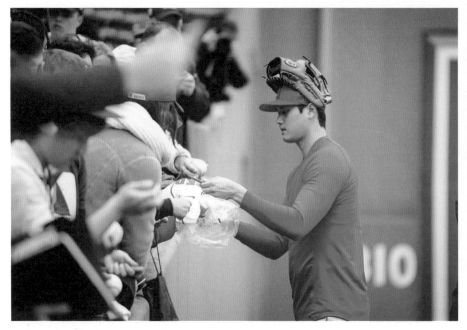
모든 관심을 빨아들이고 있는 오타니 쇼헤이(출처 : LA 에인절스 공식 SNS)

진기록'이 줄을 이었다. 승리투수가 된 다음 경기에서 홈런 2방을 터뜨리는 가 하면 탈삼진 10개로 압도적인 투구를 펼친 다음날 1회 곧바로 홈런을 치는 등 컴퓨터 게임에서도 구현하기 힘든 상황들이 반복되었다. 마운드에 서는 우직한 자세로 최고 163킬로미터의 강속구를 뿌리고, 타석에서는 강인한 스윙으로 비거리 143미터의 대형 홈런을 날리는 193센티미터의 건장한 청년에게 모든 언론이 이전까지 의심 한번 한 적이 없다는 듯 노골적으로 찬양하기에 여념이 없었다. 심지어 스포츠 전문매체 〈디 애슬레틱〉은 오타니가 날린 홈런의 타격음이 천둥소리와 같다며 중계진에게 효과음을 넣은 것은 아닌지 확인까지 했을 정도이다.

　더욱 주목받은 이유는 출전 빈도에 있었다. 현대 야구의 상식을 흔들었

　　　　　　　　　　　　　　　　　　　　메이저리그, 진심의 기록

사상 최초의 올스타전 선발투수이자 1번 타자가 된 오타니 쇼헤이(출처 : 메이저리그 공식 홈페이지)

다는 2018년만 해도 LA 에인절스 구단은 오타니 쇼헤이의 일본 시절 기록을 근거로 1주일에 1회 이상 선발 등판하지 않도록 조치했고, 신체적 부담을 우려해 투구 전후로 충분한 휴식일을 제공했다. 지명타자로 나서는 것도 1주일에 3회 정도로 제한했다. 그런데 그는 2021년부터 스스로 휴식을 반납했다. 투수로 나서는 경기에서도 자주 지명타자로 출전해 팀 내에서 데이비드 플레처와 함께 가장 자주 출전하는 선수가 되었다.

전반기를 마치면서 33개의 홈런에 투수로도 4승 1패로 준수한 성적을 올린 오타니 쇼헤이는 이미 스타 중의 스타였다. 다른 프로 스포츠와의 흥행 경쟁에 고심중이던 MLB 사무국이 굴러온 복덩이를 마다할 리 없었다. 올스타전을 '오타니 쇼'로 만들겠다는 야심을 숨기지 않았다. 들뜬 여론과 야구계의 호의적인 반응이 뒷받침되면서 사무국의 노골적인 연출에 어느 누구도 반감을 갖지 않았다.

예상대로 오타니 쇼헤이는 투수와 타자 부문에서 모두 올스타에 선정되었다. 이 역시 최초였다. 사무국은 판을 벌인 김에 오타니 쇼헤이가 아메리칸리그 선발투수 겸 1번 타자로 나설 수 있도록 기존 규칙을 수정하기까지 했다. 그는 자신을 위해 마련된 축제에서 사전 행사인 홈런더비부터 등장해 화제를 낳았고 올스타전에서 승리투수가 되는 것으로 이 모든 수고를 마무리했다. 폭스 스포츠는 올스타전 시청자 수 지표가 전년도보다 올랐다고 보도했다.

건강해진 오타니의 신체는 평균 홈런 비거리 127미터(전체 4위), 평균 타구 속도 시속 151킬로미터(전체 6위)의 폭발적인 타격을 만들어냈다. 투수로도 최고 구속 163킬로미터의 강속구와 함께 피안타율이 0.074에 불과할 만큼 압도적인 스플리터(포크볼)를 뿌려댔다. 보면 볼수록 괴물이었다. 종종 잊곤 하지만 오타니는 필요할 때 초당 9.2미터까지 내달릴 수 있는 스피드까지 갖췄다(리그 평균 초당 8.2미터). 그는 소속팀 조 매든 감독에게 언제든 그린 라이트를 보내달라며 과감한 주루 플레이를 마다하지 않은 결과 아메리칸리그 역대 4번째로 42홈런과 22도루를 돌파한 선수로도 기록되었다. 여기에 홈스틸까지 해낼 만큼 경기를 읽는 눈과 여유까지 선보이고 있다.

미국 야구 전문매체 〈베이스볼 아메리카〉가 매년 현역 스카우트들의 설문조사로 선정하는 분야별 최고 선수에서 오타니 쇼헤이는 이례적으로 최고의 파워 부문과 최고의 주루 부문에 함께 이름을 올렸다. 더불어 '가장 흥미로운 선수'로 선정된 것은 너무나 당연한 일이었다(해당 조사에서 토론토 블루제이스의 류현진은 최고의 제구력 부문에 이름을 올렸다).

한동안 그를 찬양하는 가장 쉬운 방법은 베이브 루스를 소환하는 것이었다. 베이브 루스는 투수와 타자로 각각 리그를 지배했고, 특히 이전까지 큰 의미를 두지 않던 홈런을 경기의 핵심 요소로 끌어올려 야구라는 스포츠의 패러다임을 완전히 바꿔놓았다. 그래서 메이저리그 118년 역사를 상징하는 인물로 평가받는다. 그런데 오타니 쇼헤이가 쉼없이 진화하자 베이브 루스조차 적절한 비교 대상인지 의문을 품게 되었다. 1914년 투수로 데뷔한 베이브 루스는 1917년까지 전문 투수로 활약했으며, 지명타자 제도가 없던 시절 타석에서 엄청난 타구를 날리기는 했지만 처음에는 기행에 가까웠다.

타격에 재미를 붙인 베이브 루스는 1918년 투수로 13승을 거두면서도 적극적으로 타석에 나서 첫 홈런왕을 차지했고, 1919년부터는 타격에 전념하기 위해 외야수로 정착하기 시작했다. 결과적으로 그의 타격 욕심은 미래를 제대로 내다본 것이었다. 그런데 오타니 쇼헤이와 명확히 구분되는 점이 있다. 바로 투타 겸업을 향한 의지이다. 베이브 루스는 투수와 타자로 모두 활약하던 1918년 언론 인터뷰를 통해 "선발 로테이션을 정상적으로 소화하면서 매일 타자로 나서는 것은 누구도 해낼 수 없는 일"이라고 전제한 뒤 "나는 아직 젊고 강하기 때문에 큰 무리가 없다고 생각하지만 여러 시즌을 이렇게 해낼 자신은 없다"고 덧붙였다. 결국 투수 출신이던 그가 타자로 자리를 잡는 과정에서 잠시 투타 겸업을 한 것이라고 보아야 한다(실제 베이브 루스가 투수와 타자를 제대로 병행한 시즌은 1918년과 1919년 두 시즌뿐이다).

현대 야구의 높아진 수준과 체계적인 분업화 등 다양한 변수까지 고려하면 오타니 쇼헤이는 이미 어떤 선수와도 비교할 수 없는 독보적인 존재라는 것이 ESPN의 대표 칼럼니스트 팀 커크잔의 주장이다. 오타니 쇼헤이의 위엄을 통계수치로 논하기도 한다. 일반적인 평가 잣대로 통용되는 '대체 선수 대비 승리 기여도'의 경우 그는 타자로 나섰을 경우 5.1로 전체 17위, 투수로는 3.0으로 전체 41위였다. 투수와 타자 개별적으로도 최상위권이지만 오타니 쇼헤이가 '투타 동일체'인 한몸이라는 점을 고려하면 압도적인 1위의 선수가 된다. 두 포지션을 소화해 선수 명단 한자리를 아낄 수 있다는 점, 그리고 대체 선수 대비 승리 기여도 수치 계산의 감점 요소인 지명타자로 뛴다는 점을 논외로 해도 마찬가지이다.

그러나 몇 가지 공식과 수치로 오타니 쇼헤이를 정의하는 것이야말로 그의 특별함을 놓치는 것일지도 모른다. 최근 미국 야구계에서는 기록보다 오히려 투수와 타자를 병행하는 실제 과정에서 그의 초인적인 능력을 짚어내는 의견이 많아지고 있다. 미국 유일의 메이저리그 전문 월간지 〈베이스볼 다이제스트〉는 지난 1999년 11월호에 '왜 투수는 좋은 타자가 될 수 없는가'에 대한 해설을 실은 적이 있다. 해당 기사에 등장한 대다수의 야구인은 선수들이 10대 후반을 지나면서 자신의 의도와는 무관하게 어느 한쪽으로 재능이 발달할 수밖에 없다는 의견을 제시했다. 투수와 타자가 사용하는 근육이 전혀 다르다는 것도 두 가지를 병행할 수 없는 이유이며, 무엇보다 야구가 분업화되면서 굳이 이중으로 수고할 필요가 없어진 것이 근본적인 이유라고 했다. 지명타자 제도를 도입한 이후 투수가 방망이에 신경쓸 일은 더욱 줄어들었고, 이후 투수와 타자 모두 다른 습성을 지닌 종족으로 나뉘었다는 것이다. 그래서 앞으로 베이브 루스는커녕 비슷한 선수도 나올 수 없다고 못을 박았다.

하지만 2018년 〈베이스볼 다이제스트〉는 베이브 루스와 비슷한 선수가 나타나자 태도를 바꿔 오타니 쇼헤이 특집 기사를 내보냈다. 투수와 타자 모두 시도할 수 있다는 것과 그것을 한 시즌 내내 유지하는 것은 전혀 다른 일이라며 그에게 찬사를 보냈다. 두 영역을 모두 단련해 빅리그 수준의 기량을 유지하기에는 물리적 시간 자체가 부족하다는 점에서 오타니 쇼헤이를 경이적인 선수라고 평가하는가 하면 꾸준히 적응하고 발전하려는 모습에도 애정어린 칭찬을 덧붙였다.

〈디 애슬레틱〉은 두 가지 임무를 물리적으로 수행하는 것보다 정신적으로 소화하는 것이 더 까다롭다는 의견을 제시했다. 야구 기록표에서 투수는 수비, 타자는 공격 측에 속하지만 실제 행위에서는 그에 반하는 측면이 있다고 설명했다. 투수가 마운드에서 타자를 공략하는 능동적인 행동을 한다면 타자는 수동적인 상황에서 대응하는 존재라고 보았다. 〈디 애슬레틱〉은 "간혹 타석에 들어서도 다음 투구를 생각하느라 타격에 집중하

역사상 유일한 존재가 된 오타니 쇼헤이(출처 : LA 에인절스 공식 SNS)

지 못한다"는 마이애미 말린스의 투수 트레버 로저스의 말을 인용하며 상반된 성질의 두 가지 행위를 경기 내내 수시로 전환하기란 매우 어려운 일이라고 했다. 명예의 전당에 헌액된 투수 페드로 마르티네스 역시 경기중 투수와 타자의 뇌가 다르게 작동할 수밖에 없다며 어떻게 실시간으로 두 영역을 오가면서도 최상의 기량을 발휘하는지 오타니 쇼헤이에게 캐묻기도 했다.

다만 뉴욕 양키스의 투수 게릿 콜은 자신도 타석 경험을 통해 투구 전략에 도움을 받는다면서 오타니 쇼헤이의 경우도 두 가지 활동이 부담 대신 상호작용을 하는 쪽으로 발달한 것이라고 추측했다. 어떤 의견이든 메

메이저리그, 진심의 기록

휴식을 취하고 있는 오타니 쇼헤이(출처 : LA 에인절스 구단 공식 SNS)

이저리그를 호령했던 레전드들조차 오타니 쇼헤이가 현실 야구에서 수시로 변신하며 활약하는 모습을 보고 감탄만 할 뿐 설명할 용기는 내지 못하고 있다. 오타니 쇼헤이만이 가능한 투타의 실시간 전환은 결국 그의 천부적 재능에 지독한 노력, 그리고 진정성이 더해진 결과로 이해할 수밖에 없다. 그는 학창시절부터 야구와 관련된 모든 면에서 학습을 멈추지 않기로 유명했다. 자신이 던진 공의 사소한 느낌이나 상대에 대한 정보는 물론 동료들과의 대화를 통해 얻은 하찮은 정보까지 하나도 빠뜨리지 않고 노트에 기록했다. 계획도 뚜렷했다. 다음주, 다음달, 내년 그리고 25세와 30세의 목표까지. 그가 고교 시절 자신의 모든 계획을 도표로 만들었던 것은 야구팬들에게는 너무나 유명한 이야기이다.

목표를 세운 뒤 실천하는 언행일치도 남달랐다. 프로 무대를 밟기 전부터 오타니 쇼헤이에게 투타 겸업은 막연한 희망사항이 아니었다. 일본 니혼햄 파이터스 시절 경기 전 불펜에서 공 100개를 던진 뒤 8분간 타격 연습을 병행하며 자신만의 루틴을 일찌감치 실천했다. 결과적으로 오타니 쇼헤이는 전 세계에서 유일하게 메이저리그 투타 겸업이 가능하다고 믿은 사람이었고, 스스로 증명한 것도 그 자신이었다. 이런 과정을 거치면서도 자의식에 매몰되지 않고 절제심을 유지하는 성품은 그를 더욱 빛나게 하는 요소이기도 하다. 그는 한 사회의 구성원으로서 신뢰할 만한 사람이 되는 것이 야구선수로서의 성취보다 우선이라고 생각했다. 많은 사람이 자신을 알아보고 품평하면서부터 갖게 된 생각이라고 한다. 또한 그는 꿈을 위해서는 모든 노력을 아끼지 않으면서도 구단에 평범한 숙소와 차량을 요구해 화제가 되기도 했다(그는 2020년 운전면허를 취득하기 전까지 통역의 도움을 받으며 현대 쏘나타를 이용했다).

마치 이성과 감성, 과학과 예술이 절묘하게 결합한 듯한 그에 대해 알면 알수록 누구든 경외심을 갖게 되는 듯하다. ESPN의 해설자 더그 글랜빌은 오타니 쇼헤이가 순수한 열정과 성취로 스포츠의 본질적인 기쁨을 일깨워주고 있어 고맙다는 내용의 칼럼을 쓰기도 했다. 자신은 금지 약물이 만연하고 홈런이 흔하던 시대에 선수생활을 하는 바람에 인간의 성취욕에 대해 실망하고 의심했는데 오타니 덕에 초등학교 시절 순수했던 자신을 떠올릴 수 있게 되었다고 털어놓았다.

단순히 실력이 뛰어난 것뿐만 아니라 보는 이로 하여금 상상력을 자극하고 경이로움을 불러일으키는 선수. 그래서 NBA의 케빈 듀랜트와 NFL의

J.J. 와트 등 다른 종목의 선수들이 먼저 나서서 MVP로 꼽는 선수. 대안 없이 정체되었던 야구계가 미래에 대한 철학적 고민을 하도록 유도하는 선수. 태평양 너머 한국 야구의 유망주조차 롤모델로 꼽는 선수. 그가 바로 오타니 쇼헤이이다. 지금까지 한 번도 나타난 적 없는, 그래서 비교 대상이 없는 새로운 존재를 지금 어떻게 관찰하고 기록해야 할지 곰곰이 생각해 본다.

신이라 불려도 좋을 사나이,
마리아노 리베라

———

　메이저리그 역사상 가장 많은 652개의 세이브를 기록하고 13차례 올스타에 선정되었으며, 월드시리즈 우승 반지 5개를 수집한 뒤 사상 처음 기자단 투표 만장일치로 명예의 전당에 헌액된 선수. 이미 야구계에서 누릴 수 있는 최고의 명예를 경험한 마리아노 리베라는 은퇴 후 세계 평화와 문화에 기여한 공로로 백악관에 초청되어 대통령 자유메달 훈장을 받는 또 하나의 영예를 얻었다. 이 훈장은 미국 시민이 받을 수 있는 최고의 명예 중 하나로 꼽히는데 처음 시상한 1963년 이후 스포츠 분야에서는 제시 오언스, 타이거 우즈 등 거물급 스타들이 받았고 야구계에서는 재키 로빈슨, 조 디마지오, 테드 윌리엄스 등 실력과 상징성을 겸비한 인물들에게 주어졌다. 그 전년도에는 베이브 루스와 엘비스 프레슬리 등이 사후 수상자로 선정되기도 했다(마리아노 리베라는 지난 2015년 10월 멕시코 출신 가수 탈리아 등과 함께 미국 시민권을 취득한 바 있다).

'컷 패스트볼'을 완벽하게 구사한 마리아노 리베라(출처 : 메이저리그 공식 홈페이지)

마리아노 리베라는 대통령 자유메달 훈장을 수상한 소감에서 첫째로 신, 둘째로 가족에게 감사하다고 했다. 사실 메이저리거들이 신에게 공을 돌리는 것은 매우 일상적인 일이다. 너무 일반적이어서 의미를 부여할 가치 조차 없다. 오히려 신을 언급한 소감과 일화가 넘쳐나다보니 이것만을 모아 엮은 책이 출간되었을 정도이다. 국내에도 지난 2006년 『메이저리그의 영웅들 Life Lessons from Baseball』이 번역되어 발간되었는데, 빅리거 30명이 이룬 성취의 인과관계를 종교로 풀어낸 일종의 간증집이다(해당 종교와 무관한 독자가 받아들이기에는 꽤 버거운 수준이다).

그런데 마리아노 리베라는 좀 다르다. 그를 알면 알수록 신에게 가장 먼저 영광을 돌리는 것이 충분히 납득이 간다. 야구를 하게 된 것부터가 그렇다. 파나마의 한적한 어촌에서 태어나 축구와 펠레를 좋아했던 그는 다리를 다치면서 야구에 관심을 갖게 되었다. 이후 지역팀 경기에서 일회성으로 마운드에 오른 것이 스카우트의 눈에 띄어 뉴욕 양키스와 정식 계약

만장일치로 명예의 전당에 입성한 마리아노 리베라(출처 : 메이저리그 공식 홈페이지)

까지 맺게 되었다(해당 스카우트는 그의 유연한 투구 자세에 시선이 꽂혔다고
한다).

마리아노 리베라는 당시 야구공을 가지고 노는 것이 재미있었을 뿐 메
이저리그에 대해 관심이 있거나 어떤 포부를 가지고 있던 것은 전혀 아니
었다고 한다. 뉴욕 양키스와 계약을 맺기 전까지 집을 떠나본 적도 없고,
영어 한 마디 할 줄 몰랐을 정도였다. 2019년 명예의 전당에 헌액된 이후
가졌던 〈베이스볼 다이제스트〉와의 인터뷰에는 이와 관련된 일화가 소개
되어 있다. 마이너리그 시절 누군가 행크 애런에 대한 이야기를 했는데 그
가 누구인지 몰라 주위를 당황하게 한 사건에 대해 묻자, 마리아노 리베라
는 애런을 몰랐던 것은 맞는데 그게 마이너리그 때가 아니라 메이저리그
에 올라온 이후였다며 폭소를 터뜨렸다(그래도 베이브 루스는 알았다고 항변
하기도 했다). 그는 계획에 전혀 없던 일들이 일어나면서 메이저리그에 발을

디뎠고 명예의 전당에까지 이르게 되었다.

652세이브를 남긴 마리아노 리베라의 투구를 정의할 때 빼놓을 수 없는 것이 바로 컷 패스트볼(커터)이다. 류현진의 주무기 중 하나로 정착되어 더욱 자주 언급되는 구종이다. 빠른 공에 약간의 변형을 가한 컷 패스트볼은 예전부터 존재했고, 플로리다 말린스와 뉴욕 메츠에서 전성기를 보낸 알 라이터의 주력 구종이기도 했다. 알 라이터는 강한 슬라이더라고 생각해 던진 공을 상대 타자들이 커터라고 확인해주면서 구위를 더욱 가다듬어 재미를 보았다고 한다. 하지만 마리아노 리베라처럼 극적으로 얻은 구종은 아니었다.

1995년 데뷔한 마리아노 리베라는 1996년부터 구원투수로 각광받았지만 이때도 빠른 공에 의존한 투수였다. 그러다 1997년 6월 디트로이트 타이거스와의 원정 경기를 앞두고 운명의 순간을 맞이했다. 동료 투수 라미로 멘도사와 평소처럼 캐치볼을 하다가 멘도사가 "리베라의 공이 예전과 달리 자꾸 이상하게 휜다"고 하자 당시 불펜 코치였던 마이크 보젤로는 그날 리베라의 공을 받아보면서 실제 움직임이 예사롭지 않다는 것을 발견하게 되었다고 한다. 한동안 공의 '이상한 움직임'을 없애려고 노력했던 마리아노 리베라는 마이크 보젤로 코치의 도움을 받으며 그 움직임을 새로운 무기로 탈바꿈시켰다.

컷 패스트볼을 운명으로 받아들인 시점부터 마리아노 리베라의 성적은 경이적인 수준으로 뛰어올랐다. 3년 연속 1점대 평균자책점을 기록했고, 1998년부터 뉴욕 양키스의 월드시리즈 3연패를 마무리하기도 했다. 그는 자신의 컷 패스트볼을 설명할 때마다 마무리 보직의 시행착오를 겪던 시점에 '신이 내려준 선물'이라고 이야기했다. 동시에 경건한 마음가짐과 생활

마리아노 리베라의 컷 패스트볼에 부러진 배트는 은퇴 선물로 되돌아왔다.(출처 : 메이저리그 공식 홈페이지)

태도가 겸비되어야 신의 선물을 제대로 활용할 수 있다는 말로 자신의 진정성을 드러냈다.

소소한 이야깃거리도 있다. 마이크 보젤로는 자신의 대부인 조 토레 감독이 뉴욕 양키스 사령탑으로 부임하면서 인맥을 통해 불펜 코치직을 맡은 것이었는데, 그 인연이 마리아노 리베라의 컷 패스트볼을 발견하는 계기가 되었다. 조 토레 감독은 2007년 말 LA 다저스의 지휘봉을 잡으면서 마이크 보젤로 코치를 함께 데려갔고, 마이크 보젤로는 LA 다저스의 마이너리그에서 특이한 공을 던진다는 유망주 이야기를 듣게 되었다. 그 공을 직접 받아본 그는 마리아노 리베라의 컷 패스트볼과 비슷하다는 평가를 했고, 여기에 자극받은 유망주는 다저스의 주전 마무리로 성장하게 된다.

메이저리그, 진심의 기록

널리 알려진 켄리 잰슨의 이야기이다.

투구분석시스템이 정착된 2000년대 중반 이후의 통계만 보면 마리아노 리베라의 투구 중 컷 패스트볼의 비중은 대략 85퍼센트에서 90퍼센트 정도이다. 마리아노 리베라는 전성기를 잘라 말하기 쉽지 않은 투수이지만 초창기 그의 투구에 대한 정보가 자세히 남아 있지 않다는 점은 야구팬들에게 큰 아쉬움이다. 그는 신이 주셨다는 그 컷 패스트볼을 가지고 리그를 압도했다. 특히 포스트시즌에는 더 위력적이었다. 1995년부터 19년의 시간 동안 무려 16년이나 가을 야구를 경험했고, 포스트시즌 96경기에 출전해 42세이브를 기록했다. 자책점은 단 11점, 평균자책점은 0.70에 불과했다. "닐 암스트롱을 비롯해 달 착륙에 성공한 인물은 12명, 그런데 포스트시즌에서 마리아노 리베라를 상대로 홈을 밟은 선수는 11명이다." 리베라의 경이로운 기록을 찬양하기 위해 미국 현지 언론이 무리수를 둔 표현이었지만 누구도 반론을 제기하지 않았다.

이토록 포스트시즌에 강한 마리아노 리베라가 가장 큰 이변의 희생양이 된 경기는 바로 2001년 애리조나 다이아몬드백스와의 월드시리즈에서였다. 그는 당시 7차전을 앞두고 동료들에게 "오늘 승패는 신에게 달려 있다"고 이야기했는데, 루이스 곤살레스에게 끝내기 안타를 얻어맞고 무너지고 말았다. 그는 이 패배를 돌아보며 역시 신의 뜻이 옳았다고 했다. 당시 7차전의 8회부터 등판한 마리아노 리베라는 첫 이닝을 무리 없이 소화했다. 그러자 경기장에 핀이 떨어지는 소리가 들릴 정도로 애리조나의 관중들이 침묵했다는 것이 리베라의 기억이다. 누가 보아도 양키스의 분위기였는데 9회에 이전까지 한 번도 없었던 실책을 저지르면서 경기가 꼬였다. 이 순간 리베라는 패배가 신의 뜻이라는 느낌을 받았다. 결국 끝내기 안타가 나오

마리아노 리베라는 메이저리그 최후의 42번 선수이다. (출처 : 메이저리그 공식 홈페이지)

면서 뉴욕 양키스의 4년 연속 우승은 날아갔다.

마리아노 리베라가 패배를 받아들일 만한 이유도 생겼다. 당초 뉴욕 양키스는 애리조나 다이아몬드백스를 꺾고 우승할 경우 뉴욕 시내에서 퍼레이드 행사를 진행할 계획이었다. 팀 동료 엔리케 윌슨은 행사를 마친 뒤 11월 12일 고국인 도미니카공화국으로 돌아갈 계획을 일찌감치 세워둔 상태였는데 양키스가 패하는 바람에 며칠 더 빨리 귀국길에 오르게 되었다. 그런데 엔리케 윌슨이 당초 예약하려던 11월 12일 뉴욕발 도미니카공화국행 항공기(AA 587편)가 이륙한 지 4분 만에 추락해 승무원 포함 260명 탑승객 전원이 사망하는 일이 발생했다. 보고 듣고도 믿기 힘든 이야기이다.

마리아노 리베라를 설명할 때 등번호 42번도 빼놓을 수 없다. 42번은 최초의 흑인 선수 재키 로빈슨의 등번호이다. 1997년 4월 메이저리그 사무국은 재키 로빈슨을 추모하기 위해 42번을 전 구단에서 영구결번으로 지정

메이저리그, 진심의 기록

하기로 했다. 다만 당시 42번을 사용하고 있던 선수들까지는 등번호를 유지할 수 있게 해주었다. 그중 한 명이 마리아노 리베라였다. 그는 1995년 메이저리그에 처음 진출해 어떤 등번호도 요구하지 않았다. 그냥 주어진 번호가 42번이었다(이전까지는 58번을 달았다고 한다). 이후 42번이 가진 역사적 의미를 알아가면서 등번호에 애착을 갖게 되었는데 메이저리그의 영구결번 조치에 따라 가장 마지막까지 42번을 사용한 선수가 되었다. 우연히 재키 로빈슨의 등번호를 달게 된 것도 특별하지만 재키 로빈슨에 견줄 만한 상징성을 가진 선수가 된 것 또한 더욱 놀랍다.

2019년은 마리아노 리베라가 가장 화려한 방식으로 추억된 해이다. 명예의 전당 행사를 마지막으로 이제 그를 공식적으로 찬양할 기회는 사라졌다. 야구를 시작하고 빅리거가 된 뒤 새 구종을 익혀 만장일치로 명예의 전당에 헌액된 순간까지. 신을 이야기하는 사람은 많지만 이 정도면 마리아노 리베라 자체가 신적인 존재감을 지닌 것으로 여겨진다. 그는 〈베이스볼 다이제스트〉와의 인터뷰에서 선수생활의 어떤 패배나 실투도 되돌리고 싶다고 생각한 적이 없다고 했다. 그는 골짜기에 빠진 뒤에야 정상에 선 기쁨을 아는 만큼 모든 실패와 시련도 신이 의미를 부여하고 실행한 것이라고 믿었다. 숱한 레전드들이 끊임없이 등장하는 메이저리그이지만 이러한 선수를 다시 만나게 될 것이라는 생각은 좀처럼 들지 않는다.

조용한 타격 장인 에드거,
마지막에 웃다

메이저리그 명예의 전당은 특별하다. '쿠퍼스 타운'*에 입성한 선수들에게 특출한 성적이나 화려한 경력은 필수이다. 매년 〈베이스볼 아메리카〉가 발행하는 '명예의 전당 연감'에는 일찌감치 두각을 나타낸 야구 천재들의 전설적인 이야기로 빼곡하다. "무하마드 알리가 자기 자신보다 더 존경한 유일한 사람"(행크 에런), "누군가 매년 4할 5푼 타율에 도루 100개를 기록하더라도 능가할 수 없는 선수"(윌리 메이스), "타석과 수비에서 항상 최고였던 선수. 그에게 2라는 숫자가 붙는 경우는 2루수라는 포지션을 설명할 때 뿐"(로베르토 알로마) 등. 언어로 표현할 수 있는 온갖 찬양의 문구로 꾸며진 '명예의 전당 연감'을 훑어볼수록 화려한 수식어에 지칠 정도이다.

이 같은 수식어와 전혀 어울리지 않을 것 같은 선수 에드거 마르티네스

---

* 뉴욕주 옷세고 카운티에 있는 마을. 미국 야구 명예의 전당이 자리한 곳으로 유명하다.

메이저리그, 진심의 기록

시애틀 매리너스 홈구장에서 열린 동상 제막식(출처 : 시애틀 매리너스 구단 공식 홈페이지)

가 2019년 명예의 전당에 이름을 올렸다. 무려 '10수' 만이었다. 18년 동안 비인기팀인 시애틀 매리너스에서 활약해 월드시리즈 우승 반지도 받아보지 못했고, 통산 성적 역시 상징적인 지표로 여겨지는 3000안타나 500홈런과도 한참 거리가 있다. 스물일곱 살에 첫 풀타임 시즌을 치렀으니 그는 어떤 기준으로 보아도 야구 천재도, 영재도 아니었다.

극적인 효과를 위해 덧붙이는 말이 아니다. 에드거 마르티네스의 인생은 그 이상으로 어려웠고 고난의 연속이었다. 프로 선수로 입문하는 순간부터 선수생활을 마감할 때까지 그랬다. 그는 1963년 뉴욕에서 태어났으나 가정사로 인해 푸에르토리코에서 성장했다. 열한 살 때 부모가 재결합하면서 뉴욕으로 돌아간 누나와 남동생과는 달리 그는 고민 끝에 푸에르토리코에 남기로 했다. 할아버지와 할머니 곁에 있어줄 사람이 없었기 때문이다. 미래가 불확실하고 자신의 삶이 어떤 방향으로 흘러갈지에 대해 아무도 이야기해주지 않아 막막했지만 오직 할아버지와 할머니가 자신을 필요로 한다는 이유 때문에 다른 모든 것을 눈감았다고 한다.

물론 로베르토 클레멘테를 흠모하며 야구에 빠져 지내던 당시의 생활에 만족했기에 가능한 일이었다. 당시 에드거 마르티네스는 훗날 빅리거가 된 두 살 터울의 사촌형 카멜로 마르티네스와 함께 야구에 심취해 지냈는데 빗자루를 방망이삼아 병뚜껑이나 돌멩이를 때려가며 수없이 스윙 연습을 했고, 비라도 오는 날에는 처마 끝을 타고 떨어지는 빗방울에 빗자루를 휘둘러댔다고 한다. 이 시기의 그를 추억하는 기사 내용에 등장하는 단골 소재가 바로 이 '빗방울 타격'이다. 카멜로는 훗날 인터뷰를 통해 "병뚜껑을 치든 돌멩이를 치든 심지어 물방울을 칠 때도 에드거는 같은 스윙을 유지하더라"라고 이야기했다.

1982년 프로 선수가 될 기회가 찾아왔다. 푸에르토리코에서 시애틀 매리너스 구단 스카우트가 유망주 발굴을 위해 트라이아웃을 개최한 것이다(1989년 이후 푸에르토리코 선수들은 정식 드래프트 대상에 포함되었다). 당시 스무 살이던 에드거는 직장을 다니며 야간대학에서 공부를 하고 세미프로리그 선수로도 활동하는 건전하고도 알찬 삶을 살고 있었다. 제약회사 공장과 가구회사를 다니기도 했고, 밤에는 '제너럴 일렉트릭' 공장에서 교대 근무를 하며 주말에는 세미프로리그에서 뛰었다.

당시에는 사촌형 카멜로에게 관심이 집중되는 분위기였고 에드거는 프로 선수로 성공할 욕심도, 자신감도 없었다. 그가 소속된 세미프로팀의 구단주가 트라이아웃 참가를 적극적으로 권했지만 전날 당직 근무를 마친 에드거는 친구가 전화로 깨우지 않았으면 참가조차 하지 못할 뻔했다. 구단주가 장비까지 챙겨준 덕분에 트라이아웃을 무사히 마친 에드거에게 스카우트는 4000달러의 계약금을 내밀었다(당시 스카우트는 타격이 아닌 수비에서 그의 가치를 발견했다고 한다). 하지만 에드거는 당장 4000달러를 받아봐야 금방 빈털터리가 될 것이란 생각에 무시할 생각이었다. 직장을 다니면서 공부를 하고 야구로도 소소하게 돈을 벌어 새 자동차까지 장만한 그에게 별다른 야심은 없었다. 그럼에도 사촌형 카멜로의 끈질긴 설득 끝에 에드거는 시애틀 매리너스와 정식 계약을 맺게 되었다. 트라이아웃 참가부터 마지막까지 자신의 의지로 이루어진 계약은 아니었다.

공교롭게도 그는 마이너리그 첫 시즌부터 부진한 성적을 보였다. 32경기에서 타율 0.173을 기록했다. 당시 시애틀 매리너스의 단장 할 켈러는 이런 에드거 마르티네스를 유망주라 생각조차 하지 않았고 "빅리그에서 뛸 일이 없을 선수"로 여겼다고 한다. 하지만 스카우트의 간청으로 그는 애리조나 교육리그 명단에 포함되었고, 여기에서 타격 재능을 발휘한 덕에 일단 마이너리그의 생활은 지속할 수 있었다. 이후 꾸준히 성장해 트리플 A팀까지 승격한 에드거는 1987년 0.329의 고타율을 기록하며 빅리그 입성을 바라보게 되었다. 3루수로 장타력이 아쉽기는 했지만 정교한 타격에 준수한 수비는 인정받는 편이었다.

그런데 두 가지 문제가 생겼다. 하나는 오른쪽 눈이 간헐적으로 사시 증세를 보여 제 기능을 못한다는 것이었고, 다른 하나는 시애틀 매리너스 구단이 3루수 자리에 올스타 출신 짐 프레슬리 이외의 대안을 전혀 생각하지 않고 있다는 것이었다. 사시 증상은 에드거 자신의 노력으로 일정 부분 해결할 수 있었다. 구단 담당 안과 전문의를 만나 매일 30분씩 눈을

자신만의 타격으로 경지에 오른
에드거 마르티네스(출처 : 시애틀
매리너스 구단 공식 홈페이지)

집중 훈련하는 운동법으로 효과를 보았는데, 당시 담당 의사는 노력으로
증세를 완화한 극히 드문 사례라고 했다. 하지만 주전 3루수 짐 프레슬리
의 문제는 시간이 걸렸다. 에드거는 이런 고민을 드러내지 않고 모든 것을
혼자 감내하는 성격이었다. 크게 억울하다고 생각하지도 않았고, 오히려
마이너리그 생활에 적응해 만족감까지 들었다고 한다. 야심도 욕심도 없
는 에드거 마르티네스는 1988년 0.363, 1989년 0.345의 고타율을 기록
하고서야 1990년부터 3루수의 주전 자리를 차지할 수 있었다. 그의 나이
만 27세였다.

　　에드거 마르티네스의 실력은 자신이 생각한 것 이상이었다. 그는 1992년

에 아메리칸리그 타격왕을 차지했다. 올스타에도 선정되었고 실버슬러거도 수상했다. 이대로 승승장구할 것 같았으나 또다시 시련이 찾아왔다. 햄스트링과 손목 부상이 이어지면서 1993년과 1994년 모두 긴 공백기를 겪어야 했다. 시애틀 매리너스 구단은 실력은 있지만 나이와 포지션이 애매해진 그를 잠시 트레이드 매물로 내놓기도 했지만 고심 끝에 그의 타격 재능을 인정하고 그를 전문 지명타자로 전환하기로 결단을 내렸다. 그러나 에드거는 우려와 달리 1995년 두번째 타격왕을 차지하며 '타격 장인'으로 거듭났다.

1995년은 에드거 마르티네스와 시애틀 매리너스 구단 모두에게 잊을 수 없는 한 해였다. 8월 중순까지 캘리포니아 에인절스에 12경기 이상 뒤지다 시즌 막판 질주하며 창단 이후 첫 포스트시즌에 진출했다. 디비전시리즈에서 만난 뉴욕 양키스에 먼저 2패를 당해 궁지에 몰렸지만 에드거는 4차전에서 만루 홈런을 포함해 2홈런 7타점으로 맹활약했고, 5차전 연장 11회에 끝내기 2타점 2루타를 날려 영웅이 되었다. 켄 그리피 주니어가 동물처럼 질주해 결승 득점을 올린 뒤 홈에서 동료들과 엉키는 장면은 유튜브에 '더 더블The Double'을 입력하면 첫 화면에 나오는 영상에서 확인할 수 있다.

뉴욕 양키스에게는 뼈아픈 시즌이었다. 14년 만에 암흑기에서 벗어나 가을 야구를 경험했지만 시애틀 매리너스의 극적인 승리에 들러리를 서고 말았다. 주장 돈 매팅리도 불운하게 은퇴하게 되었다. 이때 시애틀 매리너스의 1루수였던 티노 마르티네스는 이듬해 뉴욕 양키스로 이적했는데, 양키스 스프링캠프에 도착하자마자 선수들의 인사가 예술이었다. "오, 티노, 반가워. 혹시 에드거를 상대하는 방법 알아?" 에드거 마르티네스의 야구 인생을 설명할 때 가장 중요한 안타가 '더 더블'인 이유이다.

이제 꽃길만 걸으면 좋으련만 에드거는 1999년 또 한번 난관에 봉착하게 된다. 원인을 알 수 없는 시각장애가 찾아온 것이다. 마이너리그 시절에는 양쪽 눈으로 균등하게 사물을 인지하는 데 어려움을 겪었는데 이번에는 달랐다. 갑자기 투구가 시야에서 사라지는 느낌을 받았고, 공이 머리나 얼굴로 날아와 맞을 것 같은 공포를 느꼈다. 이대로 은퇴할 수도 있겠다는 생각마저 들었다고 한다. 그는 마이너리그 시절 사시를 극복하는 데 도움을 준 담당 의사에게 긴급히 도움을 요청했고, 시각 집중력을 회복시키기 위한 다양한 방법을 시도했다. 에드거에게 무수히 많은 질문을 퍼부어 답변하게 하는 동시에 시력 측정판을 읽게 하는가 하면, 무술 동작으로 공격을 시도해 에드거가 막게 하는 훈련까지 이루어졌다. 빠르게 날아오는 테니스공을 정해진 대로 인식하는 훈련도 시작했다(에드거는 나중에 피칭머신에서 날아오는 테니스공 중에서 특정 숫자가 적힌 공만 때리는 식으로 훈련을 발전시켰다. 요즘은 메이저리그에서 일반화된 훈련법이다). 그는 모든 과정을 충실하게 소화해 보통의 선수보다 시각 집중력이나 동체 시력에서 우수한 수치를 얻을 수 있었다. 그리고 곧 타석으로 돌아와 예전의 스윙을 보여주었다.

묵묵히 노력하는 모습과 꾸준한 실력으로 진정성이 통했다고 해야 할까. 이런 시행착오를 겪는 과정에서 에드거 마르티네스의 성품은 서서히 시애틀 팬들의 마음에 와닿았다. 조용한 실력자의 모습이 오히려 '반전 재미'까지 유발했는지 시애틀 매리너스의 구단 광고를 연출한 기획자는 "에드거가 등장한 광고는 반드시 히트했다"고 당시를 기억했다. 에드거는 자신이 재미있는 사람도 아닌데 왜 화제가 되는지 이해하지 못했다고 한다. 그는 연봉 문제에서도 사소한 잡음조차 일으킨 적이 없었다. 한번은 시즌 종료

메이저리그, 진심의 기록

후 계약이 끝났다는 사실을 크게 신경쓰지 않고 있어서 8시간 동안 자유계약 신분 상태로 방치된 적도 있었다. 하지만 다른 구단으로 옮길 생각이 없었던 에드거는 다음날 구단과 별일 없다는 듯 새로운 계약을 맺었다. 특히 1998년 랜디 존슨을 시작으로 켄 그리피 주니어와 알렉스 로드리게스 등 거물급 선수들이 매년 시애틀을 떠난 상황에서도 항상 같은 자리를 지킨 에드거는 시애틀의 프랜차이즈 스타로 자리잡고 있었다.

그는 오로지 자신에게만 철저했다. 특히 스윙을 일정하게 유지하는 데 엄격했다. 어디를 가든 야구공을 손에 쥐고 감각을 유지하는 것이 투수의 미덕이라면, 어디를 가든 야구 배트를 지니고 있는 그의 행동 역시 미덕이라고 할 만했다. 집에서 키우는 개 이름도 스윙Swing, 자신의 보트 이름도 시스윙Sea-swing으로 지었으니 말 다 했다. 우아하고 예술적이라는 평가를 받은 에드거의 스윙이 훗날 알렉스 로드리게스의 스윙에 접목된 것은 널리 알려져 있다. 일정한 웨이트트레이닝과 달리기 그리고 30분간의 눈 훈련까지 하루도 쉬지 않았다. 그는 앞에서 이야기한 뉴욕 양키스와의 디비전시리즈에서 홈런 2방을 날린 4차전이 끝나고도 라커룸에서 빠져나와 정해진 시간만큼 사이클을 타고 있었다. 그리고 집으로 돌아가는 자동차 안에서도 다음 경기에 대한 생각에 몰두하자 자동차에 함께 타고 있던 아내가 이런 날은 웃어도 된다며 핀잔을 줄 정도였다고 한다(그리고 그다음날 '더 더블'이 나왔다).

그는 드러내지 않고 조용하면서도 놀라울 정도로 꾸준했다. 만 38세가 될 때까지 규정 타석을 채운 시즌에는 모두 3할 타율을 기록했고, 불혹의 나이에 7번째 올스타에 선정되기도 했다. 스즈키 이치로와 함께 뛰는 동안 시애틀 매리너스의 팬들은 눈이 즐거웠다. 이치로가 천재적인 타격 달인

에드거 마르티네스의 가장
유명한 2루타(출처 : 시애틀
매리너스 구단 공식 홈페이지)

의 모습으로 감탄사를 자아냈다면, 에드거는 타격에 통달한 스윙 예술가를 보는 듯한 느낌을 주었다. 공교롭게도 에드거의 은퇴 기념 경기가 열린 2004년 10월 1일에 이치로는 조지 시슬러의 단일 시즌 최다 안타 기록을 넘어서며 두 거장이 교차하는 모습을 연출했다. 2003년과 2004년 시애틀 매리너스 감독을 지낸 밥 멜빈은 "에드거와 이치로만큼은 감독이 참견할 필요가 없는 선수였다"고 평했다.

에드거 마르티네스는 시각에 장애가 있었음에도 불구하고 역대급 선구안을 갖춰 삼진(1202개)보다 볼넷(1283개)을 더 많이 기록했다. 그의 통산 타율 0.312, 출루율 0.418, 장타율 0.515라는 수치는 가장 이상적인 타격의 지향점을 야구계에서 최종 합의한 숫자처럼 느껴진다. 2년 연속 50개의

메이저리그, 진심의 기록

에드거 마르티네스는 10수 만에 명예의 전당에 이름을 올렸다.(출처 : 시애틀 매리너스 구단 공식 홈페이지)

2루타를 기록한 역대 9명 중 한 사람. 조 디마지오 이후 2차례 이상 타격 왕을 차지한 최초의 오른손 타자. 또한 지역사회에 기부와 봉사활동을 지속적으로 펼쳐 로베르토 클레멘테상까지 수상한 사람. 이런 에드거를 예우하기 위해 시애틀시는 2005년 세이프코 필드 옆 도로의 이름을 '에드거 마르티네스 드라이브'라고 명명했다. MLB 사무국도 매년 가장 뛰어난 지명타자에게 주는 상의 명칭을 '에드거 마르티네스 어워드'로 정했다.

"신께 감사드린다. 그가 은퇴해서." 마리아노 리베라는 여러 차례 공개적으로 에드거 마르티네스를 가장 상대하기 어려운 타자라고 언급한 바 있다. 자신을 두들긴 덕에 통산 타율이 올랐으니 저녁 한번 사라는 농담도 했다. 천하의 리베라를 상대로 19타수 11안타에 홈런 2개를 기록해 천적 이상의 존재로 군림한 것은 에드거를 '타격 장인'으로 인식하게 하는 데 큰 영향을 끼쳤다.

한 팀에서만 활약한 '타격 장인'의 이미지가 명예의 전당 득표에 도움이
되었을 수도 있다. 단순 누적 수치 못지않게 비율 기록을 중시하는 세이버
메트릭스로 재평가된 부분도 있을 것이다. 켄 그리피 주니어와 랜디 존슨
의 홍보활동도 영향이 있었을지도 모른다. 하지만 에드거 마르티네스의 명
예의 전당 입성은 야구를 통해 삶의 가치를 반추할 수 있는 인물을 발굴
한 것이라는 점에서도 의미가 있다. 시애틀 지역 언론 출신으로 현재 MLB
닷컴에서 활약중인 그레그 존스는 에드거 마르티네스의 명예의 전당 입성
의 의미를 이렇게 이야기했다. "좋은 사람에게 좋은 일이 생긴다는 단순한
진리를 직접 확인한 것이 기쁘다."

이치로를 추억하는
또 하나의 방법

    2019년 메이저리그는 스즈키 이치로의 은퇴로 시작부터 뜨겁게 달아올랐다. 빅리그 진출 첫해인 2001년 오클랜드 애슬레틱스와의 데뷔전에서 5대 4의 승리를 경험했던 그는 18년 뒤 일본에서 열린 은퇴 경기에서도 오클랜드 애슬레틱스에 5대 4로 승리하며 긴 여정을 마무리했다. 그에게는 지독할 정도로 독특한 일이 많이 벌어지기도 했다.

    메이저리그에서 스즈키 이치로가 등판한 경기는 거의 모두 생중계되었다(오직 2005년 8월 4일 펠릭스 에르난데스의 선발 데뷔전만은 특급 신인 투수를 미디어의 호들갑으로부터 보호하려는 시애틀 매리너스 구단의 의도로 인해 일반적인 형태의 생중계가 이루어지지 않았다). 그라운드에서 펼쳐진 스즈키 이치로의 플레이는 모두 공개된 반면 그의 속내는 좀처럼 드러나지 않았다. 대신 경기장 안팎에서 이루어진 미국 현지 매체의 평가와 인터뷰를 모아 그의 빅리그 19년 경력을 돌아보았다.

일본 도쿄돔에서 열린 스즈키 이치로의 은퇴 경기(출처 : 시애틀 매리너스 구단 공식 홈페이지)

신비주의 콘셉트가 아닐까 싶을 만큼 인터뷰에 소극적이던 그가 미국 매체에 자신의 목소리를 진솔하게 전한 사례 중 하나로 메이저리그 역사 다큐멘터리인 〈베이스볼〉에 출연한 것을 꼽을 수 있다. 다큐멘터리 전문 감독 켄 번스가 제작한 이 작품에서 스즈키 이치로는 메이저리그 21세기 역사의 한 챕터로 다루어졌다. 이치로의 첫마디는 이렇게 시작한다. "늑대는 태어나서 처음 본 생물을 자신의 어미로 여긴다죠? 저에게는 아마 야구가 그랬던 것 같습니다." 그에게 야구의 의미가 어떤 것인지 알 수 있는 대목이다. 이치로가 처음 본 늑대의 어미는 자신의 아버지였다. 이 다큐멘터리에서는 그의 아버지가 평소 네 가지 원칙인 조화, 인내, 노력, 투지를 고수했다고 소개하고 있다. 성공하는 유일한 길은 고통을 견디고 극복하는

메이저리그, 진심의 기록

것밖에 없다는 혹독한 인식을 가진 인물이었다고 한다.

그의 아버지는 아들이 아홉 살 때부터 매일 2, 3시간씩 직접 훈련을 지도했다. 한겨울 추위에 아들의 손이 곱아도 원칙을 어기는 일이 없었다. 이치로는 이런 훈련을 1년에 363일 정도 했다고 기억한다. 고된 훈련을 견디면서 일찌감치 자신만의 타격법을 고안했고 나름의 철학도 생겼다. 그는 오릭스 블루웨이브 입단 초기에 타격 자세를 교정하라는 코치의 말에 "이 자세로 누구보다 더 잘 칠 수 있는데요?"라고 받아치며 자신의 스윙을 유지했다고 한다. 위계질서가 분명한 일본 야구계에서 그의 당찬 비범함을 설명하는 일화이기도 하다. 그렇게 만들어진 독특한 타격 자세로 원바운드 공을 걷어올려 우전 안타를 만든 장면은 이치로의 일본 시절을 상징하는 장면이기도 하다.

일본 무대는 정복했지만 메이저리그 진출은 달랐다. 많은 스카우트들이 깡마른 선수가 보여주는 특이한 타격 자세에 의구심을 제기했다. 이전까지 노모 히데오를 비롯해 10명의 일본인 투수가 빅리그를 경험했지만 타자는 처음이기 때문이기도 했다. 시애틀 매리너스 구단의 일부 지분을 일본 기업인 닌텐도가 보유하고 있다는 사실, 그리고 연고지 시애틀에 아시아인이 많다는 점은 스즈키 이치로의 능력을 평가절하하는 요소로 작용했다. 단순히 마케팅용 선수 정도로 생각한 것이다. 물론 결과는 우리가 이미 알고 있는 그대로이다. 홈런 만능 시대에 펼쳐진 그의 활약은 미국 야구계의 사고체계를 완전히 뒤엎을 정도로 충격적이었다. 골드글러브 단골 수상자들이 이치로의 평범한 땅볼을 잡지 못해 당황하는 장면은 하이라이트 영상으로 만들어지기도 했다. 메이저리그 역사책에서 이름만 접했던 윌리 킬러, 조지 시슬러, 타이 코브의 20세기 초반 야구가 이러했을 것이라는 평가도 나왔다. 이 다큐멘터리에 등장한 페드로 마르티네스는 "이치로를 잡으려면 정말 정확하게 원하는 공을 던져야 한다. 설령 그렇게 공을 던져도 이치로는 투수가 공을 더 던지게 만든다. 이것은 투수들이 가장 싫어하는 상황"이라고 이야기했다.

빅리그에 중남미 선수는 이미 흔했고, 박찬호를 비롯한 아시아 선수들도 활약하고 있었지만 스즈키 이치로의 등장으로 비로소 메이저리그의 세계화가 현실이 될 것처럼 느껴졌다(결론적으로 야구의 세계화는 기대만큼 이루어지지 않았다). 다큐멘터리 〈베이스볼〉에 따르면 당시 시애틀에 파견된 일본 기자들이 150명에 이를 정도였다고 한다. 이는 당시 일본의 최대 외교 현안이었던 자위대의 이라크 파병 때 파견된 취재진이 100여 명 수준인 것과 비교가 된다.

실제로 어느 정도의 열풍이었을까? 이치로가 MVP와 신인왕을 동시에 수상한 2001년 시즌이 끝난 뒤 〈베이스볼 다이제스트〉는 그해 12월호에서 앨버트 푸홀스와 함께 스즈키 이치로를 최고의 선수로 꼽았다. "랜디 존슨, 켄 그리피 주니어, 에이로드까지. 매년 슈퍼스타가 한 명씩 사라지는 좌절을 3년 연속 반복하고도 시애틀은 단일 시즌 최다 기록인 116승을 거두었다. 중장거리 타자로 무장한 타선, 탄탄한 수비, 최상급 불펜진의 조화였다. 그러나 이치로의 영향이 가장 컸음을 부인할 수 없다." 미국 스포츠 기사에서 흔히 볼 수 있는 식상한 점증법이지만 스즈키 이치로에 방점을 찍기 위한 '빌드업'만큼은 인정할 만하다.

첫 시즌을 보낸 뒤 대다수의 미국 매체는 경이로움에 초점을 맞추었다. 독특한 타격 자세부터 비교 대상이 없는 타격 스타일, 체구만으로는 믿기 힘든 폭발적인 송구. 여기에 간혹 홈런을 치는 장면은 '더 잘할 수 있지만

데뷔 첫해 올스타에 선정된 스즈키 이치로(왼쪽 첫번째)(출처 : 메이저리그 공식 홈페이지)

이 정도만 보여주는' 것 같은 묘한 인상을 주었다. 주목할 점은 타격보다 수비력에 중점을 두었다는 것이다. "모든 면이 놀라울 만큼 뛰어나지만 그 중 가장 돋보이는 것은 현역 외야수 가운데 가장 강하고 정확한 어깨를 가진 점"이라고 설명했다. 데뷔 전 스프링캠프에서 이치로의 타격을 본 루 피넬라 감독이 "운 좋으면 3할, 아니면 2할 8푼 정도"를 예상했다며 그의 안목을 저격(?)하기도 했다. 그러나 다음해 이치로의 평가는 조금 달라진다. 2002년 11월 당시 〈시애틀 타임스〉의 기자 밥 피니건은 "첫 시즌에는 이치로가 안타를 칠 수 있을지 그 자체가 궁금했다. 이제는 언제, 어떻게, 어떤 방향으로, 얼마나 멀리 때릴지가 궁금해졌다. 무엇이든 이치로는 사람들을 항상 궁금하게 만드는 존재이다"라는 기사를 작성했다.

시애틀 매리너스의 1루 코치를 지낸 존 모지스는 〈스포츠 일러스트레이티드〉와의 인터뷰에서 이치로의 천재적인 타격을 테니스에 비유하기도 했는데, "이치로의 손에는 라켓이 쥐어져 있는 것 같다. 유격수 키를 살짝 넘기는 로빙샷, 우익수 선상에 떨어지는 강타를 라켓으로 마음껏 조절하며 치는 느낌"이라고 표현했다. 밥 피니건은 이치로에게 2001년의 성과에 대해 만족하는지 직접 물어보았는데 답변이 이치로다웠다. 그는 "만족이라는 말은 어려운 말이다. 아무리 좋은 성적을 거두어도 경기의 어떤 측면에서는 항상 할일이 남아 있는 상태"라고 답했다. 그러니 할일이 남아 있지 않다고 확신이 들지 않는 이상 만족이라는 말을 쓸 수는 없다는 게 이치로의 답이었다. 또한 그는 "타격에서 10번 중 7번은 실패이고, 그 7번의 실패 원인은 각각 다르다. 개인적인 이유일 수도, 상대 투수에게 당한 것일 수도 있다"고도 했다. 극단적으로 보면 10할 타율을 기록하지 않는 한 할일이 남아 있다는 것이다. 이치로의 말을 옮기면서 밥 피니건은 "경기장에서 음료와 과자를 파는 일 혹은 그라운드 청소 같은 일이 남아 있다면 모를까 이치로에게 남아 있는 할일은 없는 것 같다"고 덧붙였다.

262개의 안타를 몰아쳐 단일 시즌 역대 최다 기록을 수립한 2004년 〈베이스볼 다이제스트〉는 송년호에서 '이치로의 타격 돌풍'을 커버스토리로 다루면서 이치로를 가장 자주 상대한 오클랜드 애슬레틱스의 주축 투수들의 인터뷰를 소개했다. 마크 멀더는 "왼손 타자 몸쪽으로 싱커가 제대로 들어가면 보통 파울이 되거나 타자 발등에 맞는 타구가 나오는데 이치로는 3루 선상을 날아가는 라인드라이브를 치더라"며 어떻게 친 것인지 궁금하다고 했다. 팀 허드슨은 노골적인 찬양으로 답변을 대신했다. 이치로를 상대하는 법을 묻자 "아무렇게나 던져서 이치로가 친 다음 그 타구가 적당히 수비수를 향해 가길 기대하는 것"이라고 답했다. 기사에서는 이치로가 뉴욕이나 보스턴처럼 주목받는 동부지구 팀에서 뛰지 않은 탓에 실력만큼 주목받지 못한 점은 아쉽지만 오히려 그래서 최다 안타 기록을 세울 때 집중력을 유지할 수 있었을 것으로 보기도 했다.

보스턴 레드삭스의 그레이디 리틀 감독은 "이치로를 상대하는 특별한 방법은 없다. 그냥 나머지 8명을 잡아내는 데 집중하는 편이 낫다"고도 했다. 마이크 하그로브 감독은 "볼 카운트가 유리한지 아닌지가 타격과 무관한 유일한 선수"라고 평하기도 했고, 우리에게도 잘 알려진 짐 콜번 스카우트는 이치로의 미국 진출에 자신이 관여한 것을 두고 "스스로 내 등짝을 토닥여주어야 마땅한 일"이라고도 했다. 립서비스 천국임을 감안해도 이 정도는 이례적이다. 다만 경기력에 대해 쏟아진 이견 없는 극찬과 별개로 그 이외의 부분에서는 미국 취재진이 보기에 납득하기 어려운 부분이 있었다. 시애틀 매리너스 창단 40주년을 기념해 〈스포츠 일러스트레이티드〉에서 발간한 특집 간행물에는 이치로가 미디어, 특히 일본 취재진과 빚는 갈등을 묘사한 대목이 실려 있다.

고국에서 영웅으로 대접받는 그를 취재하려는 일본 미디어가 2001년 스프링캠프에만 무려 150장의 출입증을 신청했는데, 이중 취재기자 23명, 사진기자 11명, 방송사 1팀은 시즌 전체를 취재할 수 있는 출입증을 발급받았다고 한다. 자연스럽게 이치로 뒤를 졸졸 따라다니는 일본 기자들의 행렬은 매일 장관을 이루었다. 시애틀 매리너스가 10대 1로 이기든 1대 10으로 대패하든 루 피넬라 감독은 경기 후 일본 기자단으로부터 똑같은 질문을 받아야 했다. "이치로는 오늘 어땠나요?"

취재진 역시 원치 않았겠지만 대안이 별로 없던 시절이었다. 감독과의 형식적인 문답을 끝낸 일본 기자들은 그대로 이치로의 라커 앞으로 이동해 비슷한 질문을 이어갔다고 한다. 이치로는 스스로 팀에 도움이 되지 못

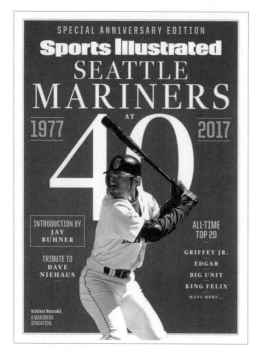

스즈키 이치로의 다면적인 모습은 현지 언론도 의아해하곤 했다. (출처 : 시애틀 매리너스 창단 40주년 기념 특집 간행물)

했다고 느낄 때마다 트레이너 방에 피신(?)했다가 취재진이 철수한 뒤 퇴근했는데, 인터뷰에 응한다 해도 원론적인 답변이 대부분이었다. 한번은 일본 취재진이 그에게 미국 진출 후 가장 그리워한다는 반려견의 이름을 묻자 "그 친구 허락 없이는 이름을 공개하기 어렵네요"라는 답으로 말문을 막았다고 한다(시애틀 매리너스 진출 초기에 이치로의 숙소는 반려동물을 키울 수 없는 조건이었다).

미국 언론은 일본 취재진을 대하는 이치로의 모습이 '침묵의 신' 같다고 표현했다. 당시 〈스포츠 일러스트레이티드〉 기사에 등장하는 〈스포츠 닛폰〉의 오쿠다 히데키 특파원은 "지금 우린 저널리즘을 행하고 있는 것이 아닙니다. 그래서 슬픕니다"라며 씁쓸해했다. 해당 기사에는 30명의 일본

메이저리그, 진심의 기록

자신의 우상 켄 그리피 주니어 옆에서 데뷔와 은퇴를 한 스즈키 이치로(출처 : 시애틀 매리너스 구단 공식 홈페이지)

기자들이 한곳에 모여 질문 내용을 정리하고 나면 대표 기자 한 명이 심호흡을 한 뒤 이치로의 라커에서 8, 9미터 떨어진 채 우물쭈물하며 서성이는 장면도 묘사되어 있다. 이치로가 준비되었다는 신호를 보내면 대표 기자가 다가가 살짝 웅크린 채 속삭이며 문답을 시작한다. 그리고 이치로는 최대한 짧고 원론적인 답변으로 일관한다.

팀 동료들과는 영어로 왁자지껄 농담까지 주고받고, 미국 기자들과도 종종 통역을 통해 무난하게 인터뷰하는 그가 일본 취재진과는 극도로 제한적인 문답만 주고받는 것을 미국 언론들은 기이하게 바라보았다. 오쿠다 히데키는 "언젠가 이치로를 제대로 인터뷰하긴 할 겁니다. 아마 은퇴할 때쯤?"이라고 덧붙였다(도쿄돔에서 열린 은퇴 경기 후 가진 기자회견에 이분이 왔었는지 궁금해진다).

동료들과 무난하게 지내던 이치로지만 팀 성적이 하락세를 타면서 갈등을 겪기도 했다. 이치로는 팀의 성적은 갈수록 부진한데 선수단 내 입지가 높아지는 상황에서도 클럽하우스 문제를 방관하는 이기적인 선수라는 혹평을 받기도 했다. 결국 이것이 2012년 트레이드를 자청해 뉴욕 양키스로 옮기는 단초가 되었다고 본다.

늘 50세까지 현역생활을 하겠다고 다짐했던 이치로지만 뉴욕 양키스와 마이애미 말린스에서 활약할 때는 언제든 방출될 수도 있다는 생각으로 긴장감을 유지했다고 한다. 그래도 꾸준한 자기관리를 통해 3000안타 고지에 올라선 뒤부터는 공개 석상에서도 한층 유연한 모습을 보였다. 자신만의 독보적인 야구 세계를 구축하고 지켜낸 덕에 이치로는 이미 선수생활이 끝나기 전부터 레전드로 대우받았다. 그는 2018년 시애틀 매리너스로 복귀하면서 은퇴에 대한 생각을 구체적으로 갖게 되었고, 유례없이 화

관중의 환호에 답하는 스즈키 이치로(출처 : 시애틀 매리너스 구단 공식 홈페이지)

려한 은퇴 경기로 19년의 빅리그 생활을 마감했다. 고교 시절 메이저리거의 꿈을 갖게 한 켄 그리피 주니어와 마지막 포옹을 나누는 비현실적인 상황도 함께 이루어졌다. 동시에 자신을 보고 빅리그 진출을 꿈꾼 기쿠치 유세이가 눈물을 흘리자 귓속말을 나누는 모습도 묘한 인상을 주었다(두 사람의 대화 내용은 비밀이라며 공개하지 않았다).

은퇴 경기 이후 마이애미 말린스와 시애틀 매리너스에서 함께 활약했던 팀 동료 디 고든은 시애틀 지역지에 전면 광고를 실어 이치로에 대한 개인적인 '팬심'을 전하기도 했다. 메이저리그에서 3089개의 안타를 치는 동안 아내가 만들어준 주먹밥을 2800개 정도 먹었다는 이치로는 '주먹밥 3000개'를 달성하지 못한 것이 아쉽다는 소감을 전하기도 했다.

스즈키 이치로는 야구의 매력을 단체종목인 동시에 개인종목이라는 점에 있다고 이야기했다. 팀이 이기면 좋을 것 같지만 그 안에서 자신의 성과가 없다면 만족할 수 없기에 두 부분을 모두 이루기 위해 노력해야 하는 점이 매력적인 요소라는 것이다. 다만 경기 내내 머리를 써야 하는 것이 야구의 본질인데, 지금은 데이터가 중시되어 머리를 쓰지 않아도 가능한 야구가 되었다며 2001년 자신이 경험한 메이저리그와 2019년의 메이저리그는 완전히 다른 야구라고도 했다(이 발언은 잠시 논란이 되었지만 그가 보여준 퍼포먼스를 기억하면 이해할 만하다는 반응이 많았다).

모든 면에서 남달랐던 그에게 남은 기대가 하나 있다. 아시아 선수 최초로 명예의 전당 입성이 확실시되는 2025년 그가 직접 준비해 들려줄 메시지이다. 진지하고 철학적이면서도 재기발랄한 면을 잃지 않았던 스즈키 이치로는 그때 다시 한번 잊지 못할 기억을 남기지 않을까 기대해본다.

그래도, 다시 한번
재키 로빈슨

메이저리그 팬들에게 매년 4월 15일 열리는 행사는 너무나 익숙하다. 그날이 다가오면 메이저리그 역사를 빛낸 야구 원로들이 의미 있는 메시지를 전하고, 현역 선수들은 그에 동참해 모두 42번이 달린 유니폼을 입고 경기에 나선다. 이날은 바로 20세기 메이저리그 최초의 흑인 선수를 기리는 '재키 로빈슨 데이'이다. 최근에는 선수마다 재키 로빈슨을 기념하는 개성 있는 문양을 야구화에 새겨넣는 것이 새로운 트렌드로 자리잡았다.

해마다 활기찬 개막 분위기 속에서 거행된 재키 로빈슨 데이의 풍경이 2020년에는 코로나19 여파로 확 달라졌다. 야구장 문이 굳게 잠긴 가운데 기념일을 맞이했다. 굳이 의미를 두자면 더 차분하게 재키 로빈슨 데이의 가치를 되새겨볼 수 있는 기회라고 위안을 삼을 수도 있을 것이다. 시대와 환경이 달라 직접 비교할 수는 없지만 실제로 전례 없는 전 사회적 위기라는 점에서 공통적으로 되짚을 대목도 있다.

현역 시절의 재키 로빈슨
(출처 : LA 다저스 구단 공식 SNS)

브라이스 하퍼의 재키 로빈슨 데이 기념
야구화(출처 : 메이저리그 공식 SNS)

전쟁 같은 재키 로빈슨의 스토리는 말 그대로 진짜 전쟁부터 시작된다. 제2차세계대전이 발발하자 국가를 초월한 전시 상황에서 메이저리그 경기를 지속해야 하는지 의문이 커져갔다. 판사 출신의 케네소 마운틴 랜디스 총재가 직접 프랭클린 루스벨트 대통령에게 리그 강행에 대한 의견을 구하기도 했다. 루스벨트 대통령은 고심 끝에 국민들에게 국가 상황이 안전하다는 상징적인 신호를 보내는 동시에 심리적 해방구도 제공할 수 있는 기회라며 메이저리그를 평소처럼 진행하라는 답장을 보냈다. 이것이 널리 알려진 '그린 라이트' 편지이다. 야구가 지속되어 일자리가 유지되는 측면도 고려했고, 항간에는 야구를 취소할 경우 일본이 미국을 얕잡아볼 수 있다는 이야기도 돌았다고 한다.

리그는 지속되었지만 분위기까지 이어지지는 못했다. 젊은 선수 상당수가 군에 입대했는데 주전, 비주전 가릴 상황이 아니었다. 1940년 아메리칸리그 MVP인 행크 그린버그도 예외는 아니어서 1941년 시즌 개막 후 19경기를 치르고 긴급 입대해 대전차 포병으로 근무했다. 그는 그해 말 명예제대 대상자가 되어 군복을 벗었는데 이틀 만에 진주만 공습이 벌어져 다시 입대해야 했고 결국 만 4년 가까이 복무했다. 1945년 시즌 도중 완전히 제대한 그린버그는 복귀전에서 기념비적인 홈런을 터뜨렸고, 팀도 그해 월드시리즈 우승을 차지하면서 한 편의 드라마가 펼쳐졌다. 테드 윌리엄스, 조 디마지오, 밥 펠러 등 당대의 다른 스타들도 나라를 위해 자신들의 전성기를 반납했다. 1941년 월드시리즈 1차전 선발 명단에 이름을 올린 뉴욕 양키스 선수 중 한 명을 제외하고 모두 입대했을 정도이다.

그러다보니 각 팀은 당장 선수가 부족했다. 구단들은 급한대로 은퇴한 선수나 아직 입대 자격이 안 된 어린 선수들을 영입했다. 1944년 신시내티 레즈에는 만 15세의 조 넉스홀이라는 투수가 출전한 기록이 남아 있다(한 경기만 뛰고 돌아가 학업을 마친 넉스홀은 이후 제대로 마이너리그를 거쳐 신시내티 레즈의 역대 왼손 투수 최다 출전 기록을 가진 선수가 되었다). 선수 수급에 경쟁이 붙다보니 상상을 초월하는 일도 벌어졌다. 1945년 세인트루이스 브라운스가 좌익수로 기용한 피트 그레이는 77경기를 뛰면서 2할 초반대의 타율을 기록했다. 일반적인 기준으로는 신통치 않은 기록이지만 어릴 적 사고로 오른팔을 잃은 선수라면 이야기가 달라진다. 역대 현역 선수의 기록이 집대성된 '베이스볼 레퍼런스'에는 피트 그레이의 투타 정보 옆에 굳이 한 가지를 더 표기해두었다. "타격: 좌타Left, 투구: 좌투Left, 수비: 역시 좌측Left as well". 그레이가 왼손에 낀 글러브로 공을 포구한 뒤 재빨리 글러브를 오른쪽 겨드랑이로 옮긴 다음 왼손으로 송구하는 장면과 왼팔로만 타격하는 모습은 유튜브에서 쉽게 검색해 볼 수 있다.

1944년까지 모두 500여 명의 메이저리거가 입대했고, 마이너리거는 훨씬 더 많은 5000명에 달했다. 그중에는 듀크 스나이더와 랠프 카이너 등 훗날 대스타가 된 선수들도 있었다. 전쟁에서만큼은 인종을 따지지 않았다. 흑인끼리 결성한 니그로리그의 선수들도 나라의 부름에 응답했는데 벅 오닐, 몬테 어빈 등 전설적인 선수들이 줄줄이 입대했다. 그들 사이에 재키 로빈슨도 있었다.

이제 재키 로빈슨의 이야기를 시작해보자. 전쟁이 끝나자 리그는 활기를 되찾았다. 부상을 입고 돌아온 몸으로 고군분투하는 선수들에게는 홈팀, 원정팀과 무관하게 응원이 쏟아졌다. 자연스럽게 군복무에 적극적으로 임했던 흑인들에게도 메이저리그의 문을 열어주어야 한다는 소수의 의견이 나오기 시작했다. 인종문제에 유연한 메이저리그 커미셔너인 해피 챈들러

　　　　　　　　　　　메이저리그, 진심의 기록

'재키 로빈슨 데이'에는 모든 빅리거가 등번호 42번인 유니폼을 입는다. (출처 : LA 다저스 구단 공식 SNS)

가 새로 부임하면서 전향적인 분위기가 형성되었고, 수익 구조에 대한 구단주들의 위기의식 속에 흑인 관중을 받아야 수익을 높일 수 있다는 공감대도 형성되어 있었다.

절묘한 시기에 적절한 인물이 나섰다. 브루클린 다저스 단장으로 부임한 브랜치 리키는 새로운 시도라면 물불을 가리지 않는 인물이었다. '팜 시스템Farm System'이라 불리는 마이너리그 육성체계를 완성하고 플로리다 스프링캠프를 개척한 것으로도 유명한 그는 혁신이 곧 자신의 존재 이유나 다름없다고 믿는 혁명가였다. 그는 분야를 가리지 않는 호기심과 사소한 변화도 놓치지 않는 집요함에서 독보적인 인물이었다. 또한 최초로 피칭머신을 도입하고 타자들이 헬멧을 쓰도록 하는 등 브랜치 리키 단장은 다채

마이너리그에서 성공적인 시즌을 보내고 빅리그로 승격된 순간의 재키 로빈슨(출처 : LA 다저스 공식 SNS)

로운 발상으로 왕성한 활동을 이어갔다. 세인트루이스의 유니폼에 두 마리의 홍관조가 앉아 있는 문양도 그의 작품이다. 야구계의 레오나르도 다빈치라 불린 브랜치 리키 단장이 재키 로빈슨을 발굴한 것은 그래서 그리 놀랍지 않다(리키 단장은 현역 선수 시절 별 볼일 없는 포수였는데, 그는 한 경기에서 무려 13개의 도루를 내준 불명예의 주인공으로 간혹 틈새 퀴즈 소재로 언급되기도 한다).

다만 브랜치 리키 단장이 그가 이룬 업적 탓에 미화된 인물이라는 점은 짚고 넘어갈 필요가 있다. '땀이 보약'이라며 선수들의 휴식을 금기시하고 사생활을 지나치게 통제했으며, 간식으로 무엇을 얼마나 먹는지까지 감시할 정도로 비인간적인 면도 있었다(불시에 몸무게를 잰 뒤 간식량을 제한하

메이저리그, 진심의 기록

는 다소 유치한 방법으로 압박했다). 계약을 협상하는 자리에 가짜 계약서를 펼쳐놓고 상대를 현혹시키기도 했다. 시대 보정을 하더라도 흑역사인 것은 분명하다.

브랜치 리키 단장의 평가에 명암이 갈리는 것과 무관하게 그의 추진력에는 제동장치가 없었다. 그는 재키 로빈슨 영입 이유를 세 가지로 정리했다. 옳은 일이라는 점, 리그 가치를 높이는 일이라는 점, 그리고 승리와 수익까지 가져올 수 있다는 점을 들었다. "달러에는 흑백이 없다. 모든 달러는 녹색일 뿐"이라는 말을 남긴 사람이 바로 브랜치 리키 단장이다. 더 미룰 이유가 없었다. 그는 치밀하게 재키 로빈슨 영입 작업을 기획했다. 야구 실력보다 흑인에게 가혹했던 사회적 분위기에 굴하지 않는 재키 로빈슨의 기질을 눈여겨보았다. 로빈슨은 군복무 시절 버스에서 흑인 전용석에 앉으라는 지시를 거부해 파문을 일으키기도 했고, 니그로리그에서 활약할 때는 흑인에게 화장실 개방을 거부한 주유소 직원을 굴복시킨 적도 있다(동료였던 벅 오닐은 당시를 추억하던 다큐멘터리 인터뷰에서 입술을 떨며 "그 사건 이후 로빈슨과 함께라면 모든 주유소에서 화장실을 갈 수 있었다. 심지어 주유를 하지 않더라도!"라고 회고했다).

리키 단장이 재키 로빈슨을 처음 만난 날도 말 그대로 영화의 한 장면이었다. 리키 단장은 로빈슨에게 정치적 정당성을 설명하지 않았다. 다만 면전에 대고 '모의 인종차별'을 가하면서 현실적인 이야기를 꺼냈다. 그는 상상할 수 있는 모욕적인 상황을 모두 연기해가며 욕설을 퍼부었다. 이것이 오히려 진정성을 전달했던 것 같다. 리키 단장은 그 모든 것을 참아내야 빅리그에서 뛸 수 있다고 했고, 로빈슨은 "당신이 내기를 걸었으니 나도 사고를 치지 않겠다"고 약속했다. 첫 만남에서의 '가상 인종차별'과 주유소 화장실 일화 모두 영화 〈42〉에 생생하게 묘사되어 있다(영화 〈42〉는 치밀한 고증 작업과 탁월한 캐스팅으로 재키 로빈슨의 생애를 실감나게 재현한 2013년 작품으로 유일한 아쉬움은 국내에 개봉되지 않았다는 것이다).

재키 로빈슨은 브랜치 리키와 계약 직후 브루클린 다저스의 트리플 A팀인 몬트리올 로열스에서 1년을 보냈는데 예상대로 험난한 시간이었다. 타석에 들어서는 자신을 향해 검은 고양이를 던지며 "재키, 네 사촌이야!"라고 조롱하는 관중이 있는가 하면, 느닷없이 조명탑 고장을 이유로 상대팀이 경기를 취소한 경우도 있었다(낮 경기였다고 한다). 또한 흑인이 출전한다는 이유로 경찰이 출동해 감독을 체포하겠다고 한 적도 있었다(재키 로빈슨은 결국 해당 경기에서 빠졌다). 그는 불면증에 시달리고 식사를 하지 못할 정도로 스트레스가 심했지만 실력과 정신력으로 팀을 우승으로 이끌어 최소한 마이너리그 홈 관중에게는 환호를 받는 선수가 되었다.

메이저리그 분위기는 아직 험악했다. 마이너리그에서 실력 검증이 끝난 로빈슨을 브루클린 다저스에 합류시키면서 리키 단장은 선수단을 불러놓고 "승리할 수 있다면 몸이 하얗건 까맣건 줄무늬가 있건 상관없다"고 엄포를 놓았지만 구단 방침에 정면으로 반발하는 선수가 여럿 있었다. 이에 리키 단장은 혁명을 완수하기 위해 보호막을 두텁게 쳤다. 팀의 결정에 반대한다면 올스타 출신에 타점왕 경력을 지닌 선수라도 끝내 트레이드로 내보낸 것이다.

다만 상대팀이 문제였다. 그가 남의 팀 선수까지 통제할 수는 없었다. 로빈슨이 타석에 서면 빈볼*이 다반사였고, 1루 수비에서는 주자들이 베이스 대신 로빈슨의 발을 향해 돌진하기도 했다(당시 경기 영상에서 1루수 로빈슨이 포구 즉시 발을 빼는 장면을 여러 번 볼 수 있다). 그중에서 로빈슨에게 "목화밭으로 돌아가라!"고 소리친 필라델피아 필리스의 밴 채프먼 감독이 가장 악명 높았다. 이외에도 경기장에서 사투를 벌인 뒤 원정 숙소에서 흑인을 받아주지 않아 로빈슨 혼자 먹고 자는 일은 일상이었다.

이런 상황에서 제대로 싸우는 방법이 야구에 몰두하는 것이라고 여길 정도로 로빈슨은 확실히 평범한 사람은 아니었다. 그는 조지 시슬러에게 밀어치는 법을 배워 1949 시즌에 타격왕에 올랐고 실력으로 MVP를 차지했다. 로빈슨의 원정 경기마다 흑인 관중이 운집하자 반감을 드러내는 구단주도 점차 줄어들었다. 이런 분위기 속에서 신시내티 레즈 원정 경기 도중 팀 동료인 피 위 리스가 인종차별을 퍼붓는 관중을 향해 보란 듯이 로빈슨과 어깨동무를 한 사건은 큰 전환점이 되었고, 그해 팀이 리그 우승을 차지하면서 최소한 '야구선수' 재키 로빈슨은 대중적인 스타가 되었다. 당시 브루클린 다저스의 신인 투수였던 칼 어스킨은 자신에게 사인 3개를 해달라는 어린이에게 이유를 묻자 그 아이는 "어스킨 사인 6개가 있어야 로빈슨 사인 1개와 바꿀 수 있어서요"라고 답했다고 한다.

데뷔 3년 만에 신인왕과 MVP를 모두 차지한 재키 로빈슨이었지만 야구장 밖에서는 여전히 도전의 연속이었다. 식당에서 흑인과 백인이 다른 물을 마시는 것은 달라지지 않았고, 정상급 선수로 발돋움한 뒤로는 노골적인 살해 협박 편지를 받기도 했다. 악의적으로 보도하는 언론도 여전했다. 셋째 아이를 출산한 뒤 넓은 집을 알아보다가 문전박대를 당한 경우도 있었다. 그럼에도 결론은 야구였다. 탁월한 스피드에 경기를 읽는 판단력과

• 투수가 심리전을 목적으로 타자의 머리를 향해 던지는 위협구. 'Bean'은 머리를 가리키는 속어이다.

인종에 따라 다른 물을 마시게 되어 있던 당시의 식수대(출처 : MLB.com 영상)

과감한 결단력, 그리고 오기와 저항정신마저 느껴지는 공격적인 플레이까지. 로빈슨은 1루, 2루, 3루, 외야수 등 팀이 필요로 하는 포지션을 두루 맡아가며 묵묵히 경기력으로 가치를 보여주었다. 월드시리즈에 다섯번째 진출한 1955년에는 드디어 브루클린 다저스를 정상에 올려놓아 메이저리그의 상징적인 존재가 되었다.

이처럼 재키 로빈슨이 이루 말할 수 없는 고된 시간을 견뎌낸 덕에 흑인 선수들이 외형적으로나마 자리를 잡게 되었다. 현역 시절 로빈슨을 가장 집요하게 괴롭힌 팀인 필라델피아 필리스는 2016년 구단 명의로 공식 사과를 했고, 보스턴 레드삭스 구단도 사과문을 낸 적이 있다. 보스턴 레드삭

메이저리그, 진심의 기록

"너 같은 사람 여럿 제거했다.
그중 하나는 강에서 발견되었지."
재키 로빈슨에게 전달된 협박 편지
(출처 : MLB.com 영상)

스는 브루클린 다저스보다 먼저 시의회의 강한 권유에 못 이겨 마지못해 로빈슨의 입단 테스트를 치른 과거가 있다. 영입 의사를 전혀 보이지 않은 일회성 이벤트에 로빈슨은 수치심을 느껴야 했고, 훗날 이 사건이 회자되면서 공식적으로 사과문을 발표했다. 보스턴 레드삭스는 메이저리그에서 흑인 선수를 받아들인 최후의 팀이기도 하다.

천하의 로빈슨이라도 모든 것을 혼자 해결할 수 없었기에 한계도 분명 있었다. 그는 은퇴 후 내심 감독직을 기대했지만 끝내 그 자리만은 얻지 못했다. 불과 7년 전 시애틀 매리너스를 지휘하던 로이드 매클렌던 감독이 빅리그에서 흑인 지도자가 사라지고 있다며 문제를 제기한 것은 새삼스럽기까지 하다. 여전히 흑인 선수의 비율은 낮고 진입 장벽은 높은 편이다. 그렇다고 재키 로빈슨의 의미를 역사책 되짚기 정도로 축소할 수는 없다. 박찬호나 박지성 이상의 상징성을 지닌 한국 선수가 나올 수 없는 것처럼 어

흑인들의 영웅 재키 로빈슨(출처 : LA 다저스 구단 공식 SNS)

떤 선수가 혁명적인 행보를 보이더라도 재키 로빈슨의 인생만큼 되짚을 가치는 없을 것이다.

오바마 대통령은 흑인이 객체가 아닌 주체로 보이도록 한 최초의 인물로 재키 로빈슨을 꼽으며 어린이들이 흑인 영웅을 한 명이라도 떠올릴 수 있게 만든 사람이었다고 평했다. 재키 로빈슨이 배트와 글러브뿐 아니라 정신력으로 승리를 쟁취한 위대한 선수라고 한 스포츠 칼럼니스트 조지 백시의 말도 널리 인용되고 있다. 마틴 루서 킹마저 로빈슨의 활약에 영감을 받아 목소리를 냈다고 이야기하기도 했다. 매년 4월 재키 로빈슨을 조명하는 기사가 쏟아지지만 노예의 손자로 명예의 전당에 입성한 영웅의 이야기는 두 번 다시 나올 수 없을 것 같다.

메이저리그, 진심의 기록

4장

시대와 진심이
빚어낸 영웅

박찬호(출처 : 메이저리그 공식 홈페이지)

박찬호,
장르를 개척한 영웅

영화사에 큰 획을 그은 거장 앨프리드 히치콕 감독은 서스펜스 장르를 정의하면서 야구 이야기를 살짝 끼워넣었던 적이 있다.

　스크린 속 두 사람이 테이블을 사이에 두고 야구에 관한 대화를 나누려고 한다. 그런데 갑자기 폭탄이 터져 모두 만신창이가 된다면 이것은 그냥 놀라움이다. 만일 테이블 아래 폭탄이 숨겨져 있고 15분 후 터지게 된 장치를 관객에게만 미리 보여주면 관객들은 15분 동안 긴장하며 화면 속 캐릭터에게 빨리 뛰쳐나가라고 이야기하고 싶어질 것이다. 관객이 지속해서 조바심을 갖고 긴장하며 지켜보는 그 감정이 바로 서스펜스이다.

　앨프리드 히치콕은 자신의 지론에 야구라는 소재를 그저 한 조각 얹었을 뿐이지만 의도와 무관하게 이 이야기는 야구의 특징을 설명하는 데에도 적용할 수 있다. 실제 야구를 9개의 단막극이 쌓여 이루어진 서사라고 표현하기도 하니 무리는 아니다. 한발 더 나아가 히치콕의 이야기는 박찬호를 설명하는 데에도 적절하다. 우리에게 박찬호의 경기는 조바심을 갖고 긴장하며 지켜보는 스릴러나 다름없었다. 매번 결론을 알 수 없다는 점에서 더 극적이었고 동시대의 많은 사람이 기승전결을 공유해 전례없는 국민적 공감대도 형성할 수 있었다(그가 출전해 마운드를 내려오기까지의 출전 시간은 실제 영화 한 편의 상영 시간과도 비슷했다).

2000년 8월 24일 몬트리올전에서 4회까지 위기 없이 순항하던 박찬호는 5회 거짓말처럼 흔들렸다. 2루타와 볼넷에 내야안타가 이어지면서 순식간에 원아웃 만루의 위기를 맞이했다. 홈 팬들은 물론 태평양 건너에서 경기를 지켜보던 한국 팬들마저 긴장하던 그때 박찬호는 갑자기 다른 사람이 되었다. 두 타자 연속 삼진을 낚아 실점 없이 마운드를 내려왔다. 텍사스 레인저스 시절이던 2002년에도 비슷한 장면을 찾아볼 수 있다. 휴스턴 애스트로스를 상대로 안타 3개를 연달아 얻어맞고 무사 만루의 위기를 자초하더니 곧바로 삼진과 병살타를 유도해 단숨에 상황을 정리했다. 거슬러 올라가면 1994년 메이저리그 데뷔전에서도, 1996년 데뷔 첫 승을 올린 경기에서도 그랬다. 이번에는 안 되겠다 싶을 만큼 어처구니없이 볼넷을 내주다가도 곧바로 다음 타자에게 불같은 강속구로 연속 삼진을 잡고 포효하는 선수가 박찬호였다.

박찬호는 질주하는 롤러코스터 같았다. 박찬호가 맨 앞줄에서 열차를 맹렬하게 이끌면 그 경기를 바라보는 우리도 이리저리 뒤따라 끌려가며 매 이닝마다 심리 상태가 급변했다. 심장의 수축과 이완을 제대로 겪고 난 뒤의 승리는 더 짜릿한 쾌감을 선사했다. 우리는 그렇게 닷새 만에 한 번씩 마운드 위의 주인공 캐릭터를 조마조마한 마음으로 지켜보았다. 열에 아홉은 영화가 따로 없었다. 따지자면 서스펜스 장르로 구분해도 무리가 아니었다.

박찬호 경기의 시나리오가 지닌 매력의 원천은 강속구였다. 박찬호는 전형적인 파워 피처였다. 한양대 재학중 메이저리그에 진출할 때부터 최고 시속 157킬로미터의 직구로 주목받았고, 빅리그 초년병 시절에도 강속구의 위력만큼은 이견 없이 인정받았다. 가장 효율적인 투구가 공 하나만 던져 수비의 도움으로 아웃을 잡는 것이라고들 하지만 박찬호가 위기 상황에서 강속구를 뿌려 강타자들을 삼진으로 돌려세우는 장면은 '화끈한 맛'을 좋아하는 한국인의 정서에 확실히 부합했다.

'빅맥'으로 불리던 홈런 타자 마크 맥과이어, '근육질 거포' 새미 소사를 제압하는 모습은 우리에게 국가대표 경기에서 승리한 것과 같은 원초적인 성취감을 안겨주었다. 박찬호와 메이저리그 타자의 대결 하나하나가 국가 대항전이나 다름없었다. 우리 선수가 좋은 활약을 펼쳐도 야구 자체를 즐기는 것이 익숙한 지금 시각으로는 온전히 받아들이기 어려운 심리일 수 있다. 어찌 보면 감춰둔 자격지심이 반영된 것일 수도 있다. 하지만 확실한 것은 박찬호의 경기를 볼 때 가슴에 불덩이가 던져지면서 알 수 없는 응어리가 해소되는 느낌을 받았다는 것이고, 이것은 이전까지 느껴보지 못한 강력한 쾌감이었다(현시점에서 봉준호 감독의 아카데미상 수상이나 BTS의 빌보드 1위 소식과 비교할 수 있다).

1996년 박찬호가 메이저리그 데뷔 첫 승을 따낸 날 하일성 KBS 해설위원은 "오늘을 한국 야구의 날로 지정할 필요가 있다"며 목소리를 높였다.

1990년대 시속 100마일 투구로 주목받았다.
(출처 : 댄 구트먼, *The Way Baseball Work*)

그 정도의 열기였다. 보고 느끼는 우리만 그런 것이 아니었다. 박찬호 자신도 그랬다. "코리안 또한 내 이름이었다"고 말한 박찬호는 실력과 품격에서 LA 다저스의 다른 선수와 비슷해지는 동시에 한국 사람의 자랑스러운 모습도 보여주어야 한다는 의무감을 가지고 있었다고 고백하기도 했다. 메이저리그 선수와 한국인이라는 정체성을 스스로 양쪽 어깨에 짊어지고 버텼다는 것이다.

간혹 박찬호의 최고 구속에 대해서는 논란이 일기도 한다. 박찬호는 자신의 자서전에 1995년 임시 선발투수로 나서 시속 100마일(161킬로미터)의 빠른 공을 던졌다고 서술했다. 과학적인 투구 훈련기법이 발달한 요즘에도

메이저리그, 진심의 기록

시속 100마일은 인간의 한계로 인식될 정도인데 1990년대에는 말 그대로 진귀한 기록이었다. 하지만 투구추적시스템이 2000년대 중반 이후 본격적으로 활용된 탓에 박찬호의 전성기 구위에 대해서는 물리적인 데이터가 제대로 남아 있지 않다. 이것이 일부 팬들이 100마일이라는 상징적인 숫자가 기억에 의존한 것이 아닌가 하는 의문을 제기하는 이유이다. 그런데 1996년에 발간된 『야구 경기의 작동방식 *The Way Baseball Work*』에서는 스피드건 전문업체의 자료를 토대로 당시 시속 100마일의 강속구를 기록한 선수는 박찬호를 포함해 역사상 7명에 불과하다고 정리하고 있다(놀런 라이언, 로저 클레먼스, 랜디 존슨 등이 언급되어 있다).

박찬호는 미국에 진출한 초기 2년간 마이너리그에 머물면서 낯선 환경에 지친 적도 있었지만 적응을 위해서라면 무엇이든 끝을 보겠다는 생각으로 버텼다고 한다. 그는 동료들과의 인간관계에서 받은 스트레스로 인해 마늘 대신 치즈를 질릴 때까지 먹었고, 거울을 보며 영어로 욕을 연습하기까지 했다. 박찬호는 집착에 가까운 노력을 한 끝에 1997년부터 풀타임 선발투수로 자리를 잡았고, 이후 2001년까지 말 그대로 화려한 시절을 맞이했다. 경험이 쌓이면서 어떤 팀, 어떤 투수와 맞대결을 해도 물러설 이유가 없었고, 투구의 양과 질에서도 최상급 기량을 펼쳤다. 팔이 유독 안으로 잘 굽는 우리만의 평가가 아니었다. 박찬호는 데뷔 초기에는 경기 시작과 함께 모자를 벗어 예를 표하는 모습으로 알려진 젊은 아시아 선수에 불과했지만 시간이 흐르면서 경기력으로 확실히 인정받았다.

〈베이스볼 다이제스트〉는 1999년 봄 '새로운 선수들의 물결이 몰려온다'는 주제로 당시 만 25세 이하의 특출한 선수들을 소개하면서 투수 부문에 박찬호를 케리 우드, 바르톨로 콜론 등과 함께 주목할 선수로 선정했

Chan Ho Park
Korea

Magglio Ordonez
Venezuela

Ichiro Suzuki
Japan

Sammy Sosa
Dominican Rep.

박찬호는 스즈키 이치로, 새미 소사 등과 함께 주목할 선수로 선정되었다.(출처 : 〈베이스볼 다이제스트〉, 2001년 9월호)

다. 동시에 타자로는 알렉스 로드리게스, 블라디미르 게레로, 데릭 지터 등을 꼽았는데 언급된 상당수의 선수가 향후 리그를 대표하는 거물로 성장했고, 여러 선수가 명예의 전당에 헌액되기도 했다. 해당 매체는 2001년 메이저리그의 세계화에 대해서도 진지하게 논했다. 야구의 월드컵을 표방한 WBC(월드 베이스볼 클래식) 창설 계획을 소개하면서 한국의 박찬호, 일본의 스즈키 이치로, 도미니카공화국의 새미 소사가 메이저리그 무대를 주름잡는 다국적 선수의 대표라고 소개했다.

다만 굳이 롤러코스터에 비유한 것처럼 박찬호가 늘 좋았던 것은 아니었다. 한 이닝에 같은 타자를 상대로 만루 홈런 2방을 얻어맞아 원치 않는 희귀 기록에 이름을 남기기도 했고, 애너하임 에인절스와의 경기중에는 상

자신은 씁쓸한 기억으로 남았지만 고국의 팬들은 통쾌해했던 애너하임 에인절스와의 경기(출처 : 메이저리그 공식 홈페이지)

대 투수 팀 벨처와 감정이 부딪혀 전대미문의 '발차기 사건'에 휘말린 적도 있었다. 그때만 해도 우리 팬들은 박찬호의 편에 서서 함께 공감했다. 당시 인기 토크쇼의 진행자였던 주병진은 "박찬호의 발차기는 명백히 잘못되었다. 조금 더 위쪽으로 찼어야 했다"며 재치 있게 민심을 대변하기도 했다(정작 박찬호 자신은 해당 사건으로 인해 팬들의 협박을 받고 동료들의 냉소를 감당해야 했으며, 한국에서 날아온 할아버지가 손자의 투구를 현장에서 마지막으로 지켜본 경기에서 논란을 일으켰다는 죄책감에 휩싸이기도 했다).

분야를 막론하고 선구자의 영향력이라는 것은 실로 엄청나다. 메이저리그의 박찬호, LPGA의 박세리, 그리고 프리미어리그의 박지성까지. 성적으로 능가하는 선수는 나올 수 있지만 사회적인 호응과 대중적인 영향력을 능가하는 선수는 더이상 나오기 어렵다. 오직 처음이어서 그렇다. 굳이 우열을 가려야 하는 것은 아니지만 3명의 박 선수를 '해외 진출 스포츠 스타'라는 개념으로 엮는다면 이들 중에서도 박찬호가 단연 두드러진 존재라고 생각한다. 순수하게 국내에서 성장한 선수가 해외 빅리그 스포츠에서 스타급으로 발돋움해 국가적 영웅이 된 최초의 사례이기 때문이다(아쉽게도 차범근은 시대적 한계 탓에 자신이 이룬 성과만큼 국민적인 영웅으로 대우받지는 못했다).

전례가 없다는 것은 양날의 검과도 같다. 롤러코스터가 급격히 추락하듯 박찬호에게도 끝이 보이지 않는 악몽의 시간이 있었다. 2002년 텍사스 레인저스로 이적한 뒤 부상과 부진의 늪에 빠지면서 박찬호는 순식간에 비아냥의 대상이 되었고, '먹튀'의 대명사로 불리기도 했다. 당사자가 원치 않던 찬양을 일방적으로 늘어놓던 모든 미디어와 여론은 영웅이 무너진 상황을 성숙하게 받아들일 만한 여유가 없었다. 갑자기 나타난 영웅의 굴곡을 대하는 방법에는 모두 서툴렀다. 오히려 과하게 애정을 주었던 만큼 실망이 큰 것도 당연하다고 여겼다. 박찬호 자신도 큰 상실감에 빠져 방황했다. 2007년에는 메이저리그 출전 기록이 단 한 경기일 정도로 침체에 빠졌었다. 적은 나이가 아니었기에 이제 빅리그 선수의 가치가 다했다고 보는 시각이 우세했다. 롤러코스터는 질주할 힘을 소진한 듯 보였고 그에 대한 대중의 열정은 믿을 수 없을 만큼 빠르게 식었다.

그런데 이후 기록이나 통계로는 이야기할 수 없는 지점들이 생겼다. 이때 박찬호는 기술적인 접근보다 명상과 같은 심리적인 단련에서 새로운 길을 찾았고, 그것이 오히려 부활의 단초가 되었다. 자칫 멈출 뻔했던 롤러코스터는 아시아 선수 최다승이라는 목표를 동력으로 다시 움직이기 시작

박찬호는 은퇴 후 다양한 방법으로 긍정적인 영향력을 전하고 있다.(출처 : LA 다저스 구단 공식 SNS)

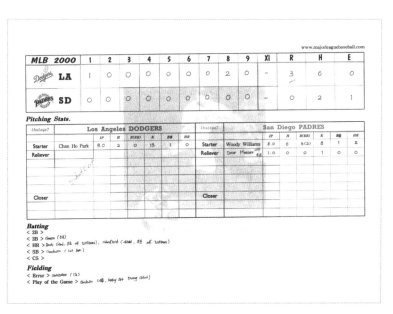

MLB 2000	1	2	3	4	5	6	7	8	9	XI	R	H	E
LA	1	0	0	0	0	0	0	2	0	-	3	6	0
SD	0	0	0	0	0	0	0	0	0	-	0	2	1

Pitching Stats.

lhaleye7	Los Angeles DODGERS	IP	H	R(ER)	K	BB	HR
Starter	Chan Ho Park	9.0	2	0	13	1	0
Reliever							
Closer							

lhaleye7	San Diego PADRES	IP	H	R(ER)	K	BB	HR
Starter	Woody Williams	8.0	6	3(3)	8	1	2
Reliever	Donne Wall 9.0	1.0	0	0	1	0	0
Closer							

Batting
< 2B >
< 3B > Green (8회)
< HR > Park (2nd, 8회 of 2이닝), Sheffield (42nd, 8회 of 2이닝)
< SB > Goodwin (1st 2nd)
< CS >

Fielding
< Error > Gonzalez (12)
< Play of the Game > Goodwin (4회, Nobay 투구 Diving Catch)

박찬호가 완봉승을 거둔 당시의 기록지

했다. 직접 구단 관계자들에게 자신의 영입 의사를 타진하는 수고를 마다하지 않으며 7년 만에 LA 다저스로 복귀한 박찬호는 이후 필라델피아 필리스, 뉴욕 양키스, 피츠버그 파이리츠에서 구원투수로 활약하며 짧은 이닝이지만 나름의 위력을 회복했다. 생애 첫 월드시리즈 무대를 경험하기도 했다. 인생을 달관한 듯 욕심을 내려놓은 박찬호는 구단과 동료의 도움으로 노모 히데오를 넘어 아시아 선수 역대 최다 기록인 124승을 결국 이루었다.

개인적으로는 박찬호를 재평가할 때 화려했던 LA 다저스 시절보다 이 시기가 더 중요하다고 생각한다. 기록과 구위로는 전성기에 비할 수 없겠지만 오히려 야구로 삶을 표현하는 법에 대해 알게 된 것 같았다. 젊은 시절 화끈한 장르의 강력한 캐릭터로 관객을 좌지우지하던 박찬호는 큰 굴곡을 겪은 뒤 인생의 깊은 가치를 깨닫기 시작했고, 이후 일본과 한국 야구를 차례로 경험하며 스스로 기승전결을 갖추었다.

박찬호의 야구 일생은 나에게도 다양한 방식으로 영향을 주었다. 그가 국민 영웅으로 칭송받으며 전성기를 구가할 때 나는 새벽 경기를 위해 직접 만든 기록지에 정성들여 글씨를 눌러 써가며 공 하나하나에 집중하던 대학생이었다. 직장인이 되어 처음 대면했을 때는 그가 시련의 중심에 서 있던 시기였다. 싸늘한 모습으로 인터뷰를 거절하며 취재진과 예민하게 신경전을 벌이던 모습은 아직 팬심이 있던 신참 기자에게는 꽤 당황스럽기도 했다. 고향팀인 한화로 돌아왔을 때 만난 그는 지나칠 정도로 접근을 조심하던 나에게 동반 사진 촬영을 제의할 정도로 소탈한 모습을 보이기도 했다. 그리고 류현진이 최고의 활약을 이어가던 2019년에는 원숙한 야구계 선배의 모습으로 인터뷰에 나서기를 주저하지 않았다.

돌이켜보면 희비의 편차가 크게 요동친 드라마였다. 캐릭터가 확실했고 극이 마무리될 때쯤 주제의식도 명확히 드러났다. 상승과 하락을 모두 경험하고 받아들인 뒤 은퇴한 박찬호는 사회에 어떤 식으로든 긍정적인 도움을 주기 위해 진정성 있는 수고를 아끼지 않으면서 '투머치 토커'라는 또 하나의 캐릭터를 남겼다. 다소 희화화되는 면을 감내하면서도 자신이 느낀 다양한 삶의 가치를 전한 덕에 이제 박찬호는 야구선수 이상의 독특한 롤모델로 자리를 잡았다. 박찬호는 그렇게 자신의 장르를 만들었고 아직 재평가될 여지도 더 많이 남아 있다. 세월이 지났음에도 그의 영향력에서 벗어날 수 없는 나에게는 어쩔 도리 없이 더 깊이 기억될 선수인 듯하다.

'BK' 김병현이 말하는 그 시절
'낭만 야구'

이보다 더 독특한 선수가 있었을까. 보는 사람의 시선을 휘어잡던 강렬한 야구 실력도 그렇고, 자신을 포장하거나 드러내지 않는 엉뚱한 삶의 태도 역시 그와 비교할 대상이 없다. 한국 선수로는 유일하게 월드시리즈 우승 반지 2개를 보유한 김병현의 이야기이다.

김병현은 빅리그에서 9시즌을 뛰면서 통산 54승 60패 86세이브를 기록했다. 하지만 이런 숫자로 그를 설명하기는 어렵다. 1999년 미국에 진출해 마이너리그 세 단계를 단 3개월 만에 정복하고 당시 현역 최연소 선수로 데뷔한 것을 시작으로 2001년 월드시리즈에서 극적인 승부를 통해 애리조나 다이아몬드백스의 우승을 함께 이루어낸 것, 그리고 2003년 보스턴 레드삭스 시절 팬들에게 손가락 욕설을 해 파문을 일으켰던 일화는 김병현을 이야기할 때 가장 먼저 떠오르는 것들이다.

작은 체구의 언더핸드 투수가 시속 150킬로미터 이상의 직구를 뿌리는

애리조나 다이아몬드백스 시절의 김병현(출처 : 애리조나 다이아몬드백스 구단 공식 SNS)

것은 메이저리그 역사상 그 자체로 희귀했다. 정면 대결을 피하지 않는 투구 스타일과 자신만의 확고한 야구 철학, 그리고 야구 외적으로 기인의 이미지까지 더해져 팬들에게는 만화 주인공 같은 인물로 각인되었다. 미국인들은 영어로 발음하기 어려운 '병현 킴Byung-Hyun Kim'을 줄여 'BK'라고 불렀는데, 훗날 이 약자가 'Born to K(삼진을 위해 태어난 선수)'라는 뜻으로 통할 만큼 김병현은 마운드에서 공격적이었고 당당했다. 그의 성공 후 언더핸드 투수들이 눈에 띄게 많아지는 등 실제로 메이저리그에 적잖은 영향을 끼쳤다.

미국과 일본 그리고 국내 야구와 변방의 호주리그까지 거치고 난 뒤 2019년 초 현역 은퇴를 선언했던 김병현. 이후 간간이 언론 인터뷰와 팟캐스트 등을 통해 조용히 근황을 전했던 그가 다시 화제의 중심에 선 것은 류현진 선발 등판 경기의 해설을 맡으면서부터였다. 방송을 통해 자신의

당대 보기 드문 언더핸드 투수로 눈길을 끌었다.(출처 : 메이저리그 공식 홈페이지)

개성을 꾸밈없이 발산하며 툭툭 내뱉은 한 마디 한 마디에 실시간 반응이
폭발했다. 현역 시절에는 높은 화제성에도 불구하고 자신의 생각을 직접
밝히는 데 소극적이었던 그가 방송에까지 나서게 된 데에는 사연이 있었
다. 딸아이가 학교 숙제라며 아빠의 모습을 그림으로 그려 제출했는데, 월
드시리즈 우승까지 경험한 김병현의 위엄을 몰랐던 딸이 아빠의 전성기가
아닌 KBO리그 넥센 히어로즈 시절의 모습을 그린 것이다(특별히 넥센 구단
이 문제라는 것은 아니다). 이에 김병현은 다시 메이저리그 선수의 모습을 보
여줄 수 없는 대신 자신의 야구 인생 행보가 충분히 드러날 수 있는 소통
방식을 택한 것이었다.

그렇게 메이저리그 해설위원이 된 김병현과 만난 자리에서 묻고 싶은 것

이 너무나 많았다. 자신이 직접 경험한 빅리그, 사연 많던 에피소드는 물론 야구 철학까지도. 가장 먼저 류현진에 관해 물었다. 김병현은 류현진의 투구 자체에 대해서는 몸의 중심 이동이 좋아 모든 구종의 회전이 탁월하고 투구 자세도 일정해 상대 타자들을 까다롭게 한다고 평가했다. 또 야구 지능이 뛰어나고 스스로 잘 던진다는 사실을 알고 있다고 덧붙이면서 위기를 헤쳐나가는 능력을 높이 평가했다. 이런 위기관리 능력은 예전 한화 이글스에서 활약하면서 쌓은 노하우라고 보았다. 류현진은 시속 160킬로미터의 광속구를 던지는 투수보다 더 상대하기 어렵게 느껴지도록 공을 던진다는 칭찬도 덧붙였다.

특히 상황에 따라 힘을 조절하며 맞춰 잡거나 전력투구를 하는 모습을 보고는 류현진이 부상만 입지 않는다면 나이와 무관하게 오랫동안 선발투수로 활약할 수 있는 스타일이라고 보았다. 샌프란시스코 자이언츠와의 원정 경기에서 류현진의 1회 첫 직구가 시속 87마일(140킬로미터)이 찍힌 장면을 보자마자 의도적인 완급 조절로 평가한 것이 경기 결과와 맞물려 나름 화제가 되기도 했다.

슬슬 김병현 자신의 이야기로 흐름을 바꾸었다. 자신의 빅리그 시절과 류현진을 비교하는 질문에는 특유의 자기 비하와 능구렁이 화법으로 넘어갔다. 자신은 선발투수를 오래했던 것이 아니기 때문에 직접 비교하는 것은 어렵고 다만 짧은 이닝을 던졌을 때 폭발력은 있었다고 스스로를 평가했다. 본격적으로 옛날이야기를 시작하면서 요즘 야구를 어떻게 보고 있는지 묻자 그는 야구가 너무 빨라졌다고 평가했다. 경기 자체의 속도는 물론 야구계의 패러다임이 변화하는 속도를 함께 아우른 이야기였다. '데이터 야구'가 지배하면서 수치에 몰두하는 부분이 많아진 것도 현역 시절

그가 방송 해설을 시작하게 된 계기도 범상치 않다. (출처 : MBC 뉴스)

과 달라진 부분이라며 선수들의 개성이 사라진 부분을 특히 아쉬워했다. 또한 일괄적으로 빠른 공을 던지는 투수와 홈런 타자가 많아진 것도 달라진 부분이라고 했다. '머니볼의 역효과'를 우려하는 것처럼 보였다.

사실 2000년대 초반 '원조 머니볼'은 목적만 달성할 수 있다면 외모나 체구를 비롯한 선수의 개성을 지나칠 만큼 존중하는 측면도 있었다. 하지만 최근 다양한 통계분석 도구가 발달하면서 선수의 야구적인 개성보다는 타구를 강하게 날리고 공을 빠르게 뿌리는 것만이 최고의 가치인 것으로 평가되는 분위기가 조성된 것도 사실이다. 결론적으로 김병현 자신은 숫자를 좋아한 야구는 아니었고 낭만이 있는 야구를 했다고 당시를 돌아보았다. 그래서 개인적으로 옛날 야구가 더 재미있다고도 했다. 실제로 2001년 애리조나 다이아몬드백스의 동료들만 보아도 랜디 존슨, 커트 실링 같은 대선수부터 타격 자세가 특이했던 크레이그 카운셀과 마크 그레이스 등

메이저리그, 진심의 기록

자신만의 야구 색깔을 지닌 선수들이 많았다.

2001년 7월 16일 시애틀 매리너스와의 원정 경기에서 스즈키 이치로와 맞대결하기 전 마운드에서 의미심장하게 미소 짓는 모습은 김병현만의 개성이 드러나는 대표적인 장면이다. 예전부터 팬들 사이에서 회자되었던 이 순간에 대해 묻자 그는 이치로의 팬이었기 때문에 그를 직접 만난다는 생각에 기분이 좋아 웃음을 감추지 못했다고 한다. 예전부터 체구가 큰 선수보다는 작은 몸집으로 괴력을 발휘하는 선수들을 좋아했는데 스즈키 이치로와 페드로 마르티네스가 그런 선수라고 했다. 김병현은 문제의 그날 톰 램프킨, 카를로스 기엔, 스즈키 이치로까지 3명의 타자를 퍼펙트로 처리하고 세이브를 기록했다. 이후 2003년과 2006년 등 이치로와 5차례 더 만나 4타수 2안타와 볼넷 하나를 남겼다. 당시 대부분의 팬들은 김병현이 일본의 상징이던 이치로를 응징하겠다는 자신감의 표현으로 미소를 지었다고 생각했는데 순수한 승부에 진심이던 김병현의 머릿속에는 그런 계산이 자리할 틈조차 없었던 것 같다.

2005년 7월 4일 빈볼을 던져 제프 켄트의 몸을 맞히고 뚜벅뚜벅 다가서던 도발적인 장면에 대해서도 설명했다. 당시 그의 소속팀 콜로라도 로키스는 주전 중 최고참이 서른한 살의 토드 헬턴이었을 정도로 세대교체가 진행중이었다. 그런데 제프 켄트가 콜로라도의 팀 상황을 비하하는 듯한 인터뷰로 팀을 자극하자 이에 대응하는 차원에서 선수단이 빈볼을 준비했다고 알려져 있다.

당시 상황에 대한 김병현의 설명은 이렇다. 제프 켄트에게 빈볼을 던지기로 한 것은 전날이었는데, 동료 투수가 제대로 '임무'를 수행하지 못하면서 다음날 선발이던 자신에게 그 '임무'가 맡겨졌다는 것이다. 클린트 허들 감독은 켄트를 다시 한번 맞히라고 지시하기는 했지만 김병현이 선발투수인 만큼 부담스러우면 그냥 편하게 경기에만 몰두해도 된다고 덧붙였다고 한다. 하지만 김병현은 '뭐 별거 있나'라며 무심하게 공을 뿌렸고 옆구리를 정통으로 얻어맞고 배트로 삿대질(?)을 해가며 흥분한 켄트를 향해 정면으로 걸어가 마주했다고 이야기했다. 이에 경기장 안의 긴장감은 최고조에 달했고 당연히 벤치 클리어링이 벌어졌다. 김병현은 거침없던 행동에 대해 당시 혈기왕성할 때였고 나름대로 자신(?)이 있었기 때문에 나온 행동이라고 회상했다(사소한 기억의 오류는 있을 수 있다. 당시 콜로라도의 시즌 기록을 보면 해당 경기의 전날은 세인트루이스 카디널스와의 원정 경기였다. 아마도 '이전 시리즈'와 착각한 듯하다).

실제 제프 켄트는 김병현이 가장 많이 상대한 타자였다. 김병현과 켄트 모두 내셔널리그 서부지구에서 주로 뛰었고 마무리투수의 특성상 중심 타선을 상대할 일이 많았다. 그와의 통산 맞대결 성적은 32타수 8안타에 삼진 4개를 잡아냈고, 몸에 맞는 공은 모두 3번 기록했다.

김병현은 자신을 떠올릴 때 가장 유명한 장면인 2001년 뉴욕 양키스와의 월드시리즈에서 홈런을 맞고 주저앉은 순간에 대해서도 해명했다. 투수라면 홈런을 맞고도 태연해야 하는 것이 미덕인데 풀이 죽은 채 주저앉은 모습을 보이는 것은 프로답지 못하다며 쓴소리도 많이 들은 터였다. 하지만 실상은 이와 달랐다. 당시 팀 동료였던 마이크 모건은 김병현이 태어나기도 전인 1978년부터 빅리그에서 활약한 노장 중의 노장이었다. 모건은 평소에도 김병현과 장난도 치면서 친하게 지내던 사이였는데 우승 반지만 받으면 미련 없이 은퇴할 것이라는 말을 했다고 한다. 그런데 월드시리즈에서 이틀 연속 홈런을 맞고 팀이 패하자 갑자기 모건이 떠올랐고 '아, 이

큰 굴곡을 겪었음에도 불구하고 2001년 월드시리즈는 해피엔딩이었다.(출처 : 메이저리그 공식 홈페이지)

건 아닌데'라는 생각에 몸에 힘이 빠져 주저앉았다고 한다. 홈런이야 오늘
도 맞고 내일도 맞는 것이지만 마이크 모건에게는 마지막일 수도 있다는
생각에 나온 장면이었다는 것이다(마이크 모건은 결국 우승을 차지하고 이듬
해 1년을 더 뛴 뒤 은퇴했다).

잊지 못할 2001년을 뒤로 하고 2002년 6월 12일 뉴욕 양키스와의 원정
경기에서 세이브를 거둔 날도 종종 언급되곤 한다. 김병현은 이날 세이브
의 마지막 아웃카운트 공을 마크 그레이스로부터 건네받은 뒤 왼쪽 담장
너머로 던져버렸다. 그런데 공은 공교롭게도 양키스의 영웅들을 추모하는
'모뉴먼트 파크' 쪽으로 떨어졌다. 그는 공을 건네받자 월드시리즈 생각이
나 충동적으로 공을 던졌다고 한다. '다시 이렇게 쳐봐. 나도 또 던질 수 있

2018년 애리조나 다이아몬드백스 창단 20주년 기념행사에 초청된 김병현(출처 : 애리조나 구단 공식 SNS)

으니 또 넘겨봐' 하는 마음으로 던졌다는 것이다. 누가 보아도 범상치 않은 이 장면은 일본 방송에서 다큐멘터리로 제작하기도 했다.

요즘 메이저리그에서 눈에 띄는 선수를 물었더니 대번에 밀워키 브루어스의 크리스티안 옐리치를 꼽았다. 최근의 활약 때문이 아니라 마이애미 말린스 시절이던 초창기 때 그를 보고 움직임이 예뻐 각인되었다고 한다. 스즈키 이치로 같은 느낌인데 파워는 더 강해 가능성을 높게 보았다고 덧붙이기도 했다. 결국 옐리치가 2018 시즌 MVP를 수상하면서 '야구 보는 눈은 아직 죽지 않았구나'라는 생각을 했다고 한다. 코디 벨린저 역시 마이너리거 시절 시범 경기에서 보고 대성할 재목으로 꼽았다고 한다. 특히 예전

메이저리그, 진심의 기록

박찬호 도우미로 불리던 숀 그린과 비슷한 느낌의 부드러운 스윙이 인상적
이라고 했다.

김병현은 자신의 빅리그 시절이 너무 오래되어서 누가 보여주거나 말해
주지 않으면 기억이 잘 나지 않는다고 한다. 다만 2018년 창단 20주년을
맞이한 애리조나 다이아몬드백스의 초청으로 기념 시구를 하면서 '아, 나
도 옛날에 이곳에서 던지고 있었지'라는 생각이 들었다고 한다. 그는 당시
에는 좋은 곳이라고 생각하지도 않았고, 야구든 뭐든 마음대로 되지 않아
힘든 순간도 많았고 불만도 많았지만 돌이켜보니 그때가 좋았다며 웃었다.
그래도 류현진, 강정호 같은 후배들의 활약을 보면 스스로 빅리거였음이
새삼 떠오르곤 한다고 한다.

어떤 식의 야구가 옳거나 좋다고 말할 수는 없다. 다만 김병현이라면 할
수 있는 말이고 김병현이니까 납득이 되는 이야기들이다. '약물 시대'에 활
약했기에 김병현 시절의 야구는 더 많은 이야깃거리를 남겼다. 그가 생중
계 도중 수비 시프트를 정면으로 반대한다고 할 때마다 시프트에 잡히는
장면이 나온다 한들 굳이 민망해질 이유도 없다. 실제로 대단했던 선수가
자신의 과거를 낭만적으로 생각한다고 해서 다른 누군가가 피해를 보는
것은 아닐 것이다. 적어도 아직까지는 김병현 시대의 '낭만 야구'에 맞장구
치는 의견이 많은 듯하다.

투구의 근본을 묻는
'왼손 매덕스' 류현진

―――――――

"공이 더 빠르거나 변화구가 더 예리한 투수는 많다. 하지만 제구력과 구종 선택에 있어서는 내가 본 투수 중 최고이다."

"그를 상대하고 나면 바보가 된 것 같다. 그의 공이 압도적이지는 않다고 들 하지만 제구와 무브먼트, 구속 가감이 더해지면 다른 식의 압도적인 투수가 된다."

"경기를 하면서 별로 대단한 투구라고 생각하지 않고 있었는데 어느 순간 전광판을 보니 7회까지 1점밖에 못 뽑은 상태였다."

국내 메이저리그 팬들이라면 흔히 들어본 이야기일 것이다. 그리고 그 대상으로 누구나 한 사람, 류현진을 떠올릴 것이다. 하지만 이 칭찬들은 류현진의 것이 아니다. 다름아닌 명예의 전당 멤버인 그레그 매덕스의 현역 시절을 설명한 말들이다. 첫번째 인용구는 그레그 매덕스가 최초로 사이영상 4년 연속 수상에 성공한 1995년 샌디에이고 파드리스의 타격 코치 머브 레튼먼드가 〈LA타임스〉와의 인터뷰에서 했던 말이다. 두번째는 같은 기사에서 인용된 래리 워커의 말이고, 세번째는 짐 토미가 1995년 월드시리즈에 대해 털어놓은 후일담이다.

그레그 매덕스는 메이저리그 역사에서 제구력으로 한 시대를 평정한 대표적인 선수이다. 그 매덕스에 대한 평가와 류현진의 전성기 투구를 본 감상이 정말 비슷하다. 한동안 립서비스처럼 들렸지만 적어도 '단기 활약'에 한정한다면 민망해할 이유가 전혀 없다. 2019년은 특히 더 그랬다. 류현진이 믿기 힘든 활약을 이어가자 매 경기 후 소감을 밝혀야 하는 데이브 로버츠 감독뿐만 아니라 LA 다저스 담당 기자들의 표현도 한계에 이르렀다. 한두 마디로 정의하거나 몇몇 수치로 규정하기 힘든 방식의 투구인 탓에 더 그랬다. 류현진의 경기를 생중계로 해설한 김병현 해설위원은 류현진이 너무 잘해서 재미없다는 말까지 했을 정도이다. 결국 당시 상대팀으로 만난 뉴욕 메츠의 미키 캘러웨이 감독과 ESPN의 알든 곤잘레스 기자는 류현진을 그레그 매덕스와 비교하고 말았다.

현대 야구의 흐름을 주도하는 통계 전문가들은 특정 선수가 돋보이는 활약을 펼치면 곧바로 수치화할 수 있는 근거를 찾아낸다. 탬파베이 레이스로 이적한 뒤 에이스급 활약을 펼쳤던 타일러 글래스노와 휴스턴 애스트로스로 이적 후 커브 활용에 눈을 뜬 콜린 맥휴는 전문가들이 자신의 존재 이유를 드러낸 대표적인 사례이다. 투수들이 던진 공의 회전수나 회전축 정보를 근거로 새로운 이론을 접목한 투구가 현실 야구에서 통하면서 인과관계를 입증했기 때문이다. LA 다저스의 트레버 바워나 시애틀 매리너스의 미치 해니거처럼 선수 본인이 직접 통계 연구에 나서 긍정적인 변화를 얻은 사례도 많다.

2019 올스타전 선발투수로 등판한 류현진(출처 : LA 다저스 구단 공식 SNS)

　류현진의 투구에서도 어떤 측정값을 찾아 의미를 부여하는 것이 불가능
하지는 않다. 과거와 비교해 다양해진 구종은 물론 같은 구종이라도 구속
을 다르게 하면서 얻어진 값으로 일정 부분 설명할 수도 있다. 하지만 류현
진의 경기 운영 전체를 볼 때 특정한 숫자로 호투의 근거를 찾기는 어렵다.
이 방면에서 가장 앞선다고 평가받는 〈디 애슬레틱〉이나 '팬그래프' 등의
분석 매체도 류현진을 숫자로 규정하기 위해 무리수를 두기보다 일어난 현
상을 정리하는 정도에 만족하고 있다. ESPN의 LA 다저스 담당 기자인 알
든 곤잘레스는 류현진이 애틀랜타 브레이브스전에서 완봉승을 거둔 당시
93개의 공을 던졌는데, 이중 58개가 포수 러셀 마틴이 미트를 움직이지 않
고 그냥 받아낸 숫자라고 했다. 경기 자료화면을 다시 볼 때 '미트를 움직
이지 않은' 기준이 애매하기는 하지만 그래도 이 정도면 류현진의 투구를
설명하는 색다른 표현이었다고 칭찬할 만하다.

메이저리그, 진심의 기록

결국 야구라는 스포츠와 투수라는 포지션에 대한 근본적인 질문으로 이어진다. 구종이나 구위, 투구 전략은 모두 원하는 곳에 공을 던질 수 있는 능력이 전제된 이후의 이야기이다. 랜디 존슨 정도의 돌연변이가 아닌 이상 어떤 이론이나 논리도 제구력보다 앞설 수는 없다. 그래서 류현진의 호투 비결은 '같은 자세로 다양한 구종을 원할 때마다 스트라이크존 경계에 집어넣는 능력' 이상으로 표현하기 어렵다.

투타 대결을 타이밍 싸움으로 정의한다는 면에서 류현진은 '타격을 불편하게 만드는 달인'이라고 표현해도 좋을 듯하다. 구체적으로는 일정한 패턴을 만들지 않으려는 노력이다. 일반적으로 특정 구종은 특정 상황에 어울리도록 고안되어 있다. 이를테면 왼손 투수의 체인지업은 오른손 타자의 바깥쪽으로, 왼손 투수의 커터(컷 패스트볼)는 오른손 타자의 몸쪽으로 던지는 것이 정석이다. 마운드와 타석의 물리적인 위치와 변화구가 이동하는 방향에 따른 것이다. 그래서 모든 투수는 자신이 의식하지 않아도 일정한 투구 패턴을 갖게 된다. 류현진은 이 부분을 묘하게 비트는 쪽으로 진화해 왔다. 뉴욕 메츠의 피트 알론소에게 이례적으로 연속 커브를 던진 장면과 왼손 타자 마이클 콘포토에게 몸쪽 체인지업을 구사한 장면, 애리조나 다이아몬드백스의 크리스티안 워커에게 3개 연속으로 체인지업을 던진 경우는 그나마 예상 가능한 수준의 패턴마저 읽히지 않으려는 시도였으며 실제로 그것이 통하기도 했다.

다시 그레그 매덕스 이야기로 돌아가보자. 그는 경기 출전이 없는 날 자신의 투구 영상은 거의 보지 않는 대신 상대 타자들의 영상을 보는 데 많은 시간을 할애했다고 한다. 그는 배트를 쥔 타자의 손과 팔이 투구에 반응할 때 느껴지는 미묘한 차이, 타석에서 발을 딛는 위치의 사소한 변화까

역대급 제구력의 소유자 그레그 매덕스(출처 : SABR.org)

지 놓치지 않으려고 노력했다. 김병현 해설위원이 "타자의 다리와 몸통 움직임을 보면 승부를 짐작할 수 있다"고 한 말과도 일맥상통한다.

애틀랜타 브레이브스의 전설적인 투수 코치 레오 마조니는 그레그 매덕스의 이런 분석에 대해 이렇게 이야기했다. "나흘 동안 그렇게 공부합니다. 그리고 닷새째가 되면 나가서 가르칩니다." 그레그 매덕스가 '교수님The Professor'으로 불렸던 이유이다. 매덕스는 경기중에도 어떤 타자가 허술했던 순간이 있으면 반드시 그것을 기억해두었다가 다음 경기든 다음 시즌이든 다시 만나면 잊지 않고 활용했다고 한다. 야구에서 홈플레이트의 너비는 17인치(43.18센티미터)이다. 사람들은 매덕스가 이 홈플레이트의 가운데 15인치는 쓰지 않고 양쪽 1인치(2.54센티미터)만 활용해 투구를 한다고

메이저리그, 진심의 기록

일정함을 유지하는 것이 투구의 근본이다.(출처 : LA 다저스 구단 공식 SNS)

명예의 전당에 입성한 그레그 매덕스
(출처 : 미국 야구 명예의 전당 홈페이지)

했다. 그마저도 최전성기 때는 양쪽 0.5인치라는 극찬까지 나왔다.

그렇다면 이러한 제구력도 후천적으로 길러질 수 있을까? 〈베이스볼 아메리카〉에서 발간한 '명예의 전당 연감'에 매덕스의 어린 시절 일화가 소개되어 있다. 그는 현재 세인트루이스 카디널스의 투수 코치로 활동하고 있는 친형 마이크 매덕스와 어린 시절 공을 던져 목표물을 맞히는 놀이를 즐겨하면서 자연스럽게 제구 훈련이 되었다고 밝혔다. 매덕스 본인이 어린 시절 가장 재미있게 했던 놀이였고, 한순간도 고된 훈련처럼 느껴지지 않았다며 실제 도움이 되었다고 말한 적이 있다.

일정한 투구 자세를 유지하는 것도 류현진과 그레그 매덕스를 묶는 또하나의 연결고리이다. 매덕스는 자신이 좋아하는 골프를 이용해 투구 자세에 대한 철학을 드러낸 바 있다. 투수에게 구종을 선택하는 것은 골프에서 클럽을 고르는 것과 같은데, 클럽을 잘못 고르더라도 안정적으로 스윙하면 괜찮은 결과가 나오는 것처럼 구종 선택에 문제가 있더라도 안정적인 투구 자세로 일정하게 던지면 좋은 결과를 얻을 수 있다는 것이다. 이 말은 결국 안정적인 투구 자세로 일정하게 던지는 것이 투구의 근본이라는 뜻으로 읽힌다.

그레그 매덕스의 일화를 하나 더 소개하면 그는 제구력에 대한 자부심이 대단했는데, 1986년 데뷔해 2008년 은퇴할 때까지 무려 23년 동안 통산 볼넷을 정확히 999개에서 끊고 은퇴했다. 실제 999개의 볼넷은 매덕스 본인의 의지가 깃든 산물이었다. 매덕스는 현역 마지막 시즌을 보내던 LA 다저스에서 9월 8일 등판 후 통산 볼넷이 999개까지 늘어난 것을 확인했다. 앞으로 남은 선발 등판 횟수는 대략 서너 차례. 그는 자신의 정체성을 상징하는 볼넷이 절대로 1000개에 도달하지 않게 하겠다는 다짐을 동료

투수 데릭 로에게 전했다고 한다. 그리고 이후 3경기에서 18이닝을 던지는 동안 단 하나의 볼넷도 추가하지 않았다. 그레그 매덕스의 999개 볼넷은 은하 위를 날아다니는 철도처럼 환상적인 결과물이 되었다. 그만 보면 제구력이 타고난 능력 못지않게 집중력과 승부욕의 결정체인 것으로 느껴진다.

야구라는 스포츠가 처음 생겼을 때 투수는 타자가 칠 수 있는 공을 던져주는 보조 요원이었으며, 타자는 높은 공과 낮은 공을 요구할 수도 있었다. 그러나 야구가 급속도로 변화하면서 투수는 타자가 최대한 치기 어려운 공을 던져야 하는 선수로 변모했다. 그런 면에서 볼 때 류현진은 가장 진화한 투수의 모습을 보여주는 상징적인 선수이다. 메이저리그 평균자책점 1위에 오른 2019년의 모습은 확실히 그러했다.

코리안 특급이 지켜본
류현진의 진화

―――――――

　2019년 LA 다저스 류현진의 활약은 뜨겁다 못해 언급 자체가 진부할 정도였다. 모든 미디어에서 투구 하나하나에 의미를 부여하는 수준이었다. 다만 그 열풍이 이어질수록 떠오르는 인물이 있었다. 바로 원조 '코리안 특급' 박찬호이다. 각종 통계나 지표로 류현진을 분석하는 것보다 다저스의 대선배 박찬호의 말을 직접 들어보는 것이 보다 의미 있을 것이라고 생각했다.

　먼저 나서서 말하지 않았을 뿐 박찬호가 누구보다 류현진의 경기를 면밀하게 지켜보고 있었다는 것은 인터뷰를 시작하자마자 알 수 있었다. 류현진의 경기를 어떻게 보고 있느냐는 질문에 뜬금없이 류현진을 후배로 보고 있지 않다는 말부터 했다. 단순한 선후배의 관계가 아니라 대한민국 야구 대표로 보고 있다는 것이다. 물론 자신의 현역 시절의 기억과 맞닿아 있는 말이기도 하다. 각자의 시대적 환경을 직접 비교하기는 어렵지만 당시 박찬호가 국가대표와 같은 상징성을 가지고 선수생활을 했던 만큼 지금의 류현진이 그 역할을 대신해주길 바라는 마음이었다.

경기력에 대한 전체적인 생각이 궁금했다. 이전에도 훌륭한 투수였던 류현진이 말 그대로 특급 투수로 진화한 근거를 박찬호는 '자진 강판'에서 찾았다. 그는 2018년 5월 애리조나 다이아몬드백스와의 원정 경기에서 사타구니 부상을 당하고 3개월 넘게 이탈하면서 류현진이 많은 것을 느꼈을 것이라고 했다. 그래서 2019년 4월 세인트루이스 카디널스와의 원정 경기에서 승리에 대한 욕심을 과감하게 버리고 마운드에서 내려온 것은 욕심을 버리면 더 멀리 내다볼 수 있게 된다는 것을 깨달은 행동이라고 보았다. 고통만 남기는 시련이 아니라 더 좋아질 수 있도록 도와주는 시련이라고 했다.

선수 시절 이룬 성과로는 남부럽지 않은 박찬호도 류현진에게 부러운 점이 두 가지 있다고 했다. 첫째는 지금 야구를 하고 있다는 것이다. 박찬호는 여전히 그라운드에서 뛸 수만 있다면 뛰고 싶은 마음이 200퍼센트라며 이승엽과 만나서도 비슷한 이야기를 나눈 적이 있다고 한다. 야구선수에게 내일 경기가 없다는 것은 미래가 없다는 것과 똑같다는 말이란다. 어떤 방식으로든 사회에 필요한 일을 하고 있기는 하지만 현역 은퇴 후 허탈한 마음을 채우는 것은 불가능한 듯하다. 그래서인지 류현진의 경기를 즐기면서 보지 못하고 의사처럼 '이렇게 하면 어떨까?', '나 때는 이런 방식도 통했는데' 하면서 진단하게 된다고 한다. 또한 그는 매일 그라운드에 나가 뛸 수 있다는 것이 얼마나 감사하고 경이로운 일인지는 시간이 지나고 나서야 깨닫게 된다고 덧붙였다.

두번째는 LA 다저스의 타선이라고 했다. 아무리 류현진이 득점 지원

박찬호의 LA 다저스 전성기 시절의 동료들(출처 : LA 다저스 구단 공식 SNS)

을 받지 않아도 되는 수준의 투구를 펼친다고 해도 당시 내셔널리그 팀득
점 1위였던 LA 다저스의 타선이 승리를 뒷받침해주고 있다는 것은 부인
할 수 없는 사실이다. 류현진 스스로도 경기 초반 득점 지원이 호투의 비
결임을 여러 차례 언급하기도 했다. 수비에서도 자주 도움을 받을 정도의
화려한 라인업은 박찬호가 부러워할 만하다. 박찬호는 빅리그 초창기 '피
아자 - 캐로스 - 몬데시'로 대표되는 신인왕 3인방이 이끌던 타선과 함께
했고, 2000년대로 접어들면서 게리 셰필드와 숀 그린이 도우미로 활약하
기도 했다. 그러나 LA 다저스 타선은 박찬호의 첫 풀타임 선발 시즌이던
1997년 리그 중상위권을 기록했을 뿐 1998년에는 리그 하위급으로 추락
해 박찬호를 응원하던 국내 팬들을 종종 실망시키기도 했다. 그럼에도 무

메이저리그, 진심의 기록

려 220.2이닝을 던지면서 15승을 기록했다. 이후 2001년까지 LA 다저스의 팀타격은 냉정하게 리그 중위권 정도였다. 박찬호가 부러워하는 것이 납득이 갔다.

구체적으로 류현진의 투구에 대해 좀더 묻기로 했다. 아무래도 메이저리그 124승 투수의 눈은 좀 다르지 않을까 싶었다. 메이저리그 전문가들도 류현진의 호투에 대해 명확하게 분석하거나 규명하지 못한 것이 사실이다. 굳이 규정하자면 다양한 구종을 모두 원하는 곳에 꽂을 수 있는 역대급 제구력으로 설명하는 정도이다. 물론 그것만으로도 의미가 있지만 박찬호의 시각에는 차이가 있었다. 커터를 추가하고 체인지업의 속도를 조절한다고 해도 류현진의 구종이나 던지는 스타일, 투구 패턴은 예전과 별반 다르지 않다고 했다. 이번에도 자신의 경험을 떠올리면서 마인드 컨트롤과 자신감에서 그 차이를 찾았다. 투수는 긍정과 부정을 모두 품고 마운드에 오르는데 자신이 좋지 않을 때는 부정적인 면에 집착해 방어적인 자세로 투구하지만 반대로 스스로 좋다고 느낄 때는 자신감을 갖고 던진다는 것이다. 자신감은 공 하나하나에 믿음을 갖게 해주는데 박찬호는 이때 팔의 스윙 속도가 달라지면서 공에 '기가 실리는' 느낌을 받는다고 했다. 그래서 같은 공을 던져도 타자가 치기 어렵다고 했다.

그는 지금 류현진의 투구에서 중요한 지점은 일정한 투구 자세와 볼배합, 타자를 상대하는 마운드 위에서의 루틴 같은 부분이라고 덧붙였다. 의외로 메이저리그에서도 이런 부분이 완성된 선수가 많지 않기 때문에 류현진을 보고 배워야 하는 점이 있다면 바로 이런 투구 요소라고 했다. 또한 박찬호는 자신이 가지지 못한 구종을 추가하는 것보다 이미 가지고 있는 구종을 어떤 식으로 활용하는지, 그리고 정신적으로 어떻게 가다듬는지를 본다면 류현진은 예전과 다른 투수라고 했다. 그는 수치화할 수는 없지만 이런 세밀한 변화가 부상 이후 달라진 점이라고 생각했다. 모든 면에서 완성된 류현진은 이달의 투수상에서 만족하지 말고 사이영상을 목표로 힘써야 한다고도 이야기했다. 김병현도 이 부분에서 비슷한 의견을 남겼다. 류현진은 한두 가지의 특징으로 살아남은 선수가 아니라 전체적인 투구의 완성도가 높은 선수이기 때문에 다치지만 않는다면 우수한 성적을 올리며 오랫동안 좋은 선발투수로 남을 것이라고 했다.

박찬호는 류현진이 클레이턴 커쇼와 주고받는 영향도 크게 평가했다. 어쩌다 한번 사이영상을 받은 투수가 아닌, 명예의 전당 입성이 거론되는 투수를 옆에서 지켜본다는 것은 생각 이상의 영향을 준다고 했다. 구위가 전성기 같지 않은 커쇼 역시 류현진의 투구를 보면서 잠시 잊고 있던 자신의 능력을 찾을 수도 있으니 시너지 효과가 크다고 했다. 스프링캠프부터 시작된 커쇼에 대한 우려가 LA 다저스 전체에 대한 비관론으로까지 확대되었지만 류현진이 그 부분을 "무슨 소리야!" 하고 채워주는 것이 LA 다저스의 힘이라는 것이다. 역시 과거 케빈 브라운이 팀 전체의 승리를 위해 자신에게 하비 도프만 박사를 소개해주었고 이후 심리적으로 크게 도움을 받았던 사례를 비교했다. 결혼에 대해 의미를 부여하는 부분도 꽤 진지했다. 스포츠 선수에게는 적절한 강제와 구속도 필요한데 결혼을 통해 정신적·육체적으로 절제할 수 있는 명분이 생기고 책임감도 커져 경기력 유지에 도움이 된다는 이야기였다.

다만 박찬호의 개인적인 생각임을 전제로 류현진이 더 발전할 수 있는 계기 중 하나가 영어일 수 있다고 했다. 물론 자신과 추신수처럼 아마추어 시절 미국에 온 것이 아니라는 점에서 차이가 있지만 직접 대화를 나누면

"후배가 아니라 국가대표이다." 박찬호는 류현진의 절대적인 팬임을 자처하고 있다.(출처 : LA 다저스 구단 공식 SNS)

선수단에 더욱 많은 영향을 주고받을 수 있을 것이라고 기대했다. 박찬호는 자신의 개인적인 생각일 뿐 옳은 이야기가 아닐 수 있음을 여러 차례 강조하면서도 류현진이 평소에는 갖춰지지 않은 영어로라도 마음껏 구사하고 마운드에서는 자신 있게 공을 던지면서 인생의 주인공이 되길 바랐다.

국내 프로야구에서 종종 이슈로 떠오르는 팬서비스에 대해서도 한마디 했다. 야구팬들 사이에서는 박찬호와의 만남이 미담으로 소개되는 경우가 여전히 많다. 박찬호는 성적에 집착할 경우 팬들이 부담으로 느껴지거나 귀찮을 수 있지만 시간이 흐를수록 팬들의 에너지가 자신을 더 좋은 선수로 성장하게 해준다는 것을 직접 느꼈다고 한다. 국내 프로야구에서 간혹 좌충우돌하는 사례가 있지만 특정 선수의 잘못이라기보다 야구판 전체의 문제이고 겪으면서 서로 배워가는 과정이라고 이야기했다. 선수들에게는 좀더 여유를 가지고 커리어를 쌓으면서 야구장 안팎의 팬과 친구, 지인들과의 관계를 현명하게 정립해갔으면 좋겠다고 조언했다.

박찬호는 투구 스타일에서 류현진과 정반대라고 해도 틀리지 않다. 그는 불같은 강속구로 삼진을 잡아내고, 볼넷은 많았지만 안타는 가장 내주지 않았던 투수이다. 시련도 많았지만 어려움이 닥칠 때마다 이른바 '멘털'에서 해답을 찾았던 선수이기도 하다. 그래서 류현진을 바라볼 때도 숫자로 드러낼 수 없는 의미를 짚었다. 박찬호는 자신의 자서전 『끝이 있어야 시작도 있다』에서 "넘치는 승리보다 만족을 갖고 싶었다"고 했다. 류현진의 시간이 충분히 더 흐른 훗날, 선배 박찬호와 다시 한번 의미 있는 접점이 만들어지길 기대해본다.

추신수,
20년 전 눈빛으로 각인된 야구 인생

───────

어떤 인물을 기억할 때 단 하나의 인상이 지워지지 않는 경우가 있다.

"1등 아니면 안 합니더!"

2003년 3월 아직 마이너리거 신분이던 추신수가 스포츠 뉴스에 소개된 적이 있다. 대다수의 미디어가 스즈키 이치로를 집중 조명하던 시절, 초청 선수 자격으로 시애틀 매리너스의 스프링캠프에 합류한 추신수의 훈련 장면이었다. 이어 짤막한 인터뷰가 곁들여졌는데 이것이 신선한 충격이었다.

"고등학교 때부터 지는 거 싫어했습니더. 1등 아니면 안 합니더. 2등은 싫습니더. 차라리 꼴찌를 하믄 했지."

20대 초반의 앳된 얼굴과 대비되는 독기어린 눈동자와 단호한 말투. 범상치 않은 느낌에 곧바로 그에게 시선이 꽂혔다. 당시만 해도 마이너리그 정보에 관심을 갖는 야구광이 아니라면 누구나 아는 선수는 아니었다. 그럼에도 확고한 태도가 그대로 노출된 인터뷰가 너무 인상적이었다.

텍사스 레인저스 시절의 추신수(출처 : 텍사스 레인저스 구단 공식 SNS)

개인적으로는 지난 2000년 초특급 유망주로 꼽히는 한 고등학교 선수가 메이저리그에 도전한다는 소식을 접하면서 막연한 기대감을 가졌던 것이 추신수에 대한 첫 관심이었다. 이듬해부터 시애틀 매리너스 소속이라는 이유로 마이너리그 경기 기록을 주기적으로 살펴보기 시작했고 관련 기사를 탐색했다. 메이저리그 데뷔 후에는 그가 뛴 수많은 영상 자료와 현지 보도를 눈여겨본 것은 물론 직장인이 되어 여러 차례 만나 인터뷰도 진행했다. 하지만 여전히 추신수를 떠올릴 때 가장 먼저 눈앞에 그려지는 것은 2003년 스프링캠프에서 한 바로 그 한마디이다.

추신수는 2000년 세계청소년야구선수권대회에서 우리 대표팀의 우승을 이끈 직후 미국으로 진출했다. 메이저리그에서 박찬호 이외에는 성공한 사례가 없었고, 타자가 자리잡기는 훨씬 더 어렵다는 것이 상식처럼 받아들여지던 시대였다. 그럼에도 추신수는 2001년 마이너리그에 입성한 뒤 쉽지 않은 여건 속에서 꾸준히 성장했다. 당시 선수 평가의 바이블로 불리던 스카우팅 노트북에는 차근차근 발전하던 추신수의 유망주 시절이 소개되어 있다. 해당 매체의 2002년판은 마이너리그 첫 시즌을 경험한 추신수의 다양한 재능과 가능성에 주목했다. 장타력을 기대할 만한 스윙, 빠른 발과 강한 어깨, 루키리그 수준의 투수들을 어렵지 않게 두들기는 경기력. 이때 추신수는 199타수만 나서고도 2루타 10개, 3루타 10개, 홈런 4개를 기록했는데 하위 리그라는 점을 감안해도 눈에 띄는 성적이었다.

이듬해에는 한층 더 구체적인 성과에 주목했다. 라인드라이브 타구를 양산하는 능력과 선구안을 겸비했고, 중견수를 소화할 수 있는 재목이라고 호평했다(외야수 유망주의 수비력을 평가할 때 중견수의 가능 여부는 중요한 판단 잣대가 된다). 마이너리그 올스타전으로 통하는 퓨처스 게임에 선발된 것도 주요 이력이 되었다. 신체의 성장에 따라 장타력이 붙을 것으로 기대하는 한편 일상적인 면에서도 빠르게 적응하고 있다고 했다. 다만 변화구의 적응력은 해결해야 할 과제로 보았다. 최고 권위의 유망주 평가 매체인 〈베이스볼 아메리카〉 역시 추신수를 눈여겨봐야 할 선수로 자주 거론했다. 추신수는 2003년 〈베이스볼 아메리카〉가 선정한 최고 유망주 중 메이저리그 전체 61위, 시애틀팀 내 4위에 올랐고, 2005년에는 전체 51위, 팀 내 3위까지 가치가 상승했다.

다만 이러한 평가와 별개로 추신수의 마이너리그 생활은 그리 녹록지 않았다. 박찬호 열풍 이후 미국 야구에 도전한 한국인 마이너리그 선수들을 다룬 2001년 KBS 다큐멘터리에서 추신수는 샌드위치 하나로 끼니를 때우는 등 당장 먹고 사는 일에 대한 어려움부터 고국에 대한 향수와 외로움을 호소하기도 했다. 최근 마이너리그 선수들에 대한 처우가 현실화되고 있지만 불과 몇 년 전까지만 해도 마이너리그는 최저 임금 규정의 예외 지역이었다(추신수는 훗날 메이저리그에 완전히 정착한 뒤에도 마이너리그로 돌아가는 상상만큼은 절대 하고 싶지 않다는 말을 여러 번 했다).

하지만 더 근본적인 문제는 마이너리그 생활을 청산할 기약이 없다는 점이었다. 나름대로 성과가 쌓이고 있음에도 메이저리그 데뷔가 기대보다 늦어지는 상황이 지속되면서 해소할 수 없는 답답함만 커져갔다. 추신수는 입단 초기만 해도 시애틀 매리너스 구단에 의미 있는 존재였다. 아시아와 호주 등 이른바 환태평양 지역에서 선도적으로 스카우팅 작업에 나섰던 시애틀 매리너스가 모처럼 제대로 발굴한 알짜 유망주라고 여겼기 때문이다. 하지만 실력에 대한 우호적인 평가에도 불구하고 팀 내 상황이 추신수에게 유리하게 흘러가지는 않았다.

당시 시애틀 매리너스의 외야수 유망주 중 추신수와 제레미 리드, 크리스 스넬링 등 3명이 빅리그에 가장 근접한 선수로 인정받았다. 리드와 스넬링 모두 추신수보다 한 살 많았다. 이중 제레미 리드는 3년 만에 마이너리그를 졸업했을 정도로 성장 속도가 돋보여 유망주 랭킹에서 한발 앞서 있었다. 시애틀이 주전 선수를 내주고 트레이드로 영입했다는 점 때문에 더 유명하기도 했다. 크리스 스넬링은 추신수와 마찬가지로 해외 스카우팅을 통해 영입된 호주 출신의 선수였다. 만 17세에 마이너리그에 입문해 기복 없이 성장했고, 3명의 선수 중 가장 빠른 2002년에 메이저리그 무대까지

메이저리그, 진심의 기록

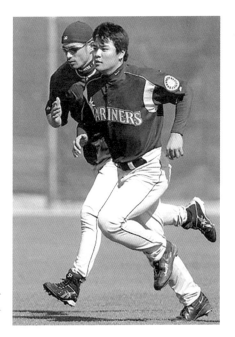

스프링캠프에 초청되어 스즈키 이치로와 함께 훈련하고 있는 추신수(출처 : 시애틀 포스트 인텔리전서)

밟았다. 다만 자리를 잡아야 할 때 잦은 부상이 겹쳐 입지가 다소 불안한 상태였다.

2004년 시즌을 마친 뒤 시애틀 매리너스는 외야진 개편 작업에 들어갔다. 좌익수 라울 이바네스는 타석에서 확실히 기대할 만한 타자였지만 수비에서는 그렇지 못했다. 중견수 랜디 윈은 홈구장의 넓은 외야를 맡기기에 아쉬운 존재였다. 이바네스를 지명타자로 고정해 수비 부담을 줄이고 랜디 윈에게 좌익수를 맡기는 방안이 제시되었다. 남은 자리는 중견수. 이제 유망주 중 한 명을 택할 시점이었다.

2005년 시즌을 앞두고 여러 매체에서 발표한 시애틀 매리너스의 유망주 순위는 대체로 1위 펠릭스 에르난데스, 2위 제레미 리드, 3위 추신수 순이었다. 안정적인 수비 덕에 일찌감치 중견수의 대안으로 꼽힌 제레미 리드는 2004년 잠시 메이저리그에 승격되어 준수한 기록을 남겼고, 최종 시험대였던 2005년 스프링캠프를 문제없이 통과해 개막전 중견수로 낙점받았다. 제레미 리드가 새로운 구상에 부합하는 선수라는 사실을 부인하기는 어려웠다. 강한 어깨를 가진 추신수는 중견수보다 우익수에 더 적합한 선수로 인식되었는데, 시애틀은 이미 최고의 우익수를 보유하고 있었다. 바로 스즈키 이치로였다. 이 상황에서 추신수가 빈틈을 뚫고 빅리그에 도달하려면 무엇이든 제레미 리드보다 월등한 능력을 펼치는 동시에 이치로가 중견수로 포지션을 옮겨야 했다. 그러나 이는 현실적으로 불가능한 일이었다.

결국 추신수는 2005년을 다시 마이너리그에서 시작했다. 더 증명할 것이 없었지만 다른 방법이 없었다. 마이너리그의 최대 잔치인 퓨처스 게임에 세번째 출전한 것이 오히려 씁쓸할 정도였다. 차라리 왼손 투수라면 빅리그 승격이 빨라지지 않을까 하는 생각에 투수 전환도 고려해보았을 만큼 막막했다고 한다. 그런데 이후 추신수로서는 서운할 수밖에 없는 상황이 벌어졌다. 2005년 주전 중견수로 낙점된 제레미 리드의 타격 부진이 이어졌고, 팀 성적마저 추락하면서 9월 이후 추신수에게 몇 차례 기회가 찾아왔다. 추신수 입장에서는 일회성이나마 우익수의 기회가 주어지면 좋았으련만 골드글러브 단골 수상자인 이치로가 굳이 중견수로 자리를 옮기는 수고를 해줄 이유는 없었다. 중견수로 몇 차례 경기에 나선 추신수는 몸에 맞지 않는 옷을 입은 듯 불편해 보였고 눈에 띄는 활약도 하지 못했다.

2006년에도 시애틀 매리너스는 제레미 리드를 한번 더 주전 중견수로 내세웠다. 하지만 처참한 기록에다 큰 부상까지 당해 시즌 중반 완전히 이탈하게 되었다. 몇 년째 하위권을 맴돌던 시애틀 매리너스는 빌 버베이시 단장의 무능 속에 장기적인 철학 없이 임시방편과 땜질 처방으로 버티고 있었다. 어수선한 상황에서 버베이시 단장은 추신수의 활용 방안을 고민하는 대신 클리블랜드 인디언스로 트레이드해버렸다. 갑작스러운 조치였는데 그렇다고 시애틀 매리너스가 큰 이득을 취한 것도 아니었다. 자신이 직접 스카우팅에 관여한 선수가 아니었기 때문인지 버베이시 단장은 추신수에 대한 관심이 별로 없는 것처럼 대응했다. 이렇게 추신수의 시애틀 시대는 허무하게 끝나버렸다.

　참으로 공교롭게도 2006년 말 시애틀 매리너스는 모든 대안이 사라진 중견수 자리를 스즈키 이치로에게 맡기기로 결정했다. 좀처럼 움직이지 않을 것처럼 보였던 이치로는 뜻밖에도 포지션 변경을 수락했고, 2007년에는 아예 중견수로 한 시즌 내내 뛰기까지 했다. 모든 역사에 만약이란 없다지만 구단에서 이치로에게 조금 더 일찍 중견수로의 전향을 유도했다면 추신수가 시애틀 매리너스의 우익수로 정착했을 수도 있었을 것이다(이 같은 배경 속에 2006년 초 열린 WBC 한일전의 여파에다 몇 가지 추측과 오해까지 뒤섞여 일부 팬들이 이치로에 대해 반감을 갖기도 했다). 실제 〈시애틀 타임스〉 등 현지 매체들은 지금도 추신수를 트레이드한 결정이 구단 역대 최악의 트레이드 중 하나라고 언급하곤 한다. 추신수를 내주고 받은 벤 브루사드는 이적 후 급격한 하향세를 보이다 2008년 뒤 그라운드에서 사라졌다.

　원치 않는 트레이드는 누구에게나 상처가 된다. 다만 추신수에게는 확실히 남다른 하나가 있었다. 바로 '1등 아니면 안 한다'던 그 근성이었다. 독기를 품은 추신수에게 클리블랜드 인디언스로의 이적은 일생일대의 기회가 되었다. 트레이드 직후인 2006년 7월 28일 추신수는 클리블랜드 인디언스의 선발 우익수로 출전했다. 얄궂게도 상대팀은 시애틀 매리너스. 추신수는 6회 시애틀의 선발투수 펠릭스 에르난데스의 156킬로미터 강속구를 받아쳐 좌중간 담장을 넘겼다. 빅리그 데뷔 첫 홈런을 이전 소속팀의 최고 유망주 투수로부터 얻어낸 것이다. 이 홈런이 경기의 유일한 득점이 되면서 클리블랜드가 1대 0으로 승리한 것도 기막힌 결과였다.

빅리그 두번째 홈런 역시 강렬했다. 일주일 뒤 보스턴 레드삭스의 에이스 조시 베킷을 상대로 펜웨이 파크 외야의 가장 깊숙한 우중간 담장을 넘어가는 만루 홈런을 날렸다. 이후 클리블랜드 인디언스의 코칭스태프는 중요한 순간에 상대팀의 왼손 투수가 등장해도 추신수를 제외하지 않았고, 구단의 믿음을 눈으로 확인한 추신수는 시애틀 매리너스 시절의 조급함을 떨쳐내고 있었다. 그는 클리블랜드 인디언스로 이적한 후 가진 45경기에서 타율 2할 9푼 5리를 기록하며 기대했던 잠재력을 드러내기 시작했다.

훗날 현지에서 만난 크리스 안토네티 클리블랜드 단장은 먼저 묻지 않았음에도 자신이 직접 추신수의 영입 작업을 지휘했다는 설명에 열을 올리며 그에 대한 애착을 보이기도 했다. 추신수는 2008 시즌을 팔꿈치 수술로 인해 늦게 시작했지만 신뢰받는 환경 속에서 빠르게 정상 궤도로 돌아왔다. 그리고 인정받지 못했던 과거에 대해 울분을 토해내는 듯 사정없이 배트를 휘둘렀다. 특히 9월 한 달 동안 무려 4할의 타율을 기록하며 24타점을 쏟아내면서 데뷔 후 처음으로 아메리칸리그 월간 최우수선수에 선정되었다. 시즌 타율도 3할 9리로 정상급 타자의 향기를 풍기기 시작했다.

이런 추신수에게 2009년은 의미를 부여할 만한 해이다. 외부 변수와 무관하게 실력만으로 풀타임 메이저리거가 된 첫 시즌이기 때문이다. 미국 진출 10년째였다. 스포츠 뉴스에서 눈을 부라리며 인터뷰하던 그 청년을

추신수는 클리블랜드 인디언스에서 새로운 인생을 열었다.

현지에서 직접 만난 것도 이때였다. 가장 원초적인 기질은 어떤 상황에서도 닳거나 없어지지 않는 모양이다. 추신수는 여전히 최고가 아니면 안 된다는 다짐으로 가득한 상태였다. 그는 배리 본즈급 성적을 기록하더라도 경기장을 떠날 때마다 아쉬움이 느껴질 것 같다고도 했다. 자신이 갈고닦은 방식으로 결과물을 얻기 시작한 만큼 현실적인 타협은 생각하지 않았다. 공부로는 2등, 3등을 해도 누군가 알아주지만 야구에서는 그렇지 않다는 것이 추신수의 생각이었다.

또한 가혹할 만큼 자신을 몰아붙이는 대신 스즈키 이치로에게 밀려 자리를 잡지 못했던 과거를 현실적으로 돌아볼 여유가 생긴 시기이기도 하다. 메이저리그 승격을 위해서는 실력 못지않게 어느 정도의 운도 따라야 하는

데 자신은 그저 운이 따라주지 않았을 뿐이라고 했다. 알렉스 로드리게스가 뛰는 팀이라면 유격수 유망주가 자리잡기 어려운 것이 당연하다면서.

만개하기 직전의 꽃처럼 이제 막 전성기를 맞이한 추신수는 "후회 없이 야구하고 싶다"는 말에 유독 힘을 주었다. 현실적인 목표로 온전히 한 시즌을 뛰면서 얻은 3할 타율에 20홈런, 20도루를 내걸었던 추신수는 그해 정확히 3할 타율에 20홈런과 21도루를 기록해 언행일치를 보여주었다. 통계 전문 매체 '팬그래프' 기준으로 '대체 선수 대비 승리 기여도' 5.1을 기록했는데, 이 수치는 아메리칸리그 전체 타자 중 11위에 해당하는 것으로 스즈키 이치로의 5.5에 근접하는 것이었다.

물이 오른 추신수는 이듬해 다시 한번 3할 타율에 22홈런과 22도루를 기록했다. 투수 출신의 강한 어깨로 14개의 외야 보살*을 잡아내는 등 모든 면에서 정점에 달한 모습이었다. 그는 '팬그래프' 승리 기여도 6.1로 아메리칸리그 전체 타자 중 8위에 해당하는 완성도 높은 활약을 펼쳤다. 실제 MVP 투표에서 14위에 오르기도 했고, 2년 연속 클리블랜드 인디언스 구단 최우수선수에 선정될 만큼 두루 인정받았다. 클리블랜드 인디언스 창단 이래 3할 타율에 20홈런-20도루를 2년 연속 기록한 선수는 추신수가 처음이었다. 2009년 오클랜드 애슬레틱스전에서 연타석 홈런, 2010년 캔자스시티 로열스전에서 한 경기 3홈런 등 기억할 만한 장면도 여럿 남겼다. 돌아보아도 클리블랜드로의 이적은 추신수에게 큰 전환점이 된 사건이

---

* 다른 수비수에게 송구를 연결해 주자나 타자가 최종 아웃이 되도록 돕는 것. 외야수의 경우 보살 수치가 강한 어깨를 대변한다. 일본식 용어로 국내에서는 2016년부터 '어시스트'로 공식 변경되었다.

다. 그런데 이에 필적할 만한 일이 더 있었다. 바로 '1번 타자로의 변신'이다.

추신수가 파괴력을 더해가는 것과 달리 팀 개편 작업이 진행되던 클리블랜드 인디언스의 타선은 그다지 훌륭하지 않았다. 추신수만한 타자가 없어 '추신수와 아이들'로 불릴 정도였다. 2012년 당시 팀을 지휘하던 매니 액타 감독은 특히 1번 타자가 마땅치 않아 다양한 선수들을 시험하는 중이었다. 전성기가 지난 조니 데이먼을 영입하기도 했지만 상황은 좀처럼 나아지지 않았다. 2012년 5월 13일 보스턴 레드삭스와의 원정 경기에서 12대 1로 크게 패하면서 3연패에 빠지자 액타 감독은 결단을 내렸다. 경기 후 공식 인터뷰를 통해 타격 효용을 극대화하는 방식으로 타선을 바꾸겠다고 선언했다. 당시만 해도 1-2번 타자는 출루율과 빠른 발에, 3-4번 타자는 장타력에 가중치를 두는 관습에서 완전히 벗어나지 못했다. 액타 감독의 구상은 타순에 따른 전통적인 역할론 대신 가장 잘하는 타자가 가장 자주 등장하도록 하겠다는 것이었다. 당연히 1번 타자는 추신수의 몫이었다.

클리블랜드는 추신수부터 등장하는 타순으로 바꾼 뒤 4연승을 기록했다. 아쉽게 팀 전체가 끝까지 상승세를 유지하지는 못했지만 추신수는 1번 타자로 고정된 이후에도 훌륭한 경기를 펼쳤다. 최상급의 선구안을 지녀 출루 능력을 갖춘데다 일발 장타력을 보유해 해결사 역할도 곧잘 해내는 선수. 그러면서 평균 이상의 주루까지 가능한 신개념 1번 타자의 이미지를 구축했다. 덕분에 추신수의 상품 가치는 더욱 높아졌다.

역설적이게도 추신수의 몸값이 치솟는 상황은 클리블랜드 인디언스 구단에게는 부담이었다. 거액의 장기 계약을 맺을 수 있는 여유가 없던 클리블랜드는 2012 시즌을 마친 뒤 추신수를 신시내티 레즈로 트레이드할 수밖에 없었다. 이번에는 추신수가 주인공으로 주목받은 트레이드였다. 팀을 옮기면서 추신수의 위상을 확인할 만한 일도 있었다. 추신수가 이적한 이듬해 당시 디트로이트 타이거스의 주축 선발투수였던 맥스 셔저는 스포츠 토크쇼 프로그램인 〈댄 패트릭 쇼〉에 출연해 가장 어렵게 잡아낸 아웃카운트를 묻는 질문에 다음과 같이 답했다.

그냥 추신수요. 지난겨울에 추신수가 신시내티로 이적했다는 게 제가 들은 제일 좋은 소식이었어요. 그 덕에 제가 지금 잘하고 있다고 생각합니다.

클리블랜드와 디트로이트는 같은 지구 경쟁팀으로 자주 만나는 상황이었는데 추신수는 2010년부터 2012년까지 맥스 셔저를 상대로 21타수 12안타(타율 0.571)에 홈런 2개를 기록하며 천적으로 군림했다. 셔저는 추신수가 팀을 옮긴 2013년에 곧바로 다승왕과 사이영상을 차지하더니 이후 2차례나 더 사이영상을 수상하며 현역 최고의 투수로 발돋움했다. 실력뿐 아니라 승부욕에서 둘째가라면 서러운 그가 추신수에 대한 부담을 공개적으로 털어놓은 것은 두고두고 화제가 되었다.

2013년 스프링캠프 첫날 신시내티 레즈 선수단과 상견례를 하는 자리에서는 투수 브론슨 아로요가 추신수에게 다가와 활짝 웃으며 포옹하는 장면이 화제가 되었다. 아로요는 2010년 추신수와 6차례 맞대결해 5안타를 허용했고, 그중 4개가 홈런이었을 정도로 추신수만 만나면 한숨을 절로 내쉬는 선수였다. 가장 까다로운 선수가 동료가 되었다는 사실에 그는 함박웃음을 감추지 못했다. 시애틀 매리너스를 떠날 때의 분위기와는 말 그대로 하늘과 땅 차이였다.

추신수는 헌신적인 활약을 인정받아 선수협회로부터 상을 받기도 했다.(출처 : 신시내티 레즈 구단 공식 SNS)

추신수는 신시내티 레즈가 원하던 대로 자신의 몫을 다해 리그를 대표하는 1번 타자로 훌륭한 활약을 펼쳤다. 팀 동료 조이 보토와 나란히 '300회 출루'를 달성했고, 볼넷(112)과 득점(107)에서 처음으로 세 자릿수 기록을 남겼다. 1번 타자가 20홈런과 100득점, 100볼넷을 동시에 기록한 것은 내셔널리그 창설 이후 추신수가 처음이었다. 출루 능력에서는 현역 최고 수준이라는 평가를 굳혔다. 와일드카드 결정전을 통해 처음 가을 야구도 경험했고, 홈런까지 날리면서 신시내티 레즈에서의 1년을 충실하게 보낸 뒤 FA 자격을 얻었다.

FA 계약을 앞둔 선수는 냉정하게 시장의 평가를 받게 된다. 개인적으로 최상위 리그에서 뛰는 선수라면 누구나 존중받을 만한 과정을 거쳤다고 확신하는 편이다. 아무리 뛰어난 선수도 모든 분야에서 고르게 돋보이는 것은 불가능하다. 선수마다 능력과 개성이 제각각이기 때문이다. 자신의 타고난 재능에 후천적인 노력을 더해 나름의 틀을 형성한 뒤 수차례 검증받아야 빅리그 선수로 살아남을 수 있다. 그렇게 유니폼 안에 자신만의 틀을 장착한 선수들은 각자 다른 신체적 특성을 프리즘삼아 내면의 기질을 표출한다. 방망이를 쥐는 팔의 자세와 공을 던지는 어깨의 관절 모양도 모두 다른 방식으로 구현된다. 그것이 우리가 그라운드에서 볼 수 있는 플레이로 최종 시각화된다.

추신수도 재능과 노력에 신체적 특성이 결합된 존재이다. 때로는 불운이, 때로는 행운도 뒤섞였을 것이다. 다만 추신수는 자신의 틀을 만들어가는 과정에서 촘촘한 저인망을 넓게 펼쳐 모든 분야에서 두각을 나타내려고 노력했다. 최대한 완벽한 선수가 되고자 했다. 홈런도 많이 치면서 높은 타율을 기록하는 선수. 중요할 때 타점을 기록하는 선수. 능수능란하게 도루에 성공해 허를 찌르는 선수. 수비에서도 팀 승리를 돕는 선수. 추신수는 그것이 쉽지 않다는 것을 알면서도 그저 몸으로 부딪쳤다. 20대 초반의 삶이 자신과의 싸움으로 설명되는 것이 추신수의 인생이다.

그토록 치열하게 다듬은 프리즘을 통해 그라운드 위에 드러난 추신수는 자신이 노력한 대로 다양한 방면에서 꽉 찬 활약을 펼치는 선수였다. 다만 반대로 이야기하면 특정 분야에서 독보적인 스타일은 아니었다. 추신수의 소속팀 팬에게는 없어서는 안 될 존재였지만 추신수의 경기를 자주 보지 않은 이들에게는 그저 준수한 선수 중 하나로 인식될 수도 있었다. 실력에 비해 인지도가 낮다는 평가를 종종 받았던 이유이다. 다행인 것은 추신수가 명성을 쌓아가는 시기에 혁신적인 통계로 선수를 평가하는 세이버메트릭스가 메이저리그의 새로운 패러다임을 구축한 상태였다는 것이다. 홈런왕이나 타격왕처럼 눈에 띄는 수상 경력은 없었지만 세이버메트릭스는 다양한 방법으로 팀 승리에 도움이 되는 추신수의 가치를 치밀하게 분석해 숨겨진 값어치를 숫자로 표시할 수 있도록 도와주었다. 새로운 통계적 접근법을 선호하는 아이비리그 출신의 젊은 단장들이 야구계의 대세로 자리잡은 것도 추신수에게는 호재였다.

추신수는 장기 계약을 해도 실패 확률이 적은 타자라는 계산이 도출되었고 결국 박찬호를 넘어 텍사스 레인저스와 7년간 1억 3000만 달러라는 한국인 선수 최고액의 계약을 체결했다. 2000년 미국에 진출해 마이너리그에서부터 밟아온 여정을 굳이 금액으로 따질 필요는 없지만 추신수에게 FA 계약은 충분한 보상이 되었다. 시애틀 매리너스에서 벗어난 이후 클리블랜드 인디언스와 신시내티 레즈에서 모두 뚜렷한 활약을 펼쳤던 만큼 텍사스 레인저스는 추신수와 7년을 동행하는 동안 확실한 성과를 얻을 것으로 기대했다. ESPN도 추신수와 프린스 필더가 이끄는 텍사스 레인저스의 타선을 메이저리그 전체 1위로 평가하며 밝은 전망을 예고했다.

결과적으로 텍사스 레인저스에서 보낸 7년은 아쉬움으로 남았다. 추신수를 영입해 월드시리즈 우승까지 기대했던 구단 입장에서는 궁극의 목표를 달성하지 못했기 때문이다. 7년간 포스트시즌에 2번 진출했는데 모두 디비전시리즈 문턱을 넘지 못했다. 야구에서 선수 한 명이 책임질 수 있는 부분은 한정되어 있지만 고액의 연봉자에 대한 기대치가 큰 만큼 감수해야 할 비판이 있는 것은 분명하다.

물론 평가할 요소도 있다. 추신수는 2015년 9월 신들린 듯한 몰아치기

올스타에 선정되어 옛 동료 조이 보토와 함께한 순간(출처 : 텍사스 레인저스 구단 공식 SNS)

로 통산 두번째 월간 최우수선수에 올랐으며, 그의 대활약으로 팀도 서부지구 1위에 등극했다. 2018년에는 생애 처음 올스타에 선정됐다. 고등학교 졸업 후 미국행 비행기에 오르면서 "세계에서 가장 잘하는 선수들과 한 경기만이라도 뛰어보고 돌아오자"고 했던 추신수에게는 평생 잊지 못할 경험이 되었다. 그는 마쓰이 히데키를 넘어 아시아 선수 최다 홈런 기록의 보유자가 되었고, 52경기 연속 출루라는 '추신수 다운' 기록을 남기기도 했다. 아시아 선수 최초로 사이클링 히트를 달성한 것도 기억될 만한 장면이다. 추신수는 전체적으로 건강할 때에는 준수한 모습을 보여주었다. 몇 차례 부상을 겪었고 부진한 시기에 비판도 받았지만 활약이 미진할 때조차 팀 내에서 추신수보다 확실히 낫다고 할 만한 타자는 거의 없었다.

텍사스 레인저스에서의 7년을 정리할 때 반드시 짚어야 할 부분이 또 있다. 성적이나 기록이 아닌 야구를 대하는 진정성이다. 대개 특정 선수의

장학사업을 비롯해 잘 알려지지 않은 기부와 선행도 많이 했다.(출처 : 텍사스 레인저스 구단 공식 SNS)

훈련 습관이나 경기에 임하는 태도는 몇몇 인터뷰나 기사를 통해 미화되기 쉽다. 하지만 추신수는 독할 만큼 일관된 길을 걸어왔다. 매년 스프링캠프에서 새벽 5시에 출근하는 선수로 유명했고, 정규 시즌에 가장 먼저 경기장에 도착해 준비하는 선수도 바로 추신수였다. 갑작스러운 사건이나 특별한 행동으로 주목받은 것이 아니라 10여 년 간 쌓은 자신만의 루틴 자체로 인정받으면서 동료 선수들에게 두루 존경받는 선수로 자리매김했다(빅리거 누구나 최선을 다하는 것 아니냐는 의문이 있을 수 있다. 그러나 모이세스 알루처럼 훈련량을 전혀 중시하지 않는 선수도 있다).

의미 있는 행동이 알려지기도 했다. 추신수는 2020년 코로나19 여파로 메이저리그 정규 시즌이 축소되고 마이너리그 시즌이 취소되자 텍사스 산하 마이너리그에 소속된 191명의 선수들에게 각각 1000달러 이상을 지원해 실질적인 도움을 주었다. 마이너리그 생활을 뼈저리게 겪은 추신수였기에 더욱 공감이 가는 행보였다.

야구와 관련된 것이라면 타협하지 않고 전력을 쏟아온 추신수. 16년 빅리그 경력의 마지막 경기는 그래서 더 극적이었다. 텍사스 레인저스와의 7년 계약 만료를 앞둔 2020년 9월 27일 손목 부상으로 한동안 이탈했던 추신수는 20일 만에 1번 타자로 출전했다. 1회 첫 타석, 추신수는 온전치 않은 몸 상태 탓에 정상적인 타격 대신 기습 번트를 시도했다. 이어 전력 질주를 펼친 추신수는 온몸을 쥐어짜 1루 베이스를 밟은 뒤 세이프 판정과 함께 쓰러졌다. 영화의 한 장면처럼 말 그대로 장렬했다. 발목을 다친 추신수는 대주자로 교체되었고 모든 것을 쏟아부은 베테랑의 마지막 순간임을 알아챈 동료들이 한 명 한 명 추신수를 안아주면서 예정에 없던 더그아웃 송별회가 열렸다. 구단의 배려로 경기장을 찾은 추신수의 가족들도 눈시울을 붉혔다. 그가 텍사스 레인저스의 유니폼을 입고 남긴 마지막 장면이었다.

켄 그리피 주니어의 스윙을 따라 하며 1등을 외치던 풋풋한 소년이 온갖 시행착오를 거치며 나름의 성공을 일궈낸 뒤 마지막 타석에서 최후의 힘을 쏟아내고 돌아선 여정은 너무나 추신수다웠다. 순간의 화려함보다 내실을 추구했고, 독한 근성을 말 대신 행동과 결실로 입증했던 선수. 몸에 맞는 공 152개로 이 분야 역대 23위에 오를 만큼 몸을 사리지 않았던 선수. 추신수는 그렇게 첫인상만큼이나 끝맺음 또한 묵직했다.

후회 없이 야구하고 싶다는 말을 반복하는 이유에 대해 추신수는 "야구 인생 길어봐야 마흔인데, 그만두고 미련을 갖고 싶지 않아서"라고 답한 적이 있다. 그런 추신수가 이제 마흔을 넘어 KBO리그에서까지 자신의 야구 철학을 이어가며 영향을 끼치는 중이다. 까마득한 후배들과 함께하는

텍사스 레인저스에서의 마지막 타석 직후 즉석에서 송별회가 열렸다.(출처 : MLB.com 영상)

텍사스 레인저스 구단은 추신수에게 그동안의 노고에 감사 인사를 표했다.(출처 : 텍사스 레인저스 구단 공식 SNS)

보너스 같은 시간인 만큼 어느 정도 중압감을 내려놓은 듯 한결 편안해진 모습이다. 그럼에도 타석에 들어설 때마다 포착되는 그의 변함없는 눈빛은 여전히 20년 전으로의 시간 여행을 재촉하는 것 같다. 세월은 흘렀지만 그때의 눈빛과 기운을 지금도 느낄 수 있다는 것이 반가울 뿐이다.

나이 마흔에 들춰본 20년 묵은 꿈, 김강민

2021년 6월 22일 홈팀 SSG 랜더스가 원정팀 LG 트윈스에 13대 1로 뒤지고 있던 9회 초. 사실상 승부가 갈려 김이 빠진 상황인데 갑자기 홈 관중들이 웅성이기 시작했다. SSG 랜더스 마운드에 투수가 아닌 베테랑 외야수 김강민이 올라왔기 때문이다. 메이저리그에서는 승부가 크게 기울었을 때 종종 투수를 아끼기 위해 야수가 던지곤 하지만 국내에서는 흔치 않은 일이었다.

1년 144경기 중에 응원팀이 지는 날은 언제든 있을 수 있지만 김강민이 투수로 나서는 장면은 야구팬으로서 평생 한 번 볼까 말까 한 이벤트였다. 게다가 평소 어깨가 강하기로 소문난 김강민이기에 '야구 좀 본다' 하는 팬들은 김강민의 투구가 어떨지 진지하게 궁금해졌다.

"김강민 선수가 나이 마흔에 투수 데뷔전을 치릅니다!"*

관중만큼 기대에 찬 방송 중계진과 달리 김강민은 별 욕심이 없어 보였다. 최고참 선수로서 그저 야구장을 찾은 팬들이 완패로 겪게 될 상실감을 위로해주려는 마음 정도인 듯했다. 프로야구에 입문할 때 투수였다는 사실은 20년 전 이야기일 뿐. 오히려 나이 마흔에 갑자기 무리하면 부상을 당할 수도 있다는 김원형 감독의 조언을 듣고 올라온 터였다.

첫 타자 정주현을 상대로 시속 130킬로미터대의 평범한 직구를 연달아 던졌다. 누가 보아도 힘을 빼고 던진 모양새인데 그만 홈런을 얻어맞았다. 담장을 넘어가는 타구, 그리고 혀를 내민 채 민망해하는 김강민의 얼굴이 차례로 중계방송 화면에 등장했다. 홈런 하나 맞더라도 별 상관없는 상황. 그런데 이것이 김강민의 본능 속 승부욕을 자극했던 모양이다. 대충 던지고 내려오려던 마음이 달라졌다.

다음 타자 김재성이 들어서자 김강민은 힘껏 팔을 휘둘러 공을 뿌렸다. 전광판에 140킬로미터의 구속이 찍혔고 관중석에서 박수가 터져나왔다. 눈빛이 달라진 김강민은 145킬로미터까지 최고 구속을 끌어올리며 헛스윙 삼진을 잡아냈다. 전문 투수로도 손색이 없는 구속이었다. 중계진과 관중은 물론 동료 선수들까지 놀란 입을 다물지 못했다.

김강민은 이후 변화구까지 던져가며 아웃카운트 2개를 기록했다. 멋쩍은 미소와 함께 마운드에서 내려온 김강민은 더그아웃에서 후배들의 뜨거운 축하를 받았고, 동갑내기 추신수와 한참 동안 후일담을 나누기도 했다. 여전히 상기된 표정은 가시지 않은 채였다. 경기에서는 크게 패했지만 팬들에게 추억을 선물한 노장의 투구는 그날 최고의 화제가 되었다. 인정받을 만한 팬서비스였다. 그런데 정작 김강민의 마음은 조금 달랐다. 팬들을 위한 플레이로만 생각했는데 뒤돌아보니 평생 간직했던 꿈을 이루었다는 생각이 들었다.

2002년 1군에 데뷔해 SK 와이번스의 4차례 우승에 공헌하며 이른바 '왕조 멤버'의 핵심으로 불렸고, 골든글러브와 아시안게임 금메달 등 누구나 부러워할 만한 수상 이력을 남긴 김강민. 특히 강한 어깨와 야무진 타격으로 명장면도 여럿 남긴 선수였다. 평생 한 팀에서만 뛰어 인천 야구팬들에게는 각별한 선수였고, 김강민 스스로도 자부심이 강할 만했다. 2021년 시즌을 준비할 때만 해도 이미 해볼 수 있는 것은 거의 해보았으니 아름답게 은퇴하고 싶다고까지 했던 그였다.

그런 김강민이 이날 마운드에 오르면서 잠시 잊고 있던 꿈이 되살아난 것이다. 프로야구 선수를 동경하던 어린 시절부터 정식 1군 경기의 마운드에 오르는 장면을 꿈꿔온 것은 당연했다. 막상 마운드에 오르자 산전수전 다 겪은 나이 마흔의 베테랑인데 마치 신인 시절 데뷔하던 상황처럼 긴장되었다고 한다. 또한 유달리 흥분되면서 타자밖에 보이지 않을 정도로 시야가 좁아지는 것이 느껴졌다고 한다. 그날 김강민은 점수 차나 경기 상황을 떠나 아무 계산 없이 신나게 공을 던진 것이었다.

열성팬조차 역전을 기대하지 않았던 뻔한 승부의 끄트머리에서 어떤 경험도 새로울 것 없어 보이는 노장 선수의 가슴속에 열정어린 불덩이가 잠시 휘몰아쳤다는 고백은 참으로 신선했다. 우리가 모르는 사이 수많은 선수들이 그런 불덩이를 간직한 채 성장하고 또 그것이 역사의 일부로 쌓일 것이라는 사실이 짜릿하다. 이기고 지는 것만으로 스포츠의 묘미를 설명할 수 없다는 진리를 너무 당연하게 되새겨본다.

* 2012년 고향팀 한화 이글스에서 뛴 박찬호에 이어 국내 선수로는 역대 두번째 최고령 투수 데뷔 기록이다.

메이저리그, 진심의 기록

5장

고정관념을 거부하는
사소한 도발

'빠던!' 방망이 날아갈 때마다
울려퍼지는 함성

———

어느 정도 화제가 될 것이라고 예상은 했다. 그래도 이미 진부해진 소재라고 생각해 이 정도까지 관심이 쏠릴 줄은 몰랐다. 2020년 코로나19 사태가 발발해 메이저리그 개막이 긴급 연기된 사이 KBO리그가 스포츠 전문 채널 ESPN을 통해 미국 전역에 생중계되면서 현지 팬들의 집중 관심을 받고 있는 배트 플립bat-flip, 이른바 '빠던' 이야기이다('빠따 던지기'를 줄여 부르는 '빠던'은 팬들에게 이미 굳어진 말이지만 공식 용어도 아니고 올바른 표현도 아니어서 이 글에서는 가급적 '배트 플립'으로 표현한다).

다른 구기 종목에 비해 정적인 야구라는 스포츠에서 가장 화끈한 볼거리인 홈런, 거기에 화려함을 극대화하는 장치가 바로 배트 플립이다. 이는 타자가 투구를 받아친 뒤 배트를 허공에 날려보내는 동작과 그렇게 날아간 배트의 비행 궤적이 포함된 개념이다. 선수의 타격 자세가 반영되어 각자의 개성이 드러난다는 점에서 국내 팬들은 오래전부터 배트 플립을 선

ESPN이 주목한 2020년 KBO리그의 1호 배트 플립(출처 : ESPN 중계방송 영상)

수들의 개인기로 여기고 즐겨왔다.

　동시에 배트 플립은 논쟁의 대상이기도 했다. 우리에게는 일상인데 메이저리그에서는 금기 행위라는 것이 핵심이었다. 메이저리그의 역사가 우리보다 한발 앞선다는 것 때문에 배트 플립이 바람직하지 않은 행위로 여겨진 적도 있었다. 사소한 문화 차이라고 인식하기도 했고, 야구를 대하는 자세의 옳고 그름으로 구분하는 과도한 의견까지 제기되기도 했다. 미국에서는 여전히 이런 분위기가 남아 있다. 메이저리그 16년 경력의 선수 출신 방송인 마크 데로사는 "배트 플립은 투수를 존중하지 않는 행위이므로 위협구를 얻어맞는 게 당연하다"고 주장했다.

　야구의 특성상 투수는 마음만 먹으면 타자에게 보복할 수 있기 때문에 웬만하면 투수를 자극하지 않는 것이 불문율이 될 수밖에 없다는 논리를 펴기도 한다. 대표적인 것이 '호세 바티스타 사건'이다. 2015년 토론토 블루

메이저리그, 진심의 기록

메이저리그에서 가장 유명한 호세 바티스타의 배트 플립. 관련 상품까지 출시되었다.(출처 : 메이저리그 공식 홈페이지)

제이스 소속이던 호세 바티스타는 아메리칸리그 디비전시리즈에서 보기 드문 배트 플립을 선보여 크게 주목받았다(해당 장면을 소재로 한 상품이 나올 정도였다). 이를 도발로 받아들인 상대팀 텍사스 레인저스는 잊지 않고 있다가 해를 넘겨 보복 행위를 했고 곧바로 선수들 간의 격렬한 물리적 충돌이 빚어졌다.

2016년 시애틀 매리너스에서 뛰었던 이대호도 비슷한 이야기를 했다. 배트 플립에 대해 따로 구단 차원에서 조언을 들었다는 것이다. 그는 "배트 플립을 하게 되면 선수 자신뿐 아니라 동료가 피해를 볼 수도 있으므로 최대한 자제했다"고 당시 분위기를 전했다. 과연 배트 플립은 한국 야구에서만 별 탈 없이 통용되는 문화일까? 타자가 타격 후 배트를 던지는 것 자체는 야구 경기중 언제, 어느 나라에서나 나올 수 있는 행위이다. 동영상으로 확인 가능한 20세기 중반 이후의 메이저리그 경기 자료에서 타격 후 배트를 던지는 장면은 어렵지 않게 찾아볼 수 있다. 이중에는 현재 기준으로 배트 플립처럼 보이는 장면도 더러 있다.

다만 지금 이야기하는 배트 플립은 타격 후 별도의 세리머니로 작동하는 방망이의 움직임에 한정할 필요가 있다. 메이저리그에서는 방망이가 날아가더라도 그것을 따로 분류할 만큼 독립적인 행위로 보지 않는 것이 일반적이다. 일단 용어부터가 그렇다. 1989년 처음 발간된 뒤 현재 3판까지 나온 폴 딕슨의 『야구 사전』에서도 '배트 플립'의 흔적은 찾아볼 수 없다. '플립flip'이라는 단어는 등록되어 있는데 이 또한 배트 플립과는 전혀 무관한 용어이다. 플립은 수비수가 공을 잡아 글러브만으로 토스하는 동작이나 투수의 특정한 투구를 일컫는 말로 정의되어 있다.

특정 리그에서만 따로 별칭이 붙을 만큼 이러한 행위가 집중적으로 나

KBO리그에서 가장 멋진 배트 플립을 선보인 전준우(출처 : MBC 뉴스 영상)

온다면 의도성을 따져볼 수 있다. 현장 취재중 기회가 있을 때마다 선수들에게 묻곤 했지만 배트 플립을 '일부러 한다'고 답하는 사람은 아무도 없었다. 배트 플립의 대명사로 불리는 롯데 자이언츠의 전준우 역시 "배트 플립을 하고 싶어서 하는 건 아니고 저도 모르게 나오는 행동"이라고 했다. 그는 외국인 선수가 자신의 배트 플립을 칭찬한 적이 있기는 하지만 오히려 의식하다보면 배트 플립을 더 못 할 것 같다고 덧붙이기도 했다. 그러면서도 배트 플립을 계기로 한국의 야구 문화가 세계에 알려지는 것은 기분 좋은 일이라며 긍정적으로 받아들였다(전준우는 간결한 동작으로 배트 끝에 발동을 걸어 공중에 큰 풍차를 만들어내는 독보적인 운동에너지 전달 기술을 지녔다).

실제로 타자 전원을 심문하지 않는 이상 배트 플립의 의도성에 대한 속내를 밝히기는 어렵다. 하지만 그 반대는 가능하다. 개인적으로는 선수들이 '굳이 자제하지 않는 것'이라고 생각한다. 애써 배트 플립을 멋들어지게 연출하는 것은 아니더라도 최소한 참는 것은 아니라는 이야기이다. 근거가 있다. 키움 히어로즈를 거쳐 kt 위즈에서 활약하고 있는 박병호는 한국 배트 플립의 장인 계보를 잇는 선수라고 할 만하다. 애당초 홈런을 치는 능력 자체가 KBO리그 역대급인 박병호는 대포 한 방 한 방의 비거리도 상상을 초월하는 선수이다. 여기에 예술 점수를 부여해도 무방한 수준의 '빠던'까지 일품이었다. 적어도 2014년까지는 그랬다.

그런데 2015년의 박병호는 달랐다. 타격 마무리 동작이 그의 성품에 걸맞게 겸손한 자세로 바뀌었다. 역동적으로 뿌려진 배트가 공중에서 720도 이상 회전하는 모습은 사라졌다. 이유가 있었다. 박병호가 2015 시즌 후 포스팅시스템을 통해 메이저리그에 진출하는 것이 기정사실로 굳어진 상황이었기 때문이다. 메이저리그에서 배트 플립의 예술 점수를 기대했다가는 물리적인 보복을 감수해야 할 것이라는 같은 팀 외국인 선수들의 조언을 들은 뒤였다. 그러니까 배트 플립을 일부러 하지 않을 수 있는 것은 확실하다. 그렇다면 반대도 가능하다는 말이 된다.

심재학 MBC 스포츠플러스 해설위원은 배트 플립의 의도성을 '딱 보면' 안다고 했다. 공을 때리고 배트를 놓기까지 손목을 관찰했을 때 여분의 동작이 나타나는지가 핵심이라고 했다. 선수 출신 전문가의 눈으로는 말 그대로 '멋 부리는 손목'을 포착할 수 있다는 이야기이다. 물론 국내에서도 배트 플립이 처음부터 받아들여진 것은 아니다. kt 위즈의 이강철 감독은 양준혁 해설위원이 1993년 데뷔하던 때를 기억하고 있었다. 자신이 해태 타이거즈에서 뛰던 시절 삼성 라이온즈의 신인 양준혁의 과감한 배트 플립에 동료들이 과하다는 인상을 받았다고 했다. 바로 분위기를 감지한 당시 삼

메이저리그, 진심의 기록

박병호는 메이저리그 시절 의도적으로 배트 플립을 자제했다.(출처 : 미네소타 트윈스 구단 공식 홈페이지)

성 라이온즈의 고참 선수들이 해태 타이거즈 선수단을 찾아와 "양준혁이 아직 어려서 잘 모르고 그런 것이니 이해해달라"고 양해를 구한 덕분에 일이 커지지는 않았다고 한다. 이강철 감독은 홈런을 맞은 투수 입장에서는 배트 플립까지 지켜볼 마음의 여유가 없다는 현실적인 말도 덧붙였다.

어쩌면 경기장 분위기가 배트 플립의 해석을 좌우하는 요인일 수도 있다. 치맥에 응원가를 부르며 치어리더와 함께 즐기는 야구는 KBO리그만의 특징이다(야구팬들은 무관중 경기가 풀려 한국의 응원 문화까지 미국에 생중계되었다면 더 큰 반향을 불러일으켰을 것이라고 기대하기도 했다). 경기장 전체가 흥겨운 분위기에 휩싸이면 배트 플립도 세리머니로 받아들여질 가능성이 크다. 2017년 월드베이스볼클래식은 로스앤젤레스, 샌디에이고, 마이애미 등 미국 여러 곳에서 열렸는데 현역 메이저리거가 대거 출전한 경기였음에도 배트 플립을 자주 볼 수 있었다. 국가대표 경기가 흔치 않은 야구에서 정규 시즌의 엄숙함을 잠시 내려놓은 선수들은 결정적인 순간마다 다양한 홈런 세리머니로 자국의 관중들을 열광시켰다. 홈런을 날린 사람의 차이보다 경기가 치러지는 분위기의 차이가 더 중요하다고 볼 수 있는 사례이다.

SSG 랜더스에서 뛰었던 외국인 타자 제이미 로맥을 예로 들 수 있다. 제이미 로맥은 한국에서 배트 플립을 부담 없이 즐기던 선수 중 한 명이다. 그는 "경기장에서 팬들이 큰 소리로 노래하고 함성을 지르는 것 자체가 미국에서는 볼 수 없는 광경"이라면서 배트 플립도 비슷한 요소라고 전했다. 심지어 KBO리그 첫 시즌 때는 자신의 배트 플립 기술이 좋지 않았는데 해를 거듭할수록 점점 발전하고 있다고 너스레를 떨기도 했다.

더디기는 하지만 메이저리그에서도 배트 플립에 대한 인식이 바뀌고 있는 것은 분명하다. 빈도를 정확하게 산출할 수는 없지만 최근 5, 6년 사이 배트 플립이 부쩍 늘었다고 해도 과언이 아니다. 류현진의 LA 다저스 입단 동기이자 KBO리그 키움 히어로즈에서 뛴 야시엘 푸이그는 물론 시카고 화이트삭스의 팀 앤더슨, 은퇴한 데이비드 오티즈 등이 메이저리그에서 배트 플립으로 종종 언급되는 선수들이다. 물론 KBO리그 기준으로 보면 그들의 배트 플립이 다소 작위적이고 과장된 동작이어서 썩 만족스럽지는 않다. 간혹 알폰소 소리아노처럼 KBO리그와 유사한 방식의 부드러운 배트 플립을 구사하던 선수도 있었다. MLB 유튜브 공식 계정에도 '역대 최고의 배트 플립 50선'이 등록되어 있는데 팬들의 반응은 꽤나 우호적인 편이다.

배트 플립이 이렇게 유명해지게 된 데에는 개인적으로 '컷포Cut4'의 영향도 있었다고 본다. 컷포는 메이저리그 공식 사이트에 포함된 여러 코너 중 하나로 기상천외한 수비, 파울볼을 기막히게 잡아낸 관중, 그 밖에 경기

　　　　　　　　　　　　　　메이저리그, 진심의 기록

중 일어나는 재미있는 콘텐츠를 다양하게 수록한다. '컷포'는 미국이 아닌 곳에서 일어난 일도 개의치 않고 소개하는데 과거 황재균, 전준우, 정훈 등의 배트 플립을 업로드한 것이 미국 내에서 화제가 되었고 찬반 토론으로 이어지기도 했다. 그때마다 해당 선수가 '월드 스타'가 되었다며 국내에 다시 기사화되곤 했다.

2016년 ESPN에서 한국 야구의 배트 플립을 탐사 취재한 기사도 같은 맥락으로 이해할 수 있다. 한국 야구장의 분위기와 선수들의 반응을 직접 취재한 뒤 배트 플립의 원조를 탐문하다 양준혁 해설위원까지 찾아가 인터뷰한 기사는 야구팬들 사이에서 큰 주목을 받았다. 한국 선수들의 배트 플립 자세를 세밀하게 표현한 애니메이션은 물론 집요한 탐구 정신까지 반영된 해당 기사는 ESPN의 KBO리그 생중계와 맞물려 다시 한번 화제가 되었다. ESPN의 대표 기자로 활동하고 있는 제프 파산처럼 배트 플립에 완전히 빠져든 인물도 있다. 이렇게 현지 언론까지 가세하면서 "배트 플립을 보기 위해 KBO리그를 본다"고 말하는 미국 야구팬들이 급속도로 늘어난 것이 2020년의 상황이다.

한때 야구만큼은 미국 사대주의도 어쩔 수 없다고 생각했던 적이 있다. 태권도에서 우리가 세계 최고인 것과 마찬가지로 야구는 누가 뭐래도 메이저리그가 한 수 위라고 생각한 것이다. 그렇지만 야구라는 경기는 각 플레이 하나하나가 점과 점으로 이어져 한 경기 전체의 선을 이루는 종목이다. 메이저리그가 한국 야구보다 한 수 위라고 해서 한국 야구 경기에 수놓아지는 수많은 점들이 모두 메이저리그의 점들보다 열등하거나 모자란 것은 아니다. 좋고 나쁨을 따질 수 없는 점들이 수두룩한데 배트 플립도 그중 하나이다.

정훈   김재현   박병호   양준혁   홍성흔   최형우

배트 플립은 해외 매체가 탐사 취재해 소개할 정도로 화제가 되었다.(출처 : ESPN 특집 기획판)

평균 구속과 회전수, 타구 속도로 각국 리그의 우열을 수치화할 수 있을지 모르지만 배트 플립은 아니다. 일단 재미있고 볼수록 멋지다. 결정적으로 누구도 해치지 않는다. 그러므로 일반적인 배트 플립이라면 엄숙할 이유가 없다. 한 야구팬은 이런 말을 남겼다. "가장 한국적인 것이 가장 세계적인 것이다." 최소한 배트 플립 분야에서는 그렇다.

메이저리그, 진심의 기록

'봐줄 수 없는 요즘 야구?'
진짜 야구 논쟁

1970년에서 1980년대 마무리투수의 선구자로 이름을 떨쳐 명예의 전당까지 입성한 리치 고시지는 2019년 8월 〈USA 투데이〉와의 인터뷰에서 도발적인 의견을 피력했다. "요즘 야구는 도저히 지켜볼 수가 없습니다. 이건 야구가 아니에요. 다양한 전략이 어우러진 야구의 아름다움이 실종되었어요. 그냥 비디오 게임 같아요. 매일 타구의 발사각도를 과시하는 홈런더비일 뿐입니다." 평소 그의 성격을 감안해도 꽤 과감한 주장이었다.

신시내티 레즈 출신의 루 피넬라 전 감독도 거들었다. "모든 타자가 공을 퍼올리는 데에만 관심이 있습니다. 야구에서 매일 볼 수 있는 게 홈런뿐이고 히트앤드런이나 도루는 없어요. 내가 3400경기 이상 빅리그 경기를 지휘한 사람인데 내야 한쪽으로 완전히 쏠린 극단적인 시프트를 지시한 적은 한 번도 없습니다. 그럼에도 꽤 이기긴 했죠." 통산 최다 안타 기록 보유자 피트 로즈는 이렇게 이야기했다. "지금 야구인들이 원하는 게 이런 것

현대 야구에 정면으로 반기를 든 리치 고시지(출처 : 메이저리그 공식 홈페이지)

이라면 할말이 없습니다. 하지만 관중이 줄고 있어요. 내가 아이비리그 출신의 엘리트는 아니지만 이건 아닌 것 같아요." 선수 경력 없이 고학력자로 구성된 단장들까지 저격했다. 한 성격 하시는 레전드들의 거친 언사는 모두 같은 기사를 통해 공개된 내용들이다.

투수에게는 강속구, 타자에게는 강한 타구를 요구하고 홈런과 삼진이 넘쳐나는 시대. 여기에 극단적인 수비 시프트가 일상인 것은 물론 AI 심판까지 거론되고 있는 현실에서 이들은 자신이 경험했던 시절의 야구가 부정당하는 모습을 안타까워하는 듯하다. 물론 시대마다 터져나오는 원로의 불평이라고 할 수도 있다. 고대 수메르인의 점토판과 이집트 피라미드의 낙서, 소크라테스 대화록에도 "요즘 젊은 애들 안 되겠다"는 글이 남아 있다

메이저리그, 진심의 기록

고 하니 야구계라고 그러지 않으리란 법도 없다. "예전 야구선수들이 훨씬 영리하다고 할 수 있어요. 요즘은 반발력 높은 공에 짧은 담장이 어우러져 홈런만 나올 뿐이죠." 20세기 초반을 풍미하며 통산 3루타 1위(309개)에 오른 샘 크로퍼드가 이 같은 말을 남긴 것은 무려 1966년이다. "거액을 받는 선수들이 몸을 사리는 모습을 보면 견딜 수가 없습니다." 이 말은 1940년대와 1950년대에 활약한 앤디 파프코가 1970년대에 한 말이다. 이같은 흐름을 전제로 리치 고시지의 의견이 나오게 된 맥락을 살펴볼 필요가 있다.

이런 논쟁은 세이버메트릭스가 대중화되면서 낯설지 않게 되었다. 한쪽에서는 정교한 수식을 통해 누구도 주목하지 않았던 야구의 이면을 수치로 나타내 의미를 창출한다. 반면 다른 쪽에서는 경기를 보지 않고도 몇가지 웹사이트만 확인하면 산출되는 숫자로 현실 야구를 설명한다며 언짢아한다. 이런 경향이 결국 경기의 획일화를 부추겨 홈런과 삼진의 과잉 시대까지 초래했다는 이야기이다. 세이버메트릭스가 자발적 연구에서 시작되어 메이저리그의 패러다임을 좌우할 정도로 폭이 넓어진 것은 일단 환영할 만한 일이다. 긍정적인 효과도 적지 않다. 대표적인 사례가 추신수이다. 그는 전통적인 야구관에서 중요시하는 30홈런이나 100타점을 기록한 적이 없지만 세이버메트릭스를 통해 팀에 기여할 수 있는 다양한 요소를 갖춘 타자로 재평가되었다. 그 결과 7년간 1억 3000만 달러라는 대형 계약을 맺을 수 있었다.

2013년 류현진의 팀 동료였던 2루수 마크 엘리스 또한 세이버메트릭스의 존재 이유를 설명하는 사례라고 할 수 있다. 그는 공격과 수비 모두 내실 있는 활약을 펼치면서도 독보적인 면이 없어 제대로 주목받지 못했는데 '대체 선수 대비 승리 기여도' 수치를 통해 기대 이상의 가치를 드러내곤 했다(마크 엘리스는 에이전트가 대체 선수 대비 승리 기여도로 설명하는 자신의 가치를 듣고 좋은 말인 것 같지만 이해는 가지 않는다고 말한 적이 있다). 반대로 1999년 라파엘 팔메이로는 1루수로 단 28경기에 출전하고도 골드글러브를 수상했다. 내실 없이 평소 이미지만으로 선정된 전통적인 골드글러브 선정방식의 흑역사로 꼽히는데 세이버메트릭스가 가미된 요즘에는 절대 있을 수 없는 일이다.

세이버메트릭스 덕에 선수 평가방식이 진화한 것은 틀림없지만 무엇이든 지나치면 문제가 되기 마련이다. 대체 선수 대비 승리 기여도의 개념과 완성도가 공감받는 과정에서 과도한 '줄 세우기'가 나타난 측면도 없지 않다. 무려 일곱 가지 포지션을 무리 없이 소화하면서 준수한 공격력을 과시한 벤 조브리스트는 2009년 탬파베이 레이스 시절 아메리칸리그 타자 중 대체 선수 대비 승리 기여도 1위에 오르기도 했는데 이를 과도하게 해석해 최고의 선수인 양 의미 부여하는 촌극도 연출되었다. 아무리 벤 조브리스트가 훌륭한 선수라고 해도 2009년 현역 선수들을 모아놓고 드래프트를 펼친다면 1순위로 그를 뽑는 사람은 없을 것이다.

이런 갈등은 현장과 전문가 집단 사이에서 벌어지는 것이 보통이다. 하지만 때로는 통계 전문가들 사이에서도 신구 세대의 갈등이 빚어지곤 한다. 2019년 5월 MLB닷컴의 통계 전문가로 널리 알려진 마이크 페트리엘로는 텍사스 레인저스에서 활약하던 조이 갤로에 관한 분석 칼럼을 공개했다. 해당 칼럼은 조이 갤로가 어떤 지표를 이용해도 리그 최고의 타격을 보여주고 있을 뿐 아니라 중견수 수비도 충실해 MVP로 부족함이 없다는 내용이었다. 소속팀 성적이 좋지 않아 득표에 불리하겠지만 타격 접근법을

벤 조브리스트는 새로운 통계와 이론이 만들어낸 영웅이다. (출처 : 시카고 컵스 구단 공식 SNS)

바꾼 뒤 볼넷 비율도 높아져 이전의 갤로와는 전혀 다른 타자가 되었다는 내용이었다. 전년보다 볼넷 비율이 6.3퍼센트 오른 것이 양대 리그 1위에 해당한다는 특유의 숫자도 덧붙였다.

마이크 페트리엘로는 이 칼럼을 "갤로는 선구안을 개선하고 시프트에 굴하지 않음으로써 MVP급 시즌을 보내고 있다"는 설명과 함께 자신의 트위터에도 게재했다. 그런데 이 의견에 꽤 강한 반발이 제기되었다. 그것도 세이버메트릭스의 창시자 빌 제임스로부터 말이다. 제임스는 게시물의 답글에서 "페트리엘로는 단기간의 플루크와 실제 선수 능력을 구분하지 못함으로써 형편없는 한 해를 보내고 있다"며 마이크 페트리엘로의 설명을 풍자해 조롱까지 했다. 안타깝게도 조이 갤로는 6월까지 상승세를 이어가다 7월 이후 손목 부상으로 이탈하면서 해당 논란에 대한 결론을 보여주지 못했다. 이후에도 MVP에 거론될 만한 성적은 단 한 시즌도 기록하지 못했다.

아무리 숫자끼리 인과관계가 성립한다고 해도 그것으로 현실 야구를 설명하거나 단정지을 수 없다는 것이 나의 개인적인 생각이다. 야구팬들의 커뮤니티가 활발하던 2000년대 초반 마니아들은 대개 숫자를 가지고 야구를 논하려는 경향이 있었다. 야구라는 종목의 특성상 기록을 조합해 논리를 마련하는 것이 일반적이고 또 숫자만큼 확실한 근거가 없기에 어쩌면 당연한 일인지도 모른다. 하지만 그때도 숫자가 모든 것을 증명한다는 식의 태도가 조금은 찜찜했다.

'클러치 히터*'는 존재하지 않는다'는 말이 유행하는 것도 비슷한 맥락이다. 이러한 명제가 나온 근거를 간단히 요약하면 득점권 상황이라고 해서 선수의 능력이 극적으로 달라질 리가 없다는 논리에서 비롯된다. 지극히 상식적인 설명이다. 하지만 이를 현실 야구에 적용할 때는 주의해야 한다. 승리 수훈 선수 인터뷰에서 여전히 가장 많이 나오는 대답은 "득점권에 주자가 있어서 집중했다"는 내용이다. 류현진의 경기 후 인터뷰에서도 비슷한 취지의 답변이 자주 나오곤 한다. 그런데 이 선수들을 향해 "안타깝지만 득점권 상황에서 집중해도 당신의 평균 실력에 수렴하는 결과가 나올 뿐입니다"라고 일갈할 수는 없다.

예의를 갖추자는 말이 아니다. 이 같은 시각은 구단 프런트 중 일부 관리자와 통계분석 전문가들만 가지고 있으면 된다. 수많은 표본을 통해 얻

---

* 주자가 있거나 중요한 상황에 더 강한 타자. 행크 애런이나 데이비드 오티즈 등이 대표적이다.

메이저리그, 진심의 기록

극단적인 시프트는 계속될까?(출처 : MLB.com 영상)

은 통계분석으로 매우 유력한 가설을 제시할 수 있다고 하더라도 그것이 누구에게나 주입할 수 있는 사실이라고 단정할 수는 없기 때문이다. 실제로 클러치 히터의 허상을 최초로 널리 알린 빌 제임스조차 자신이 입증할 수 없는 사안에 대해 지나치게 단정했다고 후회한 적도 있다(그는 클러치 히팅과 리더십, 선수 사이의 관계와 같은 부분이 숫자로 입증할 수 없지만 경기를 꾸려가는 중요한 요소라고 했다). 클러치 히터가 존재하지 않는다고 주장하는 이들은 한 시즌의 성적이 훌륭해도 결국 통산 성적은 각자의 평균치를 향해간다는 설명을 덧붙이기도 했다. 그러나 한 시즌의 반짝 활약이 팀의 우승과 연결된다면 충분히 의미를 둘 수 있다고 본다. 야구라는 스포츠의 최대 목적은 통산 비율 성적을 남기는 것이 아니라 단일 시즌의 우승에 있기 때문이다.

스즈키 이치로는 2019년 초 은퇴 기자회견에서 요즘 미국 야구가 머리를 쓰지 않는 쪽으로 흘러가고 있다고 이야기했다. 선수들이 자신의 생각 대신 구단에서 나눠준 기록지를 보고 수비 위치를 정하는 것이 일반적인 모습이 된 것을 한탄하며 한 이야기이다. 투수 제이슨 해멀처럼 공개적으로 수비 시프트에 반대한다고 이야기하는 경우도 있다. 이럴 때 구단에서 단순히 시프트로 몇 실점을 줄여줄 수 있는지 설명하는 것으로는 설득하기 힘들다.

실제로 타율 2할 5푼의 타자가 3타수 무안타를 기록한 뒤 네번째 타석에 들어섰을 때 "이제 안타 하나 칠 때 되었다"고 하며 기대하는 사람에게 무지하다고 말하는 것을 방송에서 본 적이 있다. 2할 5푼의 타자는 언제, 어느 때 타석에 들어서도 그저 기대 타율 2할 5푼의 타자일 뿐이라는 것이다. 꽤 근사한 말처럼 들리지만 실제로도 그럴까? 주사위에 유니폼을 입혀 타석에서 굴리는 것이 아닌 이상 앞선 3타석을 경험한 타자가 어떤 결과를 얻을지는 아무도 알 수 없다. 조금 거칠게 말하면 타율이 2할 5푼인 타자의 네번째 타석 결과는 안타 아니면 아웃이다. 아무리 정교한 통계분석을 동반하더라도 기대 타율 2할 5푼의 타자가 0.25개 따위의 안타를 기록할 리는 없다.

엉뚱한 이야기 같지만 같은 날 한국의 경제 상황을 진단하는 두 기사에서 전혀 다른 결론이 나오는 장면을 종종 목격하곤 한다. 이미 결론을 정해두고 그 방향에 맞는 통계 수치를 가져다 해석하는 식으로 접근하다보니 벌어지는 일이다. 통계분석이 발달할수록 야구에서도 비슷한 일이 자주 벌어진다. 류현진이 호투하면 좋아진 수치를, 못하면 나빠진 수치를 인용해 논리를 채우는 것은 경기를 보지 않고도 웹사이트만 뒤지면 할 수 있다. 메이저리그 전문기자 레너드 코페트는 『야구란 무엇인가』의 통계 편에서 "숫자는 거짓말을 하지 않는다. 다만 거짓말쟁이가 숫자를 이용할 뿐이다"라는 격언을 덧붙여놓았다.

경기중 인플레이된 타구의 타율을 뜻하는 바빕BABIP 개념이 처음 소개되었을 때 통계분석가들은 엄청난 의미를 부여했다. 야구의 이면을 들여다볼 수 있을 것이라는 찬사도 이어졌다. 투수는 삼진과 볼넷, 홈런을 제외한 모든 타구에 대해 책임이 없다는 파격적인 논리가 등장하기도 했다. 하지만 과대 해석에 대한 시행착오를 거친 지금 바빕 개념은 제한적인 목적으로 참고하는 정도로만 쓰이고 있다. 메이저리그는 당분간 숫자에 집착하는 현재의 방식이 심화되는 쪽으로 흘러갈 것이고 이런 갈등도 지속될 것이다. 단순히 통계라는 단어로 압축될 수 없는 다양한 분석 도구가 집단지성을 통해 급속도로 발달하는 과정에서 그에 대한 반작용을 자연스럽게 흡수하지 못하는 측면도 분명히 존재한다.

숫자와 통계로 굴러가는 야구와 그것을 불편해하는 야구, 어느 쪽이 더 의미 있다고 결론을 내리기는 어렵다. 그리고 앞으로 이러한 흐름이 어떻게 달라질지도 알 수 없다. 쉽게 말해 수십 년 후에도 극단적인 시프트가 유지될지는 아무도 모른다. 다만 개인적으로는 이런 의견 대립 또한 야구를 보는 또 하나의 재미라고 생각한다. 리치 고시지의 말처럼 그럼에도 불구하고 요즘 야구가 도저히 봐줄 수 없어서 채널을 돌릴 일은 없을 것이란 이야기이다.

게임과 현실 사이,
원조 '비더레'를 아십니까?

2018년 11월 한 야구팬이 앉은 자리에서 횡재하는 일이 있었다. KBO의 공식 통계업체인 스포츠투아이는 "2018 시즌 비더레전드Be The Legend 50콤보 달성자인 사용자 아이디 '물침대'님에 대한 상금 전달식을 갖고 상금 5000만 원을 전달했다"고 발표했다. 야구팬이 이른바 '덕질'을 통해 거금을 손에 쥔 사건이다.

'비더레전드'는 2014년 스포츠투아이가 시작한 프로모션으로, 매일 타자 1명을 지정해 해당 선수가 안타를 치면 목표를 달성하는 일종의 판타지 게임이다. 이런 식으로 50경기 연속 안타를 기록할 경우 신원 미상의 '물침대' 유저처럼 최대 5000만 원의 상금을 받을 수 있다. 야구팬들은 이 게임을 '비더레'라고 줄여서 부른다. 누구나 참여할 수 있고 예측력과 운에 따라 상금까지 받을 수 있는 건전한 내기인 셈이다(부러움의 대상인 '물침대'님과의 인터뷰 내용은 글 마지막 부분에 공개한다).

'56경기 연속 안타'라는 불멸의 기록을 세운 조 디마지오(출처 : 메이저리그 공식 홈페이지)

　'비더레'의 원조는 메이저리그이다. 엠엘비닷컴MLB.com에서 진행하는 '연속 안타 맞히기Beat the Streak' 게임이 그것인데, 빅리그 역사상 가장 깨지기 어려운 기록 중 하나로 손꼽히는 조 디마지오의 56경기 연속 안타를 넘어서는 것을 목표로 한다. 엠엘비닷컴에 회원으로 가입한 뒤 30개 구단의 타자 1명을 선택해 그 타자가 당일 안타를 치면 기록이 성립되는데, 이같은 식으로 57경기 연속 안타까지 성공하면 무려 560만 달러(우리 돈으로 60억 원이 넘는 거액이다. 진짜다!)의 상금을 받게 된다. 그런데 2001년 시작된 이 게임에서 아직까지 57경기 연속 기록은 나오지 않았다. 아무도 상금을 타지 못했다는 이야기이다. 귀가 솔깃해진다. 로또처럼 의미 없는 확률

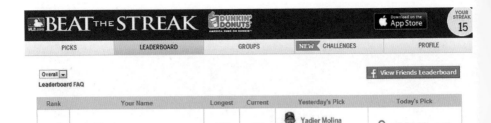

'연속 안타 맞히기'는 안타를 칠 선수를 선택하는 간단한 방식이다. (출처 : MLB.com)

도 아니고, 요행에 가까운 스포츠토토보다 확실히 가능성이 더 커 보인다.

KBO의 '비더레'가 이미 몇 차례 당첨자를 배출한 것과 달리 MLB의 '연속 안타 맞히기' 성공자가 단 1명도 없었던 가장 근본적인 이유는 해당 리그의 속성 때문이다. 2018 시즌 KBO는 리그 평균 타율이 0.286에 달할 만큼 타고투저였지만, MLB는 타격 1위팀인 보스턴의 팀 타율이 0.268, 양대 리그 평균 타율은 0.248에 불과할 만큼 타율이 낮았다. 아무리 30개 구단의 강타자들이 즐비하다고 해도 선택지가 다양해질 뿐이지 확률적으로 도움이 될 리 없다.

MLB 측도 그저 손놓고 있었던 것은 아니다. 당첨자를 배출하기 위해 나름대로 애를 썼다. 초기에는 하루에 1명만 선택할 수 있었지만 요즘에는 하루 2명씩 선택할 수 있다. 그렇게 지정한 2명이 모두 안타를 치면 2경기 연속 안타로 인정해준다(대신 둘 중 1명이라도 안타를 기록하지 못하면 연속 안타는 중단된 것으로 간주한다). 뿐만 아니라 10경기부터 15경기 연속 안타를 기록한 유저에게는 한 번의 실패를 눈감아주는 '멀리건' 규정까지 마련하기도 했다. 그러나 이 정도로는 투고타저의 흐름을 따라잡기는 어렵다. 또한 엠엘비닷컴에서는 선택을 돕기 위해 다른 유저들이 많이 선택한 선수의 정보도 제공하고 있는데 대개 호세 알투베, 무키 베츠 등 MVP급 타자들이 명단에 올라 있다. 무난한 선택이지만 무턱대고 따라갔다가는 큰코다치기 십상이다. 호세 알투베를 선택했다가 상위권 기록자들이 대거 낙방하는 경우가 종종 있었다.

개인적으로 '연속 안타 맞히기'를 준비하는 나만의 방법이 있다. 가장 손쉬운 선택은 최근 불붙은 타자가 상대 전적에서 우위에 있는 투수를 만나는 경우이다. 하지만 이런 경우는 생각보다 흔치 않다. 보통은 최근 일주일 동안 최다 안타 순위로 타자를 정렬한 뒤 해당 타자가 상대 선발투수와 남긴 전적을 우선적으로 살펴본다. 다만 연속 멀티히트가 5경기를 넘어서거나 연속 안타 행진이 10경기를 돌파한 선수는 오히려 조심한다. 흐름이 한 번 끊어질 때가 되었다는 생각에서이다. 추신수와 조이 보토 같은 스타일의 선수는 배제한다. 이런 '눈야구 귀신'들은 자칫 4타석 1타수 무안타 3볼넷 같은 괴이한 성적을 남기는 경우가 있다. 버스터 포지와 같은 주전 포수도 기피 대상이다. 가파른 상승세를 타고 있다가 갑자기 휴식일을 부여받아 선발 라인업에서 제외된 뒤 대타로 나와 1타수 무안타로 끝나곤 한다.

타자 못지않게 상대 투수도 잘 보아야 한다. 정면 승부를 즐겨 볼넷은

적으면서도 구위로 압도하지 못하는 수준의 투수가 제격이다. 과거 미네소타 트윈스와 시애틀 매리너스에서 활약했던 카를로스 실바는 최상급 볼넷 비율을 기록하던 한창때도 9이닝당 피안타가 10개를 훌쩍 넘었다. 이후에는 리키 놀래스코가 비슷한 유형이어서 등판할 때마다 반가운 마음이 들곤 했다. 하지만 역시 야구는 숫자가 아니다. 10년 넘게 잔머리를 숱하게 써보았지만 개인 최고 성적은 20경기 연속 안타에 불과하다. 이 정도까지만 해도 소소한 재미로는 충분하다. 단순한 게임방식에도 불구하고 '연속 안타 맞히기'는 판타지 게임으로 분류된다. 실제 경기 기록을 바탕으로 한다는 점 때문이다. 그런데 최근에는 판타지 이상의 '현실 스토리'가 생겨나기도 한다.

2013년 8월 애틀랜타에 거주하는 경찰관 윌 브라이언 씨는 '연속 안타 맞히기' 게임에서 46경기 연속 기록까지 성공했다. 560만 달러의 상금에 서서히 다가가던 시점, 다음날 47경기째 안타를 기록할 선수로 당시 애틀랜타 브레이브스 소속이던 저스틴 업튼을 선택했다. 그는 13경기 연속 안타로 상승세를 이어가던 중이었다. 하지만 장날을 맞은 저스틴 업튼은 4타수 무안타로 침묵했고 팀도 14연승을 마감했다.

해프닝으로 끝날 수도 있었지만 운명의 장난인지 당시 저스틴 업튼의 여자친구도 '연속 안타 맞히기' 게임을 즐기는 유저였다. 그는 윌 브라이언 씨의 기록 행진이 끝났다는 사실을 알게 되어 남자친구인 저스틴 업튼에게 이 사실을 전했다. 저스틴 업튼은 자기 때문에 연속 기록 행진이 멈춘 것이 미안해 윌 브라이언 씨를 위로할 방법을 찾았다. 결국 자신의 에이전트를 통해 브라이언 씨 가족을 홈경기에 초대해 직접 인사까지 하면서 미담 하나를 남겼다. 상금을 놓친 대가치고는 제법 아름다운 마무리인 셈이다.

현실 야구와 접점을 만든 저스틴 업튼(출처 : 애틀랜타 브레이브스 구단 공식 SNS)

조금 차이는 있지만 KBO의 '비더레' 당첨자인 '물침대' 유저 역시 자신이 가장 많이 선택한 선수인 손아섭으로부터 축하 메시지를 받기도 했다. 손아섭은 "저를 많이 선택하셨다니 보는 눈이 있으신 것 같다"며 재치 있는 인사를 건넸다. 간단한 게임으로 거액의 상금을 탄 것도 흥미롭지만 그저 일시적인 재미로 끝나는 것이 아닌 어떤 식으로든 현실 야구와 접점이 형성된다는 데에 묘미가 있다.

MLB '연속 안타 맞히기' 게임의 최고 기록은 2017년 32세의 남성 로버트 모슬리 씨가 세운 51경기이다. 1941년 조 디마지오가 달성한 당시의 기록이 얼마나 대단한지를 반증하는 셈이다. 한국의 MLB 팬들도 이 게임에 동참할 수 있을까? 참여는 가능하지만 아쉽게도 상금은 미국과 캐나다 국

KBO리그에서는 상금을 독식한 사례가 나왔다.(출처 : KBO)

적이 아니면 받을 수 없다. 허탈할 수도 있지만 단 한 명의 당첨자도 나오지 않은 만큼 실제 우리나라 팬이 기록을 세운다면 상금 못지않은 화제성으로 분명 주목받을 것이라는 얄팍한 기대를 해본다.

"하루에 15초면 충분합니다." '연속 안타 맞히기' 게임의 대표 홍보 문구이다. 하루에 15초를 투자해 소소한 재미를 느끼는 것만으로도 충분하고, 또 기록을 세운다면 실제 야구선수와의 접점까지 만들 수도 있다. 이 정도면 훌륭하지 않은가?

KBO '비더레' 당첨자, '물침대'님과의 전화 인터뷰

Q 먼저 축하드린다. 매일 이런 게임을 하다보면 야구를 다르게 보는 경지에 이를 것 같은데.

메이저리그, 진심의 기록

A 보통 재미없으면 채널을 돌리게 되는데, 이 게임을 하고부터 자신이 선택한 선수를 보느라 경기를 끝까지 볼 수밖에 없다. 오늘 성공하면 내일도 예상을 해야 하니 또 보게 된다. 야구가 계속 재미있어진다. 그 재미는 이루 말할 수 없다.

Q 자신의 선택방법이나 비법이 있다면?

A 누구나 좋아하는 선수, 선택하고 싶은 선수가 있을 것이다. 다들 나름 분석은 할 것 아닌가. 상대 전적도 보고, 플래툰 적용 가능성도 보고, 불펜 투수도 보고, 자신이 좋아하는 애정도도 반영되고. 오늘 안타를 친 선수가 다음날도 치는 경우가 가장 많다고 본다. 하지만 결국 운이 중요하다.

Q 도박을 감행해서 성공했던 경우도 있나?

A 다른 사람들이 모두 선택한 타자를 피하고 싶어서 바꾼 적이 있다. 나보다 기록이 앞서 있던 유저를 신경쓰고 있었는데 그날 둘 다 황재균을 선택한 것이다. 경기 전에 차별화를 시도해보자는 생각에 박병호로 바꾸었다. 그날 황재균은 안타를 치지 못했고 박병호는 안타를 쳤다. 결과론이지만 그 바람에 제가…….

Q 손아섭을 유독 많이 선택했는데 그 이유가 있을까?

A 개인적으로 손아섭 팬이다. 매우 정확하고 빠른 타자이다. 보통 FA 계약 후 첫해에 슬럼프가 오곤 하는데, 워낙 성실한 선수라는 것을 알고 있기 때문에 기대를 놓지 않았다. 제가 걸기 시작했을 때 살아나고

있던 시점이었다. FA 징크스를 깰 선수라고 믿었는데 다행히 잘 되었다. 사실 롯데 자이언츠 구단 팬이라기보다 손아섭 팬이다. 팀은 롯데 이외에 엘지도 좋아하고 한화도 좋아한다.

Q 메이저리그에도 비슷한 게임이 있다. 도전할 생각은 없는가?

A 류현진 때문에 2018년 월드시리즈도 거의 다 보았는데 거기는 투수들이 굉장해서 기록은 불가능할 것 같다. 더군다나 56경기를 넘어야 한다니…… 어려울 것 같다.

Q 상금은 미국과 캐나다 시민만 받을 수 있다고 하는데…….

A 그럼 의미가 없죠. 뭐. 하하.

장칼로 슈어저와 개그니,
그리고 흐레호리위스

메이저리그의 본질과는 무관한 이야기이다. 현지에서 화제가 되는 일도 아니다. 하지만 국내 팬들이 메이저리그를 보고 즐기거나 매체에서 다룰 때는 무시할 수 없는 부분이다. 바로 선수 이름의 한글 표기법이다(실제로는 '성姓' 표기법이라고 해야겠다). 네티즌끼리 소통하는 목적이라면 진지하게 굳이 따질 이유가 없다. 'Kershaw'를 부를 때 커쇼든 귀쇼든 정열맨*이든 알아듣기만 하면 된다. 하지만 공신력을 갖춘 미디어에서 선수 이름을 표기하려면 어떤 식이든 원칙이 필요하다. 물론 원칙이 없는 것은 아니다. 그러나 때로는 이 원칙이 명확하지 않아서, 때로는 그 원칙이 두루 공감을 얻지 못해서 난감한 상황이 생기기도 한다. 모든 분야가 다 그렇겠지만 해외

* 웹툰 캐릭터 정열맨을 클레이턴 커쇼와 합성한 이미지가 팬들 사이에서 잠시 유행한 적이 있다.

스포츠 분야는 태생적으로 이런 일이 잦을 수밖에 없다. 다양한 언어권의 선수들이 용광로 안에 녹아 있기 때문이다.

선수 이름 표기법을 놓고 갑론을박이 벌어질 때 간혹 '본토 전문가'의 의견을 근거로 제시하곤 하는데 이것도 불확실하다. "현지에서 이렇게 말한 것을 직접 들었다"며 미국인의 발음을 출처로 주장하는 것도 공식적인 정보라고 할 수는 없다는 이야기이다. 생전 처음 보는 성씨가 드물지 않은 미국에서는 미국인이라도 모든 고유명사를 완벽하게 알고 발음하기 어렵다. 특히 경력이 짧거나 새로 이적한 선수, 출신지가 독특한 선수를 부를 때면 더욱 그렇다.

가장 일반적인 원칙은 국립국어원에서 제시한 외래어 표기법이다. 간혹 해외에 거주한 경험이 있거나 외국어 실력이 출중한 경우 국립국어원의 표기법을 폄하하기 쉽지만 그렇게 간단하게 무시할 성질의 것은 아니다. 특정 이름을 한 가지 표기로 써야 한다고 논리 대결을 펼칠 경우 이보다 더 나은 방법은 현실적으로 없다. 대표적인 사례를 살펴보자. 2002년 오클랜드 애슬레틱스에서 데뷔해 2006년 내셔널리그 다승왕을 차지하기도 한 (동시에 2008년 '다패왕'에 오른 적도 있던) 'Aaron Harang'. 체구에 걸맞지 않은 앙증맞은 투구 자세의 소유자이기도 한 이 선수를 많은 팬들은 '하랑'이라고 불렀다. 그런데 국립국어원이 정한 표기는 '허랭'이다. 같은 모음 ('a')이라도 강세 여부에 따라 소리가 달라지는데 Harang은 2음절에 강세가 있다보니 /hər'æŋ/으로 발음된다는 점을 확인해 표기한 것이다.

문제는 이렇게 일반적인 영어 원칙으로 정리되지 않는 경우가 허다하다는 것이다. 류현진의 데뷔 시즌에 애틀랜타 브레이브스 소속으로 맞대결을 펼쳤고, 이듬해에는 LA 다저스로 이적해 팀 동료가 되기도 했던 'Paul

팀 관계자도 정확한 발음을 알지 못한 선수인 폴 마홀름(출처 : 시카고 컵스 구단 공식 SNS)

'Maholm'의 경우 국립국어원에서는 '머홀름'으로 표기하고 있다. 역시 앞에서 이야기한 '허랭'처럼 2음절에 강세가 있다는 점을 감안해 /məˈhɔlm/으로 계산한 듯하다. 하지만 메이저리그 사무국에서 권장하는 발음은 '마홀름(/Mah-HALL-uhm/)'이다('마'나 '머'나 발음할 때야 무슨 상관이랴. 하지만 표기를 위해 굳이 따지는 것이다). 강세가 없는 'a'이지만 일반적인 법칙과는 다르게 소리가 난다. 이유는 간단하다. 그냥 고유명사이기 때문이다. 2014년 애리조나 스프링캠프 취재 도중 만난 LA 다저스의 투수 코치 허니컷은 인터뷰 도중 이 선수를 '마홀름'이라고도 부르고 '마홈'이라고도 불렀다. 정확한 발음을 몰랐기 때문이다. 미국인의 발음이라는 것 자체가 판단의 근거가 될 수 없는 이유이다.

우리만 유난스럽게 따지는 것은 아니다. 비슷한 철자의 이름도 해

2022 MLB PLAYER NAME PRESENTATION PREFERENCES AND PRONUNCIATIONS

매년 선수들의 영문 이름 표기법과 발음 권고안이 발표된다.(출처 : MLB 미디어 가이드)

TORONTO BLUE JAYS

Name Presentation Preferences

José Berríos
Yimi García
Vladimir Guerrero Jr.
Lourdes Gurriel Jr.
Teoscar Hernández
Hyun Jin Ryu

Pronunciations

Nick ALLGEYER (ALL-guy-er)
Chris BEC (BECK)
José BERRÍOS (beh-REE-ohs)
Joe BIAGINI (bee-uh-JEE-nee)
Bo BICHETTE (bih-shett)
Cavan BIGGIO (BIDGE-ee-oh)
Ryan BORUCKI (bo-ruck-key)
Adam CIMBER (sim-burr)
HAYGEN (HAY-gen; hard g) Danner
Santiago ESPINAL (es-pin-all)
BOWDEN (BAO-den) Francis
YIMI (yee-mee) García
Kevin GAUSMAN (GAWZ-min)
Randal GRICHUK (GRICH-ik)
Jordan GROSHANS (grow-shens)
LOURDES (lure-des) GURRIEL (GURR-ee-el) Jr.
Tyler HEINEMAN (HY-neh-min)
TEOSCAR (tay-oscar) Hernández

Danny JANSEN (JAN-sin)
Leonardo JIMENEZ (him-en-ez)
GOSUKE (GOHS-kay) KATOH (ka-toe)
YUSEI (YOU-say) KIKUCHI (key-KOO-chee)
ALEJANDRO (All-luh-HAWN-dro) Kirk
Nathan LUKES (lucas)
Alek MANOAH (Ma-NOH-ah)
ORELVIS (Or-elvis) Martinez
Tim MAYZA (MAY-zuh)
Gabriel MORENO (mo-RAIN-oh)
Josh PALACIOS (pah-LA-see-ohs)
Nate PEARSON (peer-son)
Jordan ROMANO (row-MAH-no)
HYUN-JIN (he-yun jin) RYU (ree-yoo)
Taylor SAUCEDO (saw-SAY-doe)
Graham SPRAKER (SPRAY-ker)
RAIMEL (RYE-mel) TAPIA (TAH-pee-uh)
CHAVEZ (sha-vez) Young

당 선수의 모국어에 따라 다르게 발음되다보니 메이저리그 사무국에서도 해마다 'MLB 선수명 표기 및 발음 권장 가이드MLB PLAYER NAME PRESENTATION PREFERENCES AND PRONUNCIATIONS'를 내놓고 있다. 이 정도면 공신력은 보장된다. 다만 이 자료는 미국인들의 이해를 돕기 위해 만든 것이어서 우리말로 바로 옮기는 데에는 편치 않은 부분이 있다.

국립국어원에서도 모든 선수를 포용할 만한 원칙을 정하는 데 한계가 있다는 점은 어느 정도 인정하고 있다. 해당 부서에 문의한 결과 여러 예외를 모두 반영할 수는 없지만 그래도 대체로 세 가지 경우로 나눈다고 한다. 원래 미국에서 태어난 미국인 선수, 미국에서 태어나기는 했지만 부모가 미국인이 아닌 선수, 미국 태생도 아니고 영어권 출신도 아닌 선수 등이다. 이 기준에 몇 가지 개인적인 의견을 보태 정리해보았다.

일단 미국에서 태어난 미국인 선수라면 일반적인 영어 표기법으로 충분하다. 메이저리그가 미국 야구이고 선수도 미국인이니 당연하다. 뉴욕 메츠의 에이스 'Max Scherzer'는 '맥스 셔저'로 간단히 적으면 된다. /ʃ/ 발음과 모음이 붙으면 그냥 하나의 소리로 처리하기 때문이다(전설적인 3루수 'Mike Schmidt'는 /ʃ/ 발음이 모음과 붙지 않아 '슈미트'이다). 'Giancarlo Stanton'의 경우 '지안카를로 스탠턴'으로 부르곤 했지만 국립국어원은 '장칼로 스탠턴'이 보다 합리적인 표기라고 보았다. 고조모님까지 거슬러 올라가야 푸에르토리코 혈통이 나타날 만큼 사실상 미국인의 정체성을 가진 선수이기도 하고, 언어의 경제성을 따져도 미국 영어식으로 정리하는 것이 낫다는 것이다(그럼에도 장칼국수를 연상케 하는 부자연스러운 어감이 반감을 사기도 한다).

장칼로Giancarlo를 표기할 때와 달리 중남미 선수들의 흔한 이름 중 하

'지안카를로'보다 '장칼로'가 짧고 정확한 발음임에도 한글 어감이 낯설다. (출처 : 뉴욕 양키스 구단 공식 SNS)

나인 Carlos는 '카를로스'로 표기한다. 사실상 미국인인 선수와 스페인어를 모국어로 사용하는 선수의 차이이다. 다만 '미국식 영어'의 발음 특성은 조심스럽게 접근할 필요가 있다. 미국인이 실제 그렇게 발음한다고 해도 water를 '워러'로 표기할 수는 없다. '뉴욕의 남자'로 불리던 'Derek Jeter'를 미국인 모두 '데뤽 지러'로 부른다고 해도 '데릭 지터' 이상의 한글 표기법이 있을 리 없다. 관용적으로 허용되는 발음 특성과 언어의 공식 표기법의 차이를 인정하지 않으면 우스워질 수도 있다.

고유명사의 특징도 반영해야 한다. 박찬호의 빅리그 초창기 시절 동료 유격수였던 'Greg Gagne', 그리고 선발투수 유망주였다가 훗날 84경기 연속 세이브까지 달성한 최강 마무리투수 'Eric Gagne'는 같은 성씨처럼 보이지만 발음이 다르다. 미국 본토 출신의 Greg Gagne는 '개그니'이고 캐나다 몬트리올 출신의 Eric Gagne는 '가니에(혹은 가네)'이다. 1990년대 캐나다 쇼트트랙의 강자로 군림했던 'Marc Gagnon'이 초기에는 '마크 개 그넌'으로 소개되었다가 후에 '마크 가뇽'으로 바뀌 표기된 것도 비슷한 경우이다. 앞에서 언급한 마홀름도 결국 고유명사라는 점이 부각되는 경우이다. 모든 선수의 집안 내력을 알 수 없기에 일일이 따져 묻기는 어렵지만 확인 가능한 부분이라도 적용하면 된다.

그럼에도 여전히 부족하다. 때로는 사회 통념상의 암묵적인 합의도 무시할 수 없는 경우가 생긴다. 오승환이 세인트루이스 카디널스에 입단했을 때 마무리투수였던 'Trevor Rosenthal'을 대중들이 '로젠탈'로 부른 것은 유명 칼럼니스트이자 방송인 켄 로젠탈Ken Rosenthal이 오래전부터 메이저리그 팬들의 의식 속에 자리잡고 있었기 때문이다. 국립국어원에서 정한 '로즌솔'이 실제 발음과 가깝기는 하나 이미 팬들 사이에서 굳어진 명칭이 있다보니 여전히 권고안을 받아들이지 않는 분위기이다.

필라델피아 필리스의 유격수 'Didi Gregorius' 역시 국립국어원에서는 '흐레호리위스'로 표기하고 있다. 메이저리그에서는 모든 관계자가 '그레고리우스'로 부른 지 오래이고, 본인도 미국 매체에 자신의 이름을 소개할 때는 '그레고리우스'라고 이야기하므로 대다수 팬들은 어색하다고 생각한다. 하지만 네덜란드 암스테르담 출신에 네덜란드 국가대표로 활약한 경력도 있어 네덜란드어로 표기한 것이고, 실제 유튜브에도 스스로 '흐레호리위스'라고 이야기하는 영상이 존재하는 만큼 근거가 충분하다는 것이 국립국어원의 입장이다.

클리블랜드와 피츠버그, 필라델피아 등에서 활약한 베네수엘라 출신 투수 'Jeanmar Gomez' 역시 미국 내에서는 예외 없이 '진마 고메스'로 통하

국립국어원의 표기법 '흐레호리위스'는 팬들에게 충격이었다.(출처 : 필라델피아 필리스 구단 공식 SNS)

지만 자국 언론과의 인터뷰에서 드러난 진짜 이름은 '헤안마르 고메스'이다. 좀더 유명한 선수였다면 '흐레호리위스'와 비슷한 논란이 일었을 것이다. 결국 통념상의 합의를 어느 정도 인정해야 하는지가 숙제인데, 축구계에도 호날두와 호나우도가 공존한다는 점에서 아예 불가능한 이야기는 아니라고 본다.

　개인적으로 방송 중계 자막을 위한 이름 표기 작업에 몇 차례 참여한 적이 있는데 모든 선수를 이견 없이 정리하기는 사실상 불가능하다는 점만 확인할 수 있었다. 모든 선수가 자국어로 자신의 이름을 말하는 영상을 제공하지 않는 이상 100퍼센트 정확한 표기는 어렵다. 그래도 현시점에서 가능한 방법을 찾자면 국립국어원의 표기법을 기본으로 'MLB 권장 발음 가이드'를 적용하고, '베이스볼 레퍼런스'나 『빌 제임스 핸드북』 등에서 제시

메이저리그, 진심의 기록

하는 고유명사의 특징을 반영해 보완하는 정도가 최상일 듯하다. 이 과정에서 메이저리거들의 출신 성분을 더욱 세밀히 알 수 있다는 점은 덤이다. 그래도 전 세계 각국의 언어를 추적해야 하는 해외 축구보다는 훨씬 수월하다는 점이 위안이라면 위안일 것이다.

메이저리그의 선거 공학,
스프링캠프

"인간 문명이 만들어낸 가장 즐거운 일 중 하나." 명예의 전당에 헌액된 스포츠 대기자 레너드 코페트는 스프링캠프를 이렇게 표현했다. ESPN의 대표 칼럼니스트인 팀 커크잔도 스프링캠프 찬가를 부른 적이 있다. 한겨울 추위를 견딘 미국 북동부 사람들에게는 "투수, 포수 공식 소집pitchers and catchers report"이라는 4개의 단어가 최고로 뽑힌다고 했다.

하지만 모두에게 낭만이 허락되는 것은 아니다. 상당수의 선수들에게 스프링캠프는 엄연히 경쟁의 장이다. 간혹 초청 선수 신분이라면 생계와 미래가 좌우될 수도 있는 기간이기도 하다. 큰 틀에서 볼 때 스프링캠프의 목표는 온전하게 개막전 명단을 꾸리는 것이다. 구단은 대개 정규리그 개막전에 출전할 26명의 선수 중 절반, 많게는 20명 정도를 암묵적으로 결정한 상태에서 시범 경기에 들어간다. 결국 남은 몇 자리를 놓고 수십 명이 달라붙어 경쟁하는 것이 현실이다.

청명한 하늘과 맑은 아침 공기 속 희망찬 분위기. 이것이 스프링캠프이다.

완벽한 비교라고 할 수는 없지만 스프링캠프를 거쳐 개막전 명단에 이름을 올리는 과정은 선거를 앞둔 정치권의 공천 과정과 꽤나 비슷하다. 같은 팀 안에서 경쟁하는 모양새를 보면 더욱 그렇다. 개막전 명단에 포함된 것만으로는 성공을 보장받지 못한다는 점 역시 공천이 당선을 보장하지 않는 것과 비슷하다. 2020년 당시 메이저리그 스프링캠프와 정치권의 공천 과정을 조금은 느슨하게 섞어가면서 한국인 메이저리거들의 상황을 무겁지 않게 들여다보았다.

공천이라는 측면에서 토론토 블루제이스의 류현진은 걱정할 일이 없다. 사실상 개막전 선발투수로 거론되는 선수에게 공천 여부를 따지는 것 자체가 어불성설이기 때문이다. 거대 정당의 비례대표 1번으로 스프링캠프 성적은 개인적인 참고사항에 불과할 뿐이다(토론토가 이후 정상급 선발투수를 추가 영입했지만 여전히 류현진의 공천과는 무관한 일이다).

위상이 높아진 만큼 그에 따른 책임도 커진다.(출처 : 토론토 블루제이스 구단 공식 SNS)

대신 이 정도의 위상이라면 다른 차원의 고민이 생기기 마련이다. 류현진의 활약에 따라 팀의 방향이 달라질 수 있다. 당론을 직접 제시하고 당원을 이끌어야 하는 막중한 임무까지 주어진다. 주목할 만한 전국구 신예들을 다수 보유한 토론토 블루제이스 구단의 특성을 생각하면 더욱 그렇다. 유력 대선 후보가 여럿 포진해 있던 LA 다저스 시절에는 조금 묻어갈 수도 있었지만 토론토에서는 상황이 다르다. 계약 당시만 해도 토론토 블루제이스가 창단 이래 최고액 투수로 대접한 이유가 있었다. 어린 동료들에게 컷 패스트볼을 전수하는 모습을 보면 류현진도 서서히 자신의 책임감을 인식하는 듯하다.

2020년 당시 텍사스 레인저스의 추신수는 7년 계약의 마지막 시즌을 앞둔 시점이었다. 그는 새로 짓는 당사(홈구장) 기공식에 대표로 참석할 만큼 당내에서 입지가 굳건하고 정치력도 검증된 다선 의원과 같았다. 류현

메이저리그, 진심의 기록

텍사스 신구장 기공식에 선수 대표로 참석한 추신수(출처 : 텍사스 레인저스 구단 공식 SNS)

신과 마찬가지로 거대 정당의 비례대표 1, 2번급 인사라서 공천 경쟁에서
는 자유로웠다. 능력은 이미 보여주었고 남은 정치 인생을 어떻게 마무리할
지에 더 관심이 가는 상황이었다. 보통 이런 경우 큰 욕심이나 야망보다 자
신의 존재감을 증명하는 것으로 스스로 만족할 수 있다. 화려하지 않은 스
타일 탓에 평가절하되는 경우도 있었지만 1982년생 동갑내기 중 주전으
로 활약하는 현역 선수는 야디어 몰리나와 로빈슨 카노 정도였으므로 충
분히 인정받을 만했다. 크리스 우드워드 감독도 MBC와의 인터뷰를 통해
"추신수의 계약 연장에 대해 목소리를 내겠다"고 밝히기도 했다.

당시 세인트루이스 카디널스의 김광현은 입장이 조금 달랐다. 마이너리
그 거부권을 가지고 있어 공천 자체가 위태로운 처지는 아니었다. 다만 자

신이 장기적으로 정착하려는 지역구에 안정적으로 출마할 수 있을지가 미지수였다. 당내에서는 기존 경선 후보 카를로스 마르티네스를 비롯해 비슷한 지역구를 원하는 경쟁자도 있었다. 탄탄한 입지를 과시하던 마일스 마이컬러스가 부상을 겪으면서 향후 재보선 출마로 가닥을 잡은 것이 김광현에게 기회로 작용했다. 아직 당 대표의 입장은 미온적이던 시점. 김광현 자신도 자칫 험지 출마(마무리투수)로 내몰릴 수 있다는 점을 잘 알고 있었다.

희망이 보였다. 시범 경기 1차, 2차 여론조사에서 긍정적인 모습을 보여주었고 정치 내공이 괜찮다는 평가를 받았다. 경선 과정에서 꾸준히 흥행 요소를 만드는 모습도 가산점으로 작용했다. 향후 이어진 여론조사에서는 더 많은 경선인단이 참여했는데, 여론의 흐름을 꾸준히 이어갈 수 있는 정치력을 보여주는 데 성공했다. 당 수뇌부가 스프링캠프 성적보다 정무적인 판단에 무게를 둘 수도 있다는 것이 변수로 남아 있었지만 결국 실력을 통해 제대로 공천받았다.

탬파베이 레이스의 최지만에게 2020년은 1년 만에 입지가 달라진 해였다. 군소 정당을 옮겨다니면서도 정치의 꿈을 놓지 않은 것이 결실로 이어진 드문 사례였다. 꾸준하게 긍정 에너지를 발산한 것도 인정받았지만 주요 당직을 맡았을 때 꽤 믿을 만한 실적을 보여준 것이 근본적인 성공 요인이었다. 공천 자체는 문제가 없다고 보아도 무방한 상황. 초선 때보다 조금 더 발전된 모습을 보여 재선, 3선까지 이어가는 것이 목표였고 실제 성과도 이루어냈다.

전직 한국인 빅리거까지 거슬러올라가면 가장 극적으로 공천된 선수는 2016년 시애틀 매리너스의 이대호이다. 당시 시애틀 매리너스 구단은 1루

최지만은 몇 년에 걸친 활약 덕분에 이제 공천 걱정은 한시름 놓았다.(출처 : 탬파베이 레이스 구단 공식 SNS)

자리를 플래툰시스템으로 운용하기로 하고 왼손 타자 1루수로 애덤 린드를 일찌감치 낙점한 상태였다. 여기에 짝을 이룰 오른손 요원에는 헤수스 몬테로를 염두에 두었다. 그래서 최초 계약시 이대호는 혹시 모를 백업 자원에 지나지 않았다. 초청 선수라는 신분도 그랬다. 애리조나 피오리아 캠프에서 만난 제리 디포토 시애틀 매리너스 단장 역시 이대호를 수년간 추적하면서 영입한 것은 아니라고 인정했다. 일본 무대에서 남긴 기록 위주로 평가했다고 했다. 이대호의 수비력에 대해서는 잘 알지 못했다.

이대호의 경쟁자 헤수스 몬테로는 뉴욕 양키스 시절이던 2009년부터 3년 연속 〈베이스볼 아메리카〉가 선정한 팀 최고 유망주에 뽑혔고, 타격 부문에서 온갖 수식어를 독차지하던 기대주였다. 하지만 3년이 넘는 시간

2022년 조디 머서는 새 팀을 찾지 못하고 은퇴했다.

동안 잠재력을 보여주지 못하고 있는 상태였고, 포수에서 1루수로 옮긴 뒤로는 수비력도 혹평을 받고 있었다. 마이너리그 경기장에서 스카우트와 말다툼을 벌이는 등 경기 외적인 파문도 있었다.

불과 몇 달 전 외부에서 영입된 인사와 당내에서 성장했지만 호불호가 갈리는 유망주의 경쟁. 한 경기, 한 경기씩 치르면서 윤곽이 드러났다. 일찌감치 몸을 만들어 선거운동에 들어간 이대호는 꾸준히 지지를 얻어낸 반면 헤수스 몬테로는 서서히 몰락했다. 시범 경기가 반환점을 돌자 정무적판단 없이는 몬테로를 공천할 수 없는 상황에까지 이르렀다. 그의 손을 들어주면 애초에 이대호는 경선 경쟁을 위한 흥행 도구에 불과했다는 말이

나올 수 있는 수준이었다. 이대호는 막바지에 민첩한 수비까지 선보이면서 선거인단의 표심을 확실히 움켜쥐었다. 공천은 객관적으로 이루어졌고 마이너리그 옵션이 소진되어 당내에서 미래가 불확실했던 몬테로는 결국 탈당 처리되었다. 돌이켜보아도 이대호의 개막전 진입은 전례가 흔치 않은 사건이었다.

물론 앞에서 이야기한 것처럼 공천이 끝은 아니다. 초청 선수로 캠프를 통과하고 개막전 명단에 이름을 올린 뒤 올스타로 성장한 저스틴 터너도 있지만 이와 비슷한 사례는 그리 많지 않다. 공천 이후 성공적인 시즌을 보내 붙박이 메이저리거로 연임하는 것은 또다른 일이다. 강정호의 피츠버그 파이리츠 시절 동료였던 조디 머서에게 메이저리그로 승격하는 것과 메이저리거 자리를 유지하는 것 중 어떤 것이 더 어려운지 물어본 적이 있다. 답변을 어려워하던 그는 끝내 하나의 답을 고르지 못했다. 당시만 해도 팀의 주전 유격수였기에 겸손의 표현으로 느껴졌지만 그는 이후 디트로이트 스프링캠프에서 초청 선수 자격으로 뛰며 재기를 노리는 신세가 되기도 했고 결국 2022년 4월 은퇴했다. 스프링캠프를 통과하는 것은 그 자체로 간단하지 않은 일이다. 그래도 현실 정치보다는 좀더 객관적인 근거로 평가받을 수 있다는 것이 차이점이다. 내년에도 플로리다와 애리조나 각지의 뜨거운 햇살 아래에서 치열한 여론조사는 계속될 것이다.

6장

내가 애정한
시애틀 이야기

펠릭스 에르난데스,
'킹인가 짐인가'

———

2018년 시애틀 매리너스의 펠릭스 에르난데스는 잔인한 시즌을 보내고 있었다. 그는 마운드에 오를 때마다 상대팀이 아닌 소속팀의 연승을 가로 막았다. 4월 16일 오클랜드 애슬레틱스전에서 팀의 5연승을 막았고, 5월 25일 경기에서도 6연승에 도전하던 동료들을 좌절시켰다. 팀이 고공행진을 이어가던 6월 10일 탬파베이 레이스전에서도 3이닝 6실점으로 휴스턴 애스트로스와의 지구 선두 경쟁에 찬물을 끼얹었다. 직전 등판에서 8이닝 1실점으로 모처럼 호투를 펼친 뒤 '이게 원래의 나'라며 호기롭게 자신감을 드러냈던 것이 민망해졌다.

2010년대를 대표하는 스타 중 한 명인 펠릭스 에르난데스. 마이너리그 시절부터 압도적인 투구를 펼치며 빅리그 데뷔 이전부터 이미 '킹 펠릭스'로 불렸다는 사실은 너무나 유명하다. 2005년 데뷔 당시의 나이는 만 19세 118일로 메이저리그 역사상 세번째로 젊은, 그러면서도 완성도마저

2012년 펠릭스 에르난데스가 퍼펙트게임을 달성한 순간(출처 : 시애틀 매리너스 구단 공식 SNS)

갖춘 선발투수라는 점이 큰 화제가 되었다.

킹 펠릭스의 역사적인 데뷔 경기는 정식으로 중계방송이 되지 않았다. 혹시 이 경기를 평소처럼 본 기억이 난다면 착각일 가능성이 크다. 초특급 유망주를 애지중지 아끼던 시애틀 매리너스 구단의 극성 탓에 일반적인 형태의 중계방송이 이루어지지 않았기 때문이다. 구단은 데뷔전에 쏠릴 지나친 관심을 염려한 나머지 지역 중계방송사와 협의해 이 경기를 정식 중계하지 않기로 결정했다(지금은 믿기 힘든 이야기이지만 2000년대 초중반까지만 해도 매년 각 팀의 두어 경기는 생중계가 되지 않았다. 이 경기는 지금도 정식 중계 버전 없이, 일부 시범 경기처럼 구위나 구속을 알 수 없는 이른바 'ENG 카메라 영상'으로 촬영한 버전만 공개되어 있다).

메이저리그, 진심의 기록

킹 펠릭스는 구단의 세심한 배려 속에 데뷔하자마자 30이닝 동안 단 하나의 장타도 허용하지 않으면서 기대에 부응했고, 이후 사이영상(2010)과 퍼펙트게임(2012)으로 집약되는 커리어를 이어갔다. 그는 시애틀 매리너스 구단 최다승, 최다 탈삼진 기록을 보유한 프랜차이즈 역대 최고 스타인 동시에 베네수엘라 출신 최다승, 최다이닝, 최다 탈삼진에 빛나는 고국의 영웅이기도 하다. 이런 위업을 남기고도 정작 가을 야구는 구경도 하지 못한 비운의 선수였다. 그럼에도 킹 펠릭스는 FA 자격을 얻은 뒤 우승 가능한 팀으로 떠나는 일반적인 선택을 하지 않았다. 이에 시애틀 매리너스 구단도 확실하게 성의를 표시했다. 킹 펠릭스는 2013 시즌 개막 전 7년간 1억 7500만 달러의 연장 계약을 체결하는 자리에서 나름대로 진심을 드러냈다. 기자회견 도중 팀을 포스트시즌에 반드시 진출시키겠다고 수차례 다짐하며 눈물까지 쏟은 것이다.

이렇게 시애틀 매리너스 구단의 자랑이던 킹은 몇 년 만에 구단의 짐이 되어가고 있었다. 2015년부터 서서히 제기되던 노쇠화에 대한 우려가 현실이 되고 말았다. 데뷔 초 심심치 않게 시속 100마일(161킬로미터)을 찍는 등 2006년 선발투수 평균 구속 1위(153킬로미터)를 자랑하던 직구는 평균 90마일(145킬로미터) 안팎으로 내려앉은 지 오래였다. 시즌 성적 8승 14패에 평균자책점 5.55. 선발투수 중 최하위 수준이었다. 물론 시애틀의 암흑기에 홀로 버틴 그를 비난하기는 어렵다. 오히려 시애틀 매리너스 구단과 팬들은 그가 어떤 식으로든 함께하는 동안 가을 야구 무대를 밟아보아야 한다는 심정이었다. 이른바 '탱킹'*과 '리빌딩'이 유행인 시대임에도 시애틀 매리너스가 극단적인 체질 개선을 하지 못하는 이유가 바로 킹 펠릭스의 존재 때문이었다.

2013년 장기 계약을 맺은 자리에서 눈물을 보이고 있다. (출처 : 시애틀 포스트 인텔리전서)

    아마추어 시절 킹 펠릭스는 숱한 스카우트들의 구애를 뿌리치고 비인기 팀인 시애틀 매리너스를 택했다. 누가 보아도 명문 구단인 뉴욕 양키스와 애틀랜타 브레이브스가 심지어 더 많은 계약금을 제시했음에도 그는 자신의 우상이던 프레디 가르시아와 같은 유니폼을 입기 위해 시애틀 매리너스를 택한 것이다. 그리고 가르시아가 시애틀을 떠난 뒤 그의 등번호 34번까지 그대로 물려받았다. 그때만 해도 이런 운명을 예상하지는 못했을 것이다.

---

* 장기적인 팀 재건을 위해 부진한 성적을 감수하는 팀 운영방식. 최하위 팀부터 다음 시즌 신인 드래프트 우선권이 배정되기 때문에 차후 좋은 신인을 뽑기 위해 단기적인 추락을 방관하는 전략이다.

시애틀 매리너스의 역대 최고 투수인 펠릭스 에르난데스(출처 : 시애틀 매리너스 구단 공식 SNS)

NBA에서 우승을 위해 팀을 옮긴 선수 케빈 듀랜트는 결승전을 마친 뒤 "승리가 범죄라면 나는 죄인"이라는 말을 남긴 바 있다. 승리에 대한 본능이 누구보다 강한 프로 스포츠 선수들에게 최고의 자리에 오르고자 하는 욕망은 굳이 설명할 필요가 없다. 메이저리그에서도 유별난 승부욕으로 소문난 킹 펠릭스에게 가을 야구 경험이 없다는 것은 스스로 용납하기 어려운 사실이었다. 농구와 달리 한두 명의 능력으로 팀을 끌어올릴 수도 없었기에 답답함은 더 컸을 것이다. "포스트시즌에 진출하지 못했다는 게 나를 미치게 한다. 매년 무엇이든 새로운 시도를 할 수밖에 없도록 만드는 동기이다." 해마다 스프링캠프를 앞두고 포스트시즌 진출에 사활을 건 그의 인터뷰는 한결같았다.

2019년을 마지막으로 시애틀 매리너스를 떠난 그는 애틀랜타 브레이브스와 볼티모어 오리올스를 거치며 명예 회복을 위해 노력했지만 뜻대로 되지 않았다. 공식 발표만 없었을 뿐 현실적으로 은퇴나 다름없는 모양새였다. 더이상의 행보는 선수생활에 큰 의미가 없는 시점에서 시애틀 매리너스 팬들의 기대는 단 하나였다. 이벤트성 1일 계약이라도 좋고 구단의 임시직이든 어떤 형식으로든 시애틀 매리너스 구단과 다시 연을 맺은 그가 친정팀의 가을 야구에서 시구하는 모습을 지켜보는 것이었다. 이것이 시애틀 매리너스 팬들이 가을 야구를 기대하는 이유 중 하나였다. 그리고 2022년 10월, 21년 만에 성사된 시애틀 매리너스의 포스트시즌 경기에서 킹 펠릭스는 매진 사례를 이룬 홈관중이 지켜보는 가운데 역사적인 시구를 했다. 유니폼을 입고는 서지 못했던 가을 야구 마운드를 다시 밟은 그 순간, 킹 펠릭스는 눈물을 흘리는 대신 아이처럼 환한 미소를 지어 보였다. 시애틀 팬들이 오랫동안 기다린 미소였다.

'트레이드 장인' 디포토,
진심의 또다른 방식

―――――――

좀처럼 주목받을 일 없던 시애틀 매리너스가 2022년 개막을 앞두고 관심 팀 중 하나로 떠올랐다. 전년도 성적 90승 72패로 2003년 이후 최고 승률을 기록해 시즌 전 하위권으로 낙인찍힌 팀으로는 예상하지 못한 성적을 거두었기 때문이다. 실제 득점과 실점을 토대로 승리 기대치를 집계하는 '피타고리안 승률'로 보면 시애틀 매리너스는 76승 86패가 예상되는 전력이었다. 통계적으로 보면 반타작도 어려운 실력을 가지고 시즌 마지막 경기까지 포스트시즌 진출을 놓고 다투었으니 선전한 것은 분명하다.

팀 성적이 좋으면 대개 선수들이 조명받는 것과 달리 시애틀 매리너스는 단장이 더 주목받는 독특한 팀이다. 팀 내 최다 39홈런을 기록한 미치 해니거, 새로운 1루수로 급부상한 타이 프랜스, 유격수의 대안으로 자리잡은 J.P. 크로퍼드 등 주요 타자는 물론 팀의 간판 선발투수로 성장한 마르코 곤잘레스와 불펜의 핵으로 활약한 디에고 카스티요까지 이들 모두는 제

말렉스 스미스는 제리 디포토 덕에 서류상으로 미국 전역을 오갔다. (출처 : 시애틀 매리너스 구단 공식 SNS)

리 디포토 단장의 트레이드로 시애틀 매리너스에 영입된 선수들이다. (디포토는 2021년 9월, 야구 운영 부문 사장으로 승진한 뒤에도 실질적인 단장 역할을 겸하고 있다.)

'트레이드 중독자'. 시애틀의 제리 디포토 단장을 가장 잘 설명하는 수식어이다. 2015년 9월 시애틀 매리너스에 부임한 제리 디포토는 그해 겨울에만 12건의 트레이드를 진행했으며 2018년까지 모두 60회가 넘었다. 그는 갓 영입한 선수를 곧장 트레이드 카드로 재활용하는가 하면, 내보냈던 선수를 다시 데려오기도 했다. 2017년 1월 애틀랜타 브레이브스 소속이던 말렉스 스미스는 자신의 시애틀 매리너스로의 이적 소식을 접한 뒤 1시간 만에 유니폼을 입어보지도 못하고 재차 탬파베이 레이스로 트레이드되기도 했다(말렉스 스미스는 2018년 말 결국 다시 트레이드되어 진짜 시애틀 매리너스 유니폼을 입었다). 디포토 단장은 틈만 나면 40인 명단을 뒤섞는다. 큰 의미가 없어 보이는 트레이드도 부지기수이다. 그가 시애틀 매리너스에 온 뒤 단 2번의 겨울이 지나면서 '40인 명단' 중 30명 이상이 바뀌었다.

이중 가장 기막힌 트레이드 작품은 2018년 12월 1루수 에드윈 엔카나시온을 영입한 것이다. 윈터미팅* 중 허파 부위의 혈전으로 통증을 느껴 병원에 입원한 상태에서 단행한 트레이드였기 때문이다. 말 그대로 '언제, 어디에서나' 트레이드가 가능한 인물임을 직접 보여준 사건이었다. 이와 같이 끊임없이 이어지는 트레이드를 보고 있노라면 다양한 크기와 모양의 조각들을 이리저리 돌려가며 빈틈을 채우는 테트리스 게임이 연상된다. 다만 구단 사정상 제리 디포토가 굵직한 선수를 내주거나 데려오는 일은 거의 없다. 테트리스로 치면 한 번에 4줄, 5줄을 시원하게 삭제할 수 있는 길쭉한 블록이 없는 것이다. 디포토의 원칙은 대형 FA 계약을 가급적 피하는 것인데 혹시 FA를 영입하면 후회하지 않을 정도의 비용만 지불한다. 대신 트레이드를 적극 활용한다. 트레이드하기로 마음먹으면 최대한 빠르게 처리한다.

이런 제리 디포토를 바라보는 팬들의 시선은 한동안 냉랭했다. 2001년 이후 가을 야구에 진출하지 못해 울화통이 터질 지경인데 잔기술로 어설픈 선수나 데려오는 그가 마음에 들 리 없었다. 시애틀의 대표적인 지역 언론인 〈시애틀 타임스〉는 2018 시즌 개막을 앞두고 유례없이 비판적인 전망을 담은 특집 기사를 기획해 여론을 반영하기도 했다.

---

* 매년 시즌이 끝난 뒤 각 구단의 단장, 사장, 스카우트 등의 관계자들이 모이는 행사. 대형 트레이드나 FA 계약이 본격적으로 이루어진다.

제리 디포토 단장은 언론에 노출되는 것을 즐기는 편이다.(출처 : 시애틀 매리너스 구단 공식 SNS)

전 세계 스포츠 팬과 언론은 일희일비한다는 점에서 공통적이다. 2018년의 시애틀 매리너스는 이런 점에서 흥미로운 팀이었다. 시즌 초반 성적이 기대를 웃돌자 여론도 빠르게 호의적으로 바뀌었다. 제리 디포토 단장이 꾸린 선수단은 늘 테트리스 게임의 결과물이었다. 그는 마이너리거 3명을 내주고 2루수 디 고든을 데려온 뒤 과감하게 중견수로 기용하는 도박을 감행했다. 결과가 썩 나쁘지 않았는데 당시 간판타자 로빈슨 카노가 부상으로 이탈하는 바람에 디 고든을 다시 2루수로 옮겨야 하는 상황이 되었다. 공교롭게도 부상중이던 로빈슨 카노가 금지 약물로 인한 징계를 받은 덕분(?)에 1100만 달러의 연봉을 지급할 필요가 없게 되자 디포토의 '테트리스 회로'가 즉각 가동되었다.

메이저리그, 진심의 기록

디포토는 불펜 투수 앨릭스 콜로메와 외야수 디나드 스팬의 연봉을 일부 떠안으면서 그들을 영입할 수 있게 되었다. 디나드 스팬은 디 고든의 2루행으로 생긴 외야 공백을 채워주었다. 타선보다 불펜으로 버티던 상황에서 앨릭스 콜로메의 영입으로 마무리투수 에드윈 디아스만 바라보아야 하던 처지도 개선할 수 있게 되었다. 늘 앤드루 밀러와 코디 앨런이 지키는 클리블랜드 인디언스의 더블 스토퍼 체제를 부러워하던 디포토에게는 여유마저 생긴 시기였다.

'해니구라Hanigura 트레이드', 2016년 말 미치 해니거와 진 세구라를 영입한 트레이드의 별칭으로, 한동안 디포토가 벌인 일 중 최고의 업적으로 꼽혔다. 2000년 알렉스 로드리게스가 떠난 뒤 10년 넘도록 확실한 유격수가 없던 시애틀 매리너스에 번듯한 유격수를 데려옴과 동시에 리그 상위권 우익수를 보유할 수 있게 된 트레이드였다. 본의 아니게 애리조나 다이아몬드백스로 이적한 타이완 워커가 토미 존 수술을 받게 되어 이탈하면서 결과가 더 돋보이게 되었다. 물론 워낙 많은 트레이드를 하다보니 흑역사도 남겼다. 내야수 크리스 테일러와 투수 잭 리를 바꾼 것이 대표적이다. 크리스 테일러는 LA 다저스의 핵심 선수로 자리를 잡았고, 잭 리는 빅리그에서 자취를 감추었다. 팀을 떠난 마크 트럼보는 홈런왕이 되고, 대신 데려온 스티브 클레빈저는 자신의 트위터에 인종차별 발언을 남겨 징계를 받은 뒤 쫓겨나기도 했다.

제리 디포토는 2011년 LA 에인절스 오브 애너하임에서 정식 단장을 처음으로 맡았다. 그는 세이버메트릭스를 현실 야구에 구현하고자 하는 의욕이 넘쳐났지만 마이크 소샤 감독과 야구관이 정면충돌했고, 결국 '파워 게임'에서 밀려 사임했다. 하지만 시애틀 매리너스에서는 그럴 걱정이 없었다.

시애틀 매리너스의 스콧 서비스 감독은 오로지 디포토의 단장직을 위해 고용된 인물이나 마찬가지였기 때문이다. 그리고 지금 그동안의 한풀이라도 하듯 자신만의 세계를 펼치고 있다.

메이저리그의 일반적인 흐름을 따라가는 것이 옳다고 할 수는 없다. 그렇다고 해도 시애틀 매리너스는 꽤 동떨어진 상황에서 자신들만의 구단 운영을 이어가고 있는 것처럼 보인다. 일반적인 리빌딩과는 다르다며 2018년에 발표한 이른바 '3개년 계획'만 보아도 그렇다. 시애틀 매리너스는 2001년 이후 20년 동안 가을 야구를 구경하지도 못했다. 당시 미국 프로 스포츠에서 가장 오랫동안 포스트시즌에 진출하지 못한 팀이었다. 제리 디포토 단장은 이 문제를 해결하는 것이 가장 시급하다고 판단했고, 이례적으로 구체적인 계획까지 발표했다. 2019년은 팀 정비를 위해 한 발 물러서는 '스텝백step-back' 시즌, 2020년은 경쟁력을 갖추기 시작하는 competitive window 시즌, 그리고 2021년은 승부를 거는 해라고 선언했다.* 지역 언론과 팬들 사이에서는 비판적인 시선이 많았다. 내용 자체가 낯간지럽지만 그것은 다음 문제였다.

제리 디포토의 3개년 계획에 대해 시애틀 매리너스 구단 측은 일단 믿어보겠다는 생각이었다. 구단주 존 스탠턴은 지역 언론과의 인터뷰를 통해 기존 성적에 대해 사과하면서도 방향성은 유지하겠다고 밝혔다. 홈경기마다 자신의 지정석에서 기록지를 작성하는 것으로 유명한 그는 스물세 살짜리 아들의 비판적인 훈수를 견디면서도 디포토가 주장한 바를 모두 수

• 2020년 코로나19로 경기가 단축 시즌으로 치러지면서 '3개년 계획'의 최종 목표 시기가 1년 이상 늦춰졌다.

메이저리그, 진심의 기록

제리 디포토는 LA 에인절스 오브 애너하임 시절 자신의 이상을 구현하지 못하고 사임했다.

용했고 당시의 상황을 긍정적으로 바라보았다(외부에 노출된 좌석에서 매번 기록지를 작성하고 있는 구단주의 모습이 팀에 도움이 될지는 모르겠다). 존 스탠턴은 디포토의 계획 중 불만스러운 것이 있다면 '스텝백'이라는 용어를 만든 것 정도라고 했다.

디포토는 운동 능력, 수비력, 스피드가 갖춰진 라인업을 지향한다. 몇 차례의 공사를 거치며 크기가 줄기는 했어도 여전히 홈구장 T-모바일 파크는 투수들이 선호하는 구장이라는 점에서 바람직한 철학이었다.* 시애틀 매리너스의 황금기로 불리는 2001년 한 시즌 최다승을 기록했을 때도 내

---

* 시애틀 매리너스 홈구장은 메이저리그 구장의 평균보다 외야 크기가 넓은 편이어서 홈런이 리그 평균보다 적게 나온다. 투수에게 유리한 구장으로 평가받는 이유이다. 대신 수비로 커버해야 할 범위가 넓어지다보니 상대적으로 공격보다 수비력이 좋은 선수를 우선적으로 고려하게 된다. 구장의 넓이 차이가 팀 선수 구성에 영향을 미친다.

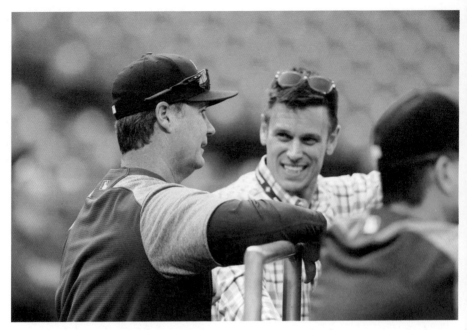

제리 디포토는 스콧 서비스 감독과 완벽한 팀을 이루어 자신만의 야구관을 실현하고 있다.(출처 : 시애틀 매리너스 구단 공식 SNS)

야의 브렛 분, 존 올러루드, 데이비드 벨, 외야의 스즈키 이치로, 마이크 캐머런 등 수비력이 강조된 중장거리 라인업을 구축했다. 최고 유망주로 꼽히는 훌리오 로드리게스까지 빅리그에 안착하면서 향수를 느낄 만한 분위기가 조성되었다.

선수 출신인 제리 디포토 단장은 8년의 빅리그 현역 시절 한 번도 선발 등판의 기회 없이 불펜으로만 뛰었으며, 두차례 트레이드를 경험하기도 했다. 처음 트레이드되었을 때 충격을 받았지만 이후 팀이 자신을 활용해야 하는 이유를 보여주자는 긍정적인 생각으로 버텼다고 한다. 장기적이고 긍정적인 안목을 갖고자 하는 것은 단장이 된 이후도 마찬가지였다. "트레이드 하나하나에서 승리자가 되기보다 꾸준히 승리하는 팀이 되기 위한 트

메이저리그, 진심의 기록

레이드를 한다"는 것이 그의 주장이다. 다양한 시도가 용인되는 메이저리그에서도 유별난 방법으로 조각을 맞춰가는 제리 디포토의 구상은 결국 성과를 거두었다. 2022년 시애틀 매리너스는 와일드카드 자격을 확보해 21년 만에 포스트시즌에 진출하며 한을 풀었다. 허세라는 비판 속에서도 월드시리즈 우승까지 목표를 설정한 이상 이제 그의 시선은 더 높은 곳을 향하고 있다. 지금 이 순간에도 제리 디포토는 어떤 선수를 어떻게 바꾸어 끼워맞출지 고민중이다.

시애틀의 '평생 유격수' 찾기,
이번엔 될까?

상대적으로 짧은 시애틀 매리너스의 역사에서 팬들이 가장 크게 동요했던 순간이라면 2000년 시즌 직후일 것이다. 팀의 간판스타로 평생 뛸 것처럼 보였던 알렉스 로드리게스(이하 에이로드)가 FA 자격을 얻자 너무 쉽게 떠나버린 때이다. 1998 시즌 도중 랜디 존슨, 1999 시즌 이후 켄 그리피 주니어가 차례로 팀을 떠난 것까지는 어느 정도 받아들일 준비가 되어 있었지만 에이로드는 달랐다. 암흑기를 거친 대가로 얻은 특급 유망주가 일찌감치 MVP급 선수로 성장하는 것을 지켜본 팬들은 그 선수가 당연히 '영구결번급' 프랜차이즈 스타가 될 것이라고 믿었다.

떠나는 여정도 아름답지 못했다. 에이로드는 신인 시절부터 시애틀 매리너스에 대한 애정을 지나치게 드러낸 편이었다. 뉴욕 양키스의 데릭 지터나 뉴욕 메츠의 레이 오도녜스와 만난 일화를 이야기하고는 "내가 뛰고 있는 도시를 지터나 오도녜스가 뛰는 도시와 바꿀 생각이 전혀 없다. 세

시애틀 매리너스의 역사로 남을 것 같았던 알렉스 로드리게스(출처 : 메이저리그 공식 홈페이지)

상 어떤 것과도 시애틀을 바꿀 생각이 없다"고 과하게 강조한 적도 있었다(묻지도 않은 양키스와 메츠의 유격수 이야기를 꺼낸 것 자체가 작위적인 행동이었다). 겉으로 연고지를 찬양하는 것이야 당연하고 FA 자격을 얻어 자신의 가치를 따라가는 것도 비난받을 일은 아니다. 하지만 당시 새로 지은 홈구장 세이프코 필드가 너무 넓으니 자신을 붙잡으려면 외야 담장을 앞당겨야 한다는 억지까지 부린 것은 흠이 될 만했다.

이적한 팀이 텍사스 레인저스라는 것도 시애틀 매리너스 팬들에게는 충격이었다. 최고의 선수가 우승에 목말라 팀을 선택한 결과가 아니라 오직 돈만 보고 결정한 것으로 받아들일 수밖에 없었기 때문이다. 유치하기 짝이 없지만 당시 시애틀 지역을 기반으로 활동하던 한 록밴드는 〈에이로드의 귀환Arod's return〉이라는 곡을 발표하기도 했다.

> 에이로드가 텍사스에서 뛰면 경기마다 20안타 10점씩 내겠지. 그래도 텍사스는 질 거야.
> 에이로드는 돌아와, 우리 생각대로. 에이로드는 돌아와, 우리 생각대로. 난 괜찮아.
> 이치로가 안타 치고, 에드거 마르티네스가 해결! 텍사스에선 에이로드가 출격하지만 삼진!
> 에이로드는 돌아와, 우리 생각대로. 에이로드는 돌아와, 우리 생각대로. 난 괜찮아.

에이로드에 대한 애증을 노골적으로 드러낸 동시에 텍사스 레인저스를 시종일관 폄하하고 있는 이 노래는 한동안 시애틀 매리너스 팬 사이에서 꽤 유명세를 탔다. 사소한 일화가 넘쳐났지만 이때만 해도 시애틀 매리너스는 주전 유격수를 찾는 여정이 이토록 길어질 것이라고 생각하지 못했을 것이다. 심지어 2020년이 될 때까지.

야구에서 유격수의 중요성은 굳이 설명이 필요 없다. 메이저리그 통산 1480승을 지휘하고 명예의 전당에 헌액된 전설적인 감독 얼 위버는 "애매하면 유격수를 뽑으라When it doubt, take the shortstop"는 말을 남기기도 했다. 스카우팅 영역에서 유격수 출신의 경기력에 주목한 말이지만 유격수의 상징성을 드러내는 말로도 이해된다(실제 보스턴 레드삭스와 볼티모어 오리올스 재직 시절 한국인 선수를 여럿 영입했던 댄 듀켓 사장은 밀워키 브루어스의 스카우팅 담당자였던 80년대, 위버 감독의 말을 떠올리고 유격수 출신의 개리 셰필드를 영입한 적이 있다).

주전 유격수 1명으로 팀을 설명하는 '유격수 만능주의'까지 확대할 생각은 없지만 그래도 몇 년간의 유격수 사정을 살펴보면 팀의 상황을 짐작할 수 있다. 시애틀 매리너스는 에이로드가 떠난 자리를 카를로스 기엔으로 채웠다. 괜찮은 수비력을 지닌 기엔이 훗날 타력까지 갖춰 올스타로 성장할 재목이라고 예측하지 못한 시애틀은 연봉이 오를 기미가 보이자 2003년 시즌 뒤 트레이드로 내보냈다. 놀라운 것은 에이로드 이후 한동안 가장 괜찮은 유격수가 기엔이었고, 이때가 팀도 어느 정도 경쟁력을 갖춘 마지막 시기였다는 것이다(시애틀 매리너스는 2001부터 19년간 유격수 포지션 대체 선수 대비 승리 기여도에서 리그 13위였다).

2004년부터 시애틀 매리너스는 본격적인 암흑기로 접어들어 좀처럼 헤어나지 못했다. 주전 유격수 사정도 마찬가지였다. 이후 10년이 넘도록 한 시즌 이상 꾸준히 출전했다고 볼 만한 유격수는 유니에스키 베탄코트와 브렌던 라이언 정도가 고작이었다. 쿠바 출신의 베탄코트(2005~2009)는 극단적인 '배드볼 히터'* 성향에 멘털 문제까지 있어 장기적인 대안이 되지 못했고, 라이언(2011~2013)은 기계체조 선수를 연상케 하는 화려한 수비가 일품이었지만 1할대 타율의 형편없는 타격 탓에 시애틀 매리너스가 아니었으면 진작 자리를 잃고 백업 저니맨이 될 선수였다.

2014년부터는 본격적인 오디션이 이루어졌다. 브래드 밀러, 크리스 테일

---

* 스트라이크와 볼의 구분 없이 적극적으로 때리는 경향의 타자. 스즈키 이치로나 블라디미르 게레로와 같은 정교함을 갖추지 못한 상황에서 배드볼 히팅을 하게 되면 타격 수준이 떨어진다는 평가를 받게 된다.

수비력으로 먼저 강한 인상을 남긴 J. P. 크로퍼드(출처 : 시애틀 매리너스 구단 공식 SNS)

러, 케텔 마르테 등의 젊은 선수들이 차례로 기회를 얻었다. 브래드 밀러는 장타력으로 주목받았지만 수비 문제를 해결하지 못했다. 크리스 테일러는 데뷔 초반부터 어설픈 포구를 반복하며 원치 않는 인상을 남기고 이적했다. 결국 2016년 케텔 마르테가 최종 선택된 것처럼 보였는데 제리 디포토 단장 체제가 들어서면서 곧바로 트레이드되었다(공교롭게 3명의 선수 모두 이적 후 기량이 만개했다). 이 트레이드로 시애틀 매리너스로 이적한 선수가 진 세구라이다. 올스타 출신에다 이적하기 전 최다 안타 1위에 올랐던 그는 에이로드 이후 가장 뛰어난 유격수로 보였다. 적극적인 수비도 인상적이어서 이만하면 시애틀에겐 과분할 정도였다. 실제로 시애틀 매리너스에서 좋은 성적을 올려 올스타로 선정되었고, 5년간 7000만 달러의 장기 계약도 맺게 되었다. 그러나 클럽하우스에서 벌어진 디 고든과의 다툼이 팀 성

메이저리그, 진심의 기록

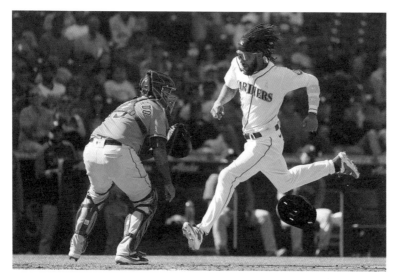

시애틀 매리너스의 체질 개선 이후 J. P. 크로퍼드는 팀 내 핵심 선수로 자리잡았다.(출처 : 시애틀 매리너스 구단 공식 SNS)

적 하락과 맞물리면서 제리 디포토 단장의 트레이드 대상이 되고 말았다.

진 세구라를 보내면서 이번에는 J.P. 크로퍼드를 데려왔다. 그는 2013 드래프트 1라운드에서 뽑혀 특급 유망주라는 수식어를 달고 다니기도 했지만 4, 5년간 정체기를 보내면서 기대감이 크게 떨어진 선수였다. 그 부분이 제리 디포토 단장을 자극했다. 과거에 주목했던 유망주의 가치가 떨어지면 반등을 기대하고 영입하는 것이 제리 디포토 단장의 습관이기도 하다. 크리스 테일러와 맞트레이드했던 잭 리가 그렇고, 세인트루이스 카디널스에서 수술 후 부진했던 마르코 곤잘레스도 비슷한 경우이다. 잭 리는 완벽하게 실패한 사례이지만 마르코 곤잘레스는 디포토가 자랑할 만한 사례이다.

제리 디포토 단장이 부임한 후 늘 그랬지만 시애틀 매리너스의 개막전 명단은 해마다 바뀌고 있다. 계획대로라면 이런 잦은 변화도 이번이 마지막이다. 2022년에 결과물을 내놓겠다고 무모하게 선언한 디포토 단장은 그동안 성적이 좋지 않아도 젊은 선수들이 경험을 쌓는 시간이라며 의미를 부여해왔다. 지금까지의 개편 작업은 팀을 젊게 만들려는 의도였다고 한다. 개막전 명단 기준으로 2018년 평균 30.2세의 노령 구단이었던 시애틀 매리너스는 2019년 27.8세로 평균 연령을 낮추었고, 점차 더 낮아질 수밖에 없는 상황이니 일관성은 있는 듯하다.

2019년 J.P. 크로퍼드는 주전 유격수 자격의 시험대에 올랐다. 전반기에는 기대 이상의 활약을 펼쳤으나 후반기에는 극심하게 부진했다. 다만 수비에서는 소문난 운동 능력을 과시하듯 평생 잊지 못할 명장면을 남기기도 했다. 2020년 코로나19로 인한 단축 시즌에는 한층 여유로운 수비 실력을 과시하며 골드글러브를 수상했고, 처음으로 160경기를 뛴 2021년에는 공격력마저 업그레이드된 모습을 보여주었다. 기대한 대로 완성체 유격수의 향기를 풍기자 제리 디포토 단장은 곧바로 5년간 5100만 달러의 장기 계약을 맺고 그에 대한 신뢰를 드러냈다.

J.P. 크로퍼드가 정착하는 동안 1루수 타이 프랜스, 2루수 애덤 프레이저 등 내야진도 새롭게 자리를 잡았다. J.P. 크로퍼드가 유격수의 장기적인 문제를 해결해준다면 이는 시애틀 매리너스의 전체적인 리빌딩 그림이 계획대로 그려진다는 것을 의미한다. 프랜차이즈 스타가 될 것이라고 기대했던 유격수를 잃은 이후 뚜렷한 대안을 찾지 못했던 시애틀 매리너스는 20년 동안이나 가을 야구를 경험하지 못했다. 그러나 공교롭게도 J.P. 크로퍼드가 뚜렷하게 성장한 2022년 시애틀 매리너스는 21년 만에 가을 야구에 진출하는 감격을 맛보았다. 크로퍼드가 주전 유격수로 버티는 동안 시애틀 매리너스 팬들의 희망도 지속될 것이다.

스스로 만들어내 더 값진 반전 드라마, 김진성

김진성은 NC 다이노스에서 뛰던 2014년 8월 22일 넥센 히어로즈와의 홈경기를 특별하게 기억하고 있다. 당시 팀의 주전 마무리투수였던 김진성은 2대 1로 앞선 9회 초, 흔히 말하는 터프 세이브* 상황에 마운드에 올랐다. 그는 첫 타자인 문우람에게 3루타를 맞았다. 우익수 이종욱이 잡을 것처럼 보였던 타구가 생각보다 더 날아가 담장을 직접 때리는 3루타가 되었다.

무사 3루에 다음 타자들이 이택근, 박병호, 강정호, 김민성 등 장난이 아니었다. 지금도 이 4명을 모두 기억하고 있었다. 김진성은 동점이 아니라 역전패를 걱정하던 쫄깃한 순간 알 수 없는 의욕이 솟구쳤다고 한다. "모조리 다 삼진으로 잡아버리면 되지." 그의 주무기인 포크볼이 워낙 좋았다. 이택근은 포크볼을 건드렸다가 노진혁의 전진 수비에 아웃되었고, 박병호도 포크볼에 헛스윙 삼진, 강정호는 포크볼에 속지 않아 볼넷으로 출루했다. 그리고 김민성의 타석 때 대주자였던 김하성의 주루사로 경기가 끝났다(이때만 해도 김하성은 대주자로 나와 주루사를 여러 차례 당하곤 했다). 어떤 이에게는 평범한 하루였으나 김진성에게는 스스로 최면을 걸어 '무사 3루'에 대한 부담을 떨친 날로 깊이 각인된 하루였다.

2020년 김진성은 연초부터 팬들의 격한 비난을 받아야 했다. 미국 애리조나 전지훈련지에서 벌인 연봉

협상 결과가 마음에 들지 않는다는 이유로 중도 귀국했기 때문이다. 협상 과정이나 내용을 떠나 스프링캠프 도중 선수단을 이탈했다는 것 자체로 문제가 커졌다. 자숙하는 의미에서 2군으로 내려갔고 한동안 1군으로 올라올 일이 없어 보였다.

아무리 가늘고 길게 뛰는 불펜 투수라고 해도 서른여섯의 나이라면 한 치 앞을 내다볼 수 없다. 2군에 머물던 김진성은 이 상태로 1년을 허비하다 그대로 은퇴할 것 같다는 생각이 들었다고 한다. 차라리 조용히 그만둘까도 생각했는데, 그해 4월 어린 시절부터 자신을 키워주신 할아버지가 돌아가시면서 정신이 번쩍 들었다. 할아버지의 영정 사진을 바라보다가 충동적으로 은퇴하려던 자신이 창피해졌다. 최소한 부끄러움과 후회는 남기지 않아야 했기에 김진성은 다시 2군 선수들과 함께 최대한 많은 훈련 일정을 정직하게 소화했고, 그 결과 6월 1군 무대로 다시 돌아오게 되었다.

복귀 후 김진성의 활약은 극적이었다. 특히 팀이 순위 경쟁에 한창이던 9월 이후 29경기에서 단 3자책점만 기록하는 철벽 투구를 펼쳤다. 공을 자주 던져도 생각보다 힘들지 않았다. 소속팀 NC 다이노스는 창단 이후 처음 한국시리즈에 진출하게 되었다. 이 정도로는 부족하다고 생각한 김진성은 한국시리즈를 앞두고 이동욱 감독에게 최대한 많이 던질 수 있게 해달라고

요청했다. 시즌 초반 자리를 비운 탓에 동료들에게 부담을 준 것이 마음에 걸렸기 때문이다.

그렇게 나선 한국시리즈에서 김진성은 2014년 넥센 히어로즈와의 '그 경기'를 영화처럼 떠올리게 된다. 5차전에 선발투수 구창모 다음으로 등판한 김진성의 상황이 바로 무사 3루였다. 6년 전처럼 '모조리 다 잡아버리면 되지'라고 생각했다고 한다. '창모 점수 막아주자'는 생각도 컸다고 했다. 3루에 누가 서 있는지는 쳐다보지도 않았다. 김진성은 다짐대로 뜬공과 삼진으로 위기를 막아냈고 경기도 승리했다. 마치 자신만의 상황극 속으로 빨려들어가 공을 던진 것 같았다. 경기가 끝난 뒤에야 3루 주자가 박건우였다는 것을 알았다는 말도 이해가 되었다.

NC 다이노스는 4승 2패로 창단 첫 우승을 차지했고, 김진성은 한국시리즈 6경기에 모두 나서 무실점으로 투혼을 불살랐다. 한국시리즈 6경기에 모두 나선 최초의 투수로 기록된 것은 물론이다. SK 와이번스와 넥센 히어로즈에서 잇따라 방출되고 NC 다이노스의 창단 멤버로 입단해 뒤늦게 빛을 본 김진성. 파란만장했던 야구 인생에서 특히 우여곡절이 심했던 2020년에 자신의 방식대로 반전 드라마를 완성했고, 행동으로 보여준 김진성의 진심에 팬들도 큰 응원으로 답했다. 잘했던 선수보다 모든 것을 쏟아붓던 선수로 기억

되고 싶다는 그의 말에 인간적인 응원을 보내게 된다.

• 동점 주자나 역전 주자가 나가 있는 접전 상태에서의 세이브 기회.

메이저리그, 진심의 기록

7장

예술로 남겨진
역사의 한 장면

지금 다시
〈머니볼〉을 본다면

———

　140년이 넘는 역사를 자랑하는 메이저리그는 숱한 변화를 겪었다. 규칙이 새로 도입되거나 바뀌었고 경기 형태도 초기와는 많이 달라졌다. 이중 1920년을 기점으로 반발력이 높은 야구공을 본격적으로 사용한 것은 야구의 패러다임을 바꾼 사건으로 평가받는다. 1920년 이후를 '라이브볼 시대'라고 따로 이름을 지어 부를 정도이다. 낡은 공에 흠집을 내거나 이물질을 발라놓은 채 투구하는 편법이 일상이던 '데드볼 시대'와 구분한 것이다.

　표면적으로는 레이 채프먼이 칼 메이스의 스핏볼*에 맞아 사망한 사고의 후속 대책이었고, 누군가는 시카고 화이트삭스가 승부 조작에 연루된

———

* 투구에 과도한 변화를 일으킬 목적으로 침 혹은 이물질을 발라놓거나 흠집을 낸 공. 20세기 초반은 물론 중반까지도 암묵적으로 허용되었고, 최근까지 몰래 이물질을 바르는 꼼수는 지속되었다.

21세기 메이저리그를 상징하는
'머니볼' 현상은 영화로도 제작되었다.
(출처 : 소니픽처스)

'블랙삭스 스캔들'의 후유증을 털어내기 위한 시도라고도 했다. 어쨌든 하얀 새 야구공을 수시로 교체하도록 규칙을 바꾸고 경기를 펼친 결과 홈런이 경기의 핵심 요소로 자리잡았고, 베이브 루스라는 시대의 아이콘이 탄생했다. 그저 야구공을 자주 바꿔주라는 지침이 야구의 기술적인 면뿐 아니라 산업적인 면으로도 이 정도의 파급효과를 낳을 것이라고는 아무도 예측하지 못했을 것이다. '라이브볼 시대'가 100년이 흐른 시점에서 야구는 다시 한번 큰 변화를 맞고 있다. 정확히 언제, 누가 주도한 흐름이라고 규정하기는 어렵지만 21세기 이후의 야구를 '머니볼 시대'라고 부른다고 해도 크게 거부감이 없다.

340

메이저리그, 진심의 기록

20세기에도 투수의 결정적인 승부구를 의미하는 '머니 피치money pitch'나 타자가 홈런을 날린 공을 뜻하는 '머니-볼money-ball'이라는 용어가 존재하기는 했지만, 지금의 '머니볼'은 지난 2003년 마이클 루이스가 출간한 뒤 아마존닷컴에서 3년 연속 베스트셀러에 선정된 책의 제목에서 따온 말로 인식된다. 그래서 머니볼의 의미를 가장 확실하게 파악하는 방법은 마이클 루이스의 책을 읽는 것이고, 더 손쉬운 방법은 같은 제목의 영화를 보는 것이다. 영화 〈머니볼〉은 할리우드시스템에서 만들어진 야구를 소재로 한 영화 중 가장 최근에 화제가 된 작품이다. 마이클 루이스의 책이 (경영 서적으로 분류되기는 했지만) 한국어로 번역되고, 이 책을 원작으로 상업영화가 만들어져 국내 개봉까지 이루어진다는 소식은 당시 메이저리그 팬들을 꽤 흥분하게 할 만한 것이었다.

"자신이 평생 해온 경기에 대해 우린 놀랄 만큼 무지하다."

영화 〈머니볼〉은 미키 맨틀의 명언이 등장한 뒤 조니 데이먼과 로저 클레멘스의 맞대결 장면으로 시작된다. 2001년 아메리칸리그 디비전시리즈에서 오클랜드 애슬레틱스가 먼저 2연승을 거두고도 뉴욕 양키스에 내리 3연패해 아쉽게 탈락하는 순간. 1억 달러를 쏟아부은 부자 구단의 높은 벽에 가로막힌 예산 4000만 달러짜리 구단의 이야기라는 점을 친절하게 알려준다.

영화의 토대가 되는 오클랜드 애슬레틱스의 2002년은 여러 면에서 역사에 남을 만한 해였다. 빌리 빈 단장은 예산 문제로 제이슨 지암비, 제이슨 이스링하우젠, 조니 데이먼 등 투타의 주축을 잃고도 빈틈을 절묘하게 메워 팀을 아메리칸리그 서부지구 1위로 이끌었다. 이 과정에서 저평가된 선수들의 장점을 포착해 효율적으로 재활용했고, 선수를 평가하는 혁신적

자신의 의도 이상으로 패러다임을 뒤바꾼 빌리 빈 단장(출처 : 오클랜드 애슬레틱스 구단 공식 SNS)

인 철학을 정립했다. 여기에 20연승을 이루는 과정마저 현실이 영화를 능가할 정도로 극적인 요소까지 갖춘 해였다.

대표적인 사례로 등장하는 선수가 스콧 해티버그이다. 그는 이렇다 할 전성기 없이 30대 초반에 은퇴할 것처럼 보였던 백업 포수였다. 그런데 그의 볼넷을 고르는 재주에 주목한 빌리 빈 단장은 과감하게 주전 1루수를 맡겨 제이슨 지암비의 자리를 어느 정도 대체하게 했다. MVP급 선수가 빠진 자리에 한물간 선수를 투입한 것은 돌이켜보아도 도박이나 다름없었다. 실업자로 전락하기 직전 새 계약서를 받아든 채 가족과 말없이 기쁨을 나눈 스콧 해티버그는 결국 가장 영화적인 순간이라고 할 수 있는 20연승의 끝내기 홈런까지 기록했다. 오클랜드 애슬레틱스를 떠난 후 신시내티 레즈에서도 잠시 준수한 활약을 펼친 그는 빌리 빈 단장 덕분에 30대 후반까지 선수생활을 지속할 수 있었다.

메이저리그, 진심의 기록

머니볼 이론의 핵심이자 20연승의
주인공인 스콧 해티버그(출처 : 오클
랜드 애슬레틱스 구단 공식 SNS)

스콧 해티버그와 함께 중요하게 다뤄지는 선수는 채드 브래드포드이다. 극단적인 언더핸드 투구 자세에 느린 변화구로 승부하는 구원투수라 크게 주목받지 못하던 그는 오클랜드 애슬레틱스로 이적한 뒤 핵심 불펜으로 자리잡았다. 영화에서 빌리 빈 단장은 채드 브래드포드에 대해 "300만 달러급 선수인데 아무도 관심을 갖지 않아 지금은 23만 7000달러만 주면 데려올 수 있다"고 설명한다. 실제 2002년 오클랜드에서 23만 5000달러의 연봉을 받은 후 볼티모어 오리올스를 거치며 300만 달러 수준의 연봉을 받는 선수가 되었기에 브래드포드에게는 빌리 빈이 인생의 은인일 수밖에 없다. 볼티모어 오리올스가 훗날 비슷한 유형의 정대현을 영입하려고 했던 것도 브래드포드의 영향이라고 본다(정대현은 계약 성사를 눈앞에 두고 정밀 신체검사에서 탈락했다).

〈머니볼〉의 연출을 맡은 베넷 밀러 감독은 실제 경기에서 일어난 상황을 최대한 현실적으로 묘사하고자 했다. 그는 "믿을 수 없을 만큼 극적인 사실을 잘못된 연출로 망치고 싶지 않았다"고 했다. 그래서 스콧 해티버그를 비롯해 데이비드 저스티스와 에릭 샤베스 등의 선수 역할을 맡은 배우들도 실존 인물과 닮은꼴로 구성했다. 주연배우인 브래드 피트도 대중들이 가지고 있던 빌리 빈 단장의 지적이고 단호한 이미지를 제대로 구현했다는 평가를 받았다(반면 빌리 빈의 친구인 뉴욕 양키스의 브라이언 캐시먼 단장은 이런 극중 캐릭터가 인위적이라고 지적했다).

실화를 바탕으로 만든 영화답게 경기 장면도 당시 중계 화면과 직접 촬영한 것을 위화감 없이 교차 편집해 사실감을 높였다. 연출진은 이 영화가 비록 2002년을 다루는 것이지만 분명히 '시대극'의 성격을 띠고 있다고 보고 고증 작업에도 심혈을 기울였다고 한다. 해마다 달라지는 유니폼의 디테일은 야구팬들이 금방 알아채는 부분이기 때문에 더욱 정확히 구현하려고 노력했으며, 자유분방한 오클랜드 관중들의 복장이나 소품에 부착된 다양한 시대의 오클랜드 애슬레틱스의 로고까지 신경쓴 덕분에 리얼리티가 살아날 수 있었다. 심지어 빌리 빈 단장의 현역 시절을 회상하는 장면에서는 먼발치에서 등장하는 현수막 하나까지 세심히 검토했다고 한다(회상 장면은 주로 다저 스타디움에서 촬영했다). 극중 비중이 높지는 않았지만 주전 유격수 미겔 테하다 역은 실제 메이저리그 유격수 출신인 로이스 클레이턴이 맡기도 했다.

반면 영화의 극적인 면을 위해 희생된 인물도 있다. 필립 시모어 호프먼

영화적 각색 과정에서 사라진 에이스 3인방. 왼쪽부터 팀 허드슨, 배리 지토, 마크 멀더(출처 : 오클랜드 애슬레틱스 구단 공식 SNS)

이 맡은 아트 하우 감독이 대표적이다. 현실의 아트 하우 감독은 빌리 빈 단장과 사사건건 충돌할 정도로 공격성을 가진 인물은 아니었다. 오히려 비교적 원칙에 충실했던 인물이라는 평이 우세하다. 영화가 대성공을 거둔 이후 아트 하우 감독이 "나와 관련된 장면은 90퍼센트가 허구"라며 공개적인 반감을 드러내기도 했다. 관습에 물든 스카우트 집단도 몰상식한 노인들로 간단히 처리되었다.

과장을 넘어 아예 생략된 부분도 있다. 오클랜드 애슬레틱스가 20연승의 신기록을 달성하는 과정에서 가장 큰 역할을 담당했고, 2002년에 57승을 합작한 '영건 선발 3인방'은 언급조차 되지 않았다. "선수들이 아무리 출루를 잘해도 배리 지토나 마크 멀더, 팀 허드슨 같은 선수가 마운드에 없으면 어떻게 되는 줄 아는가? 브래드 피트가 빌리 빈을 연기할 일도 없었을 것이다." 독설가로 소문난 올스타 포수 출신 제이슨 켄달이 영화

〈머니볼〉에 대해 남긴 말이다(물론 경기적인 면을 모두 언급하는 순간 영화의 핵심이 날아갈 수 있다는 점에서 이해할 수 있는 각색이기는 하다).

현지에서는 아무 관심도 없겠지만 눈썰미 좋은 국내 야구팬들에게 포착될 만한 순간도 있다. 새로운 선수들로 야심차게 출발한 2002년 개막전에서 제레미 지암비가 안타를 기록할 때 살짝 스치는 박찬호의 투구 모습이 그것이다. 실제 박찬호의 텍사스 레인저스 데뷔전이었는데 아쉽게 5이닝 6실점을 하며 패전투수가 되었다. 스콧 해티버그의 기용을 끈질기게 거부한 아트 하우 감독의 라인업 카드에 서튼이라는 이름도 얼핏 보이는데 KBO리그에서 뛰었고 훗날 롯데 감독으로 선임된 바로 그 래리 서튼이다.

영화적인 평가와는 별개로 야구 용어로 자리잡은 '머니볼'은 결국 적은 투자로 큰 성과를 얻기 위한 발상의 전환에 초점이 있다고 할 수 있다. 간혹 머니볼을 세이버메트릭스 같은 분석 도구와 동격으로 여기는 시각도 있지만 통계와 숫자는 그저 거들 뿐이다. 당시 국내 커뮤니티에서 '배리 지토'라는 아이디를 사용하던 저명한 오클랜드 애슬레틱스 팬의 의견을 빌리자면 "빌리 빈이라는 인물의 과감한 결단력과 선수를 보는 감각, 여기에 구단주의 입김을 받지 않으면서 자신의 철학을 유지할 수 있는 외부 환경까지 총체적으로 결합한 신화가 머니볼"이다. 이후 많은 팀들이 아이비리그 출신의 젊은 단장을 영입하고 세이버메트릭스를 통해 머니볼을 모방했지만 제각각 성과가 달랐던 이유이기도 하다.

작용이 있으면 반작용도 있는 법. 머니볼도 빠르게 변하고 있다. 새로운 공식 하나에 열광하며 각종 기록을 집요하게 분석했던 흐름에서 멈추지 않고 실제 야구장에서 순간순간 벌어지는 선수와 공의 물리적인 움직임을 활용하는 방향으로 진화하는 중이다. 투구추적시스템이나 트랙맨, 스탯캐스

눈썰미가 좋은 팬이라면 박찬호의 뒷모습을 알아챌 수 있다.(출처: 〈머니볼〉)

트 자료를 재가공한 데이터와 이를 근거로 한 이론은 초기의 세이버메트릭스에서 보여주지 못한 신세계를 선보이고 있다.

다만 이렇게 불확실성을 줄이려는 노력들이 야구의 대부분을 숫자로 통제할 수 있다는 착각으로 변질되는 것은 아쉽다. 자칫 선을 넘을 경우 그라운드에서 펼쳐지는 선수들의 행위가 박스스코어*를 채우기 위한 노동으로 전락할 수도 있다. 베넷 밀러 감독은 〈머니볼〉이 누가 옳고, 누가 틀렸다고 말하는 영화가 아니라는 소신을 밝히면서 야구에는 늘 인간적인 면과 신비한 요소가 존재하는데 이런 부분을 없애는 것은 불가능하다고 이야기했다. 수학이나 과학으로 규정하려고 할수록 오히려 납득할 수 없는 결과

---

* 한 경기에서 뛴 양 팀 선수의 명단과 각각의 기록을 정리해 배열한 표. 박스스코어만 확인해도 경기의 전체 흐름을 대략 확인할 수 있을 만큼 통계의 근본 자료로서의 상징적 의미가 크다.

가 나온다는 말이다.

원작자 마이클 루이스 역시 남들이 보지 못한 가치를 찾아내는 것이 〈머니볼〉의 매력이라고 했다. 선수들은 더 적극적으로 '현장'의 중요성을 강조한다. 텍사스 레인저스 시절 만난 추신수는 "요즘 야구에서 데이터에 의존하는 부분이 과한 느낌이다. 실제 야구는 의외성의 경기"라는 소신을 밝히기도 했다. 세인트루이스 카디널스, 토론토 블루제이스, 콜로라도 로키스에서 활약했던 오승환 역시 어떤 데이터를 활용하더라도 코치의 경험을 통한 조언은 절대 무시할 수 없다고 했다.

빌리 빈의 '머니볼'은 2000년부터 4년 연속 디비전시리즈를 통과하지 못하며 한계를 드러내기도 했고, 제러미 브라운처럼 지나치게 파격적으로 뽑았던 선수로 인해 쓴맛을 본 적도 있다. KBO리그 넥센 히어로즈에서 뛴 마이클 초이스도 오클랜드 애슬레틱스가 1라운드에서 선발했지만 기대에 미치지 못한 경우이다. 그래도 '머니볼'이 음지에 있던 단장의 영역을 전면으로 끌어올리며 패러다임을 바꾼 것은 분명하다. 그리고 그 여파가 최근 KBO리그에도 직접적인 영향을 미치고 있다. 데이터 야구가 '좌우 놀이'* 정도를 의미하던 과거에 비하면 상전벽해이다. '머니볼 시대'는 지금도 진행중이다. 그리고 그 진행 방향을 예측할 수 없다는 것이 매력이다.

---

* 같은 손 타자가 같은 손 투수에 약하다는 통념을 토대로 한 선수 기용법. 수비 측에서 상대 좌타자가 나오면 좌투수로 교체하거나, 반대로 공격 측에서 상대 좌투수가 나오면 우타자를 무조건적으로 투입하는 식의 단순한 전략을 비꼬는 말로도 쓰인다.

19번째 남자를 아십니까?

　메이저리그에 관심을 가진 사람이라면 메이저리그와 관련된 영화도 한 번쯤은 찾아보았을 것이다. 야구와 영화 두 분야에서 세계를 대표하는 나라가 미국인만큼 메이저리그를 소재로 한 영화는 당연히 무궁무진하다. 이중 미국 내에서 야구를 소재로 한 최고의 영화를 꼽을 때 언제든 빠지지 않는 영화가 바로 〈19번째 남자Bull Durham〉이다.

　영화의 정체성은 처음부터 알 수 있다. 영화는 피트 로즈, 페르난도 발렌수엘라, 재키 로빈슨 그리고 역대 최단신 선수 에디 개델과 베이브 루스 등 메이저리그 팬들에게 낯설지 않은 인물들을 나열하며 막이 오른다. 영화의 첫 대사조차 "난 야구라는 종교를 믿는다I believe in the church of baseball"는 수준이니 말 다했다. 영화는 마이너리그 구단 '더램 불스'에서 벌어지는 이야기를 다룬다. 공은 빠르지만 제구력이 형편없는 유망주 투수(팀 로빈스), 그 투수의 경기력과 인성을 바로잡아주기 위해 영입된 노장 포

영화 〈19번째 남자〉 포스터(1988)

수(케빈 코스트너), 그리고 이들을 애정어린 시선으로 관찰하는 인물(수전 서랜던)이 서로 영향을 주고받는다. 설정 자체는 다소 전형적으로 느껴질 수 있지만 다른 스포츠 영화와는 결이 달라 눈길이 간다.

마이너리그를 배경으로 한 영화이지만 빅리그 승격에 대한 갈망이나 신화 같은 성공담에는 별 관심이 없다. 영화는 1980년대 마이너리그의 수수하고 투박한 모습을 진정성 있게 전하는 데에 많은 공을 들이고 있다. 승리나 기록, 우승보다 선수들이 인간적으로 갈등하고 성장하는 모습을 현실감 있게 표현했다. 이야기의 전체 흐름을 여주인공의 관점에서 풀어간 것도 당시로서는 신선한 접근이었다.

예를 들면 소탈한 마이너리그 라커룸의 모습은 말할 것도 없고, 선수들

메이저리그, 진심의 기록

선수 중심의 시각으로 만들어진 스포츠 영화(출처 : 〈19번째 남자〉)

이 경기 후 시간을 보내는 근처 술집의 능청스러운 풍경, 그리고 버스에 단체로 몸을 싣고 장거리 원정을 떠나 벌어지는 일들이 사실적으로 묘사되었다. 메이저리그를 21일 동안 경험하고 온 선수가 "거기에선 가방도 남들이 들어주고, 타격 연습도 흰색의 새 공으로 한다"는 무용담을 늘어놓자 동료들이 웅성거리는 모습에선 메이저리그를 일상적으로 접하는 팬들이 잠시 잊고 있던 빅리그의 위용을 간접적으로나마 느낄 수 있다. 영화에 조연으로 참여한 마이너리그 선수는 "우리가 얼마나 버스를 오래 타는지, 그리고 경기에서 패하면 이길 때보다 얼마나 힘들고 재미없는지를 제대로 묘사했다"고 평가했다.

이외에도 매일 경기 전 예배를 드리자고 제안하는 신실한 선수부터 타격에 도움이 될 것이란 생각에 주술적인 행동을 하는 선수들의 일화 모두가 실제 상황을 바탕으로 한 것이다. 이런 작업이 가능했던 것은 익히 알려졌다시피 론 셸턴 감독의 이색 경력 때문이다. 〈덩크슛White Men Can't Jump〉, 〈틴 컵Tin Cup〉 등 여러 스포츠 영화를 연출한 그는 1966년 신인 드래프트에서 36라운드 전체 719번째로 볼티모어 오리올스에 지명된 실제 선수 출신이다. 론 셸턴은 5년간 마이너리그를 전전하다가 한계를 절감하고 대학으로 돌아와 학업을 마친 뒤 영화계에 발을 들였다. 그리고 기존 스포츠 영화가 지나치게 팬들의 시각에서만 다루어진다는 점에 아쉬움을 느끼고 '제대로 된 스포츠 영화'를 만들겠다며 자신의 첫 장편작으로 이 작품을 연출했다. "한 달에 몇백 달러로 연명하는 마이너리그 선수들에게 걱정은 딱 두 가지이다. 선수생활을 이어갈 수 있을지, 그리고 오늘밤 여자를 찾을 수 있을지." 경험하지 않은 사람은 결코 할 수 없는 말이다.

마이너리그 원정 경기의 라디오 중계를 재현한 장면도 흥미롭다. 전화나 전신으로 매 타석의 결과를 통보받으면 방송국 안의 캐스터가 나무막대를 쳐 타격 소리와 비슷한 소리를 낸 뒤 사전 녹음된 관중의 함성 효과음을 틀어놓고 경기 상황을 설명하는 식이다. 실제로 1921년 처음 시작된 초창기 메이저리그 라디오 중계는 현장에서 직접 경기를 보며 전하는 방식이 아니었다. 마이너리그 경기는 수십 년간 이런 식으로 중계되었다고 한다. 전신시스템이 오작동할 경우 캐스터들은 경기장에 천재지변이 발생했다거나 선수들끼리 언쟁이 붙었다는 식의 갖가지 '하얀 거짓말'을 동원해 시간을 때우기도 했다. 얼마나 창의력을 발휘해 그럴듯하게 살을 붙이는지가 캐스터의 진짜 능력으로 평가받던 시대였다. 그중 1930년대 시카고 컵스 경기 중계를 맡아 탁월한 상상력과 언변으로 이름을 떨친 캐스터는 이후 할리우드로 무대를 옮겨 배우가 되었고 훗날 미국 대통령이 되기도 했다. 바로 로널드 레이건이다.

연패의 늪에 빠진 선수들이 다음날 경기가 벌어질 구장에 밤새 스프링클러를 틀어 경기를 취소시키는 장면도 등장하는데, 이것 역시 론 셸턴 감독의 선수 시절 일화를 바탕으로 만들어진 것이다. 다만 셸턴 감독의 현역 시절에는 해당 원정팀의 구단주가 헬기를 빌려 그라운드의 물기를 말리면서 경기 자체는 그대로 열렸다고 한다. 로맨틱 코미디로 분류되는 만큼 조금 황당한 장면이나 우스꽝스러운 대사도 있지만 투수와 타자의 1대 1 대결을 근접 촬영으로 밀도 있게 구성하는 등 야구적인 면에서 몰입을 방해하는 실책은 거의 찾아볼 수 없다(한국어 자막에서는 오류가 종종 발견되었다. 메이저리그를 다룬 영화들의 아쉬운 공통점이다).

다만 야구 종주국이라고 해도 당시 마이너리그를 다룬 영화가 흥행할 것이라고 기대하는 사람이 없어 제작사를 찾는 데 어려움을 겪기도 했다. 다행히 고향을 배경으로 한 마이너리그 영화를 만드는 것이 소원이던 제작자 톰 마운트와 마이너리그의 잠재력에 주목해 상품성을 이끌어내려던 더램 불스의 마일즈 울프 구단주가 가세해 순조롭게 작품이 만들어졌다. 여기에 배우들의 진정성 있는 연기가 더해져 케빈 코스트너는 "마이너리그 야구장의 모습을 그대로 보여주면서 빅리그 드라마를 담아냈다"고 자평했다.

영화는 개봉 뒤 5000만 달러가 넘는 수익을 올렸을 뿐만 아니라 평단의 찬사까지 받으며 각종 영화제의 각본상을 수상했다. 야구계에서도 '진짜 제대로 만든 야구 영화'로 인정해 개봉 15주년을 맞은 2003년에는 명예의 전당에서 기념행사까지 계획할 정도였다. 그러나 당시 주연배우 팀 로빈스가 이라크전을 공개적으로 반대하며 부시 정부와 대립각을 세웠다는 이유로 명예의 전당 측이 행사를 취소하는 해프닝도 벌어졌다. 수많은 야구 영화 중 가장 큰 족적을 남겼다는 평가를 받으면서 론 셸턴 감독은 자신이 잠시 뛰었던 미네소타 산하 트리플 A팀인 로체스터 레드윙스 구단 내 명예의 전당에 헌액되었다. 잘 알려진 대로 극중 주요 배역을 맡은 수전 서랜던과 팀 로빈스는 이 영화를 계기로 사적인 인연을 형성하기도 했다. 마일즈 울프 구단주의 바람대로 영화 개봉 이후 더램 불스 구단이 큰 관심을 받으면서 시즌 관중수도 크게 늘었다고 한다.

론 셸턴 감독은 일반 팬들이 스포츠의 핵심에 대해 제대로 알지 못한다고 이야기했다. 물론 모르는 것이 당연하고 오히려 모르는 것이 나을 수도 있다는 입장이다. 하지만 그는 야구가 직업인 사람들이 해고되지 않기 위해 항상 노력할 뿐만 아니라 낭만적인 꿈도 간직하고 있다는 것을 이야기하고 싶었다고 한다. 그들이 실제로 뛰고, 샤워하고, 버스를 타고 돌아다니는 느낌을 그대로 전하고 싶었단다. 그래서 이 영화는 스포츠의 주체인 선수들의 시각에서 그려진 새로운 스포츠 영화의 모델을 제시했다는 평가를 받는다. 영화를 본 뒤 매일 승패와 기록으로 평가받는 메이저리그 이면의 훨씬 더 많은 마이너리거들의 땀 흘리는 세상을 조금이나마 떠올릴 수 있다면 그것으로 족하다.

그런데 최후의 수수께끼가 하나 남아 있다. 이 영화에 대해 관심이 있는 우리나라 팬 누구도 쉽게 풀지 못한 문제, 바로 제목이다. 영화의 원제는 '불 더램Bull Durham'이다. 이는 영화의 배경이 된 마이너리그팀 '더램 불스'의 이름과도 관계가 있고, 야구 역사에서 불펜이라는 단어의 어원을 찾을 때 등장하는 담배회사의 광고판 문구도 'Bull Durham'이어서 이래저

메이저리그, 진심의 기록

영화의 원제 '불 더램'은 트리플 A팀인 더램 불스와 관련이 있다.(출처 : 더램 불스 구단 공식 트위터)

래 메이저리그에서 유래가 깊은 단어의 중의적인 조합이다. 현실적으로 국내 개봉에 그대로 가져오기 어려운 제목이기는 하지만 그래도 '19번째 남자'는 너무 뜬금없다. 영화를 잘못 본 것이 아닌 이상 19번째 남자라는 표현이나 이를 유추할 수 있는 직접적인 상황은 어디에서도 찾아볼 수 없다. 굳이 엮자면 매 시즌마다 새로운 유망주를 애인으로 삼는 수전 서랜던의 기행이 19번째에 이른 것으로 생각할 수 있는데 이 역시 흐름에 따른 추측에 불과할 뿐이다.

　몇 년 전 영화 수입사인 이십세기 폭스의 사무실과 영화 전문 주간지에 제목에 대해 문의했으나 별다른 수확은 없었다. 한 해에 번역되는 영화의 수를 감안하면 1990년 국내에 개봉해 흥행에 실패한 영화의 한글 제목을 지은 사람이 누구인지 찾는 것조차 불가능할 듯하다. 간혹 영화 매체에서 이런 소재를 기사화하는 경우도 있지만 그것도 어느 정도 사연이 특이하거나 흥행에 성공한 영화 정도가 되어야 언급되는 것이 당연하다. 어찌 보면 메이저리그에 대한 관심이 많지 않던 시기에 마이너리그를 소재로 한 영화를 국내에 들여왔다는 것은 영화의 핵심이 야구보다 인간의 성장에 있다는 점을 간파한 것일 수도 있겠다는 생각이 든다.

추억의 가치를 시험하다,
'꿈의 구장 프로젝트'

야구광인 아버지를 둔 뉴욕 출신의 남자가 있다. 아버지와의 관계가 편치 않은 탓에 일부러 캘리포니아 지역의 대학에 입학해 거리를 두었던 그는 가정을 꾸린 뒤 농장을 사들여 서른여섯의 나이에 옥수수를 경작하는 농부가 된다. 어느 날 그는 해질녘 옥수수밭을 둘러보다가 우연히 알 수 없는 목소리를 듣게 되고, 그 계시에 이끌려 옥수수밭을 갈아엎은 뒤 야구장을 만든다. 그곳에 아버지의 우상이었던 전설적인 야구선수들이 등장하는 놀라운 경험을 하면서 자신의 꿈을 찾아간다.

얼핏 황당한 판타지 영화의 줄거리처럼 보이지만 이 이야기는 야구를 소재로 한 대표 명작이자 미국 영화 100주년 기념 100대 작품에도 선정된 〈꿈의 구장Field of Dreams〉(1989)의 도입부이다. 메이저리그 커미셔너인 롭 맨프레드는 영화가 개봉 30주년을 맞은 2019년 이른바 '꿈의 구장 프로젝트'를 발표했다. 영화처럼 옥수수밭에 야구장을 만들고 뉴욕 양키스와

야구 영화의 클래식인 〈꿈의 구장〉의 한 장면

시카고 화이트삭스의 실제 정규 시즌 경기를 치르겠다는 것이 핵심 내용으로, 무모한 시도 같았지만 영화 안팎의 이야기를 살펴보면 그리 엉뚱한 일만은 아니었다.

케빈 코스트너가 연기한 옥수수밭 주인의 이름은 레이. 그가 이웃들의 조롱을 무릅쓰고 밭을 갈아엎어 야구장을 만드는 일은 영화가 시작된 지 10여 분이 지나면 이미 끝난다. 즉 알 수 없는 계시에 의해 야구장을 만든 것은 전체 줄거리의 밑그림일 뿐 이제 진짜 영화가 시작된다는 신호로 보면 된다.

영화 이야기를 이어가기 위해서는 '블랙삭스 스캔들'에 대한 설명이 조금 필요하다. 블랙삭스 스캔들은 구단주의 부당한 처우에 시달리던 시카고 화이트삭스 선수들이 1919년 월드시리즈에서 도박꾼들의 청탁을 받고 일부러 경기에서 패한 실제 승부 조작 사건을 말한다. 당시 파문이 커지면서 8명의 화이트삭스 선수들이 영구 제명되었는데, 이중 '맨발의 조'로 불린 조 잭슨은 다른 선수와 달리 석연치 않게 퇴출당한 것으로 알려져 있다. 당시 월드시리즈에서 양 팀 최다인 12안타를 기록했고, 이 시리즈에서 나온 유일한 홈런의 주인공이었을 정도로 승부 조작에 가담했다고 보기에는 무리였기 때문이다. 결정적으로 조 잭슨은 자필 서명조차 제대로 하지 못하는 수준의 문맹이었다.

리그 전체에 찌든 허물을 감추려다 역대 통산 타율 3위(0.356)의 대타자 조 잭슨이 무리하게 제명되었다는 여론은 사건 당시부터 지금까지 변함없이 이어졌고, 테드 윌리엄스를 비롯해 야구계 유력 인사들이 공개적으로 구명운동을 벌였지만 그는 끝내 복권되지 못했다(〈꿈의 구장〉이 공개되기 전 블랙삭스 스캔들을 다룬 영화 〈여덟 명의 제명자Eight Men Out〉도 개봉되어 현지 여론을 환기시킨 바 있다).

다시 영화 이야기로 돌아가보자. 어느 날 밤, 레이가 만든 야구장에 예고도 없이 조 잭슨이 나타난다. 생전의 억울함을 알아줄 적임자라고 생각한 듯 레이와 시선을 주고받은 잭슨은 감격스러운 마음으로 잔디를 밟고 타격을 하며 한풀이를 한다. 꿈인지 생시인지 모를 만남은 그렇게 하룻밤 시간 속으로 사라진다. 이후 레이는 또다른 계시를 받고 전설적인 은둔 작가를 찾아 나서는가 하면 메이저리그에서 대수비로 단 1경기만 뛰고 사라진 선수를 만나기 위해 먼 길을 떠나기도 한다.

이 과정에서 한때 빅리거를 꿈꾸었던 어린 시절의 아버지까지 우연히 만나게 된다. 각자 야구와 관련된 사연을 가진 그러면서 누군가에게는 향수의 대상인 20세기 초반의 인물들은 그렇게 레이에 이끌려 옥수수밭 야구장에 모이게 된다. 시대를 초월해 나란히 환생한 그들이 서로 짓궂은 농담을 하며 경기를 펼치는 순간은 스포츠 팬들끼리 상상만 했던 모습을 멋지게 영화화한 가슴 벅찬 장면이다(다만 우투좌타인 조 잭슨이 좌투우타로 바뀌어 구현된 장면은 아쉽다. 필 올던 로빈슨 감독은 영화의 핵심과 무관한 장면이고 잭슨 역을 맡은 리오타가 오른손잡이라는 점을 배려했다고 하지만, 실제 선수에 대한 향수를 바탕으로 한 작품이라는 점에서 아쉽다는 의견이 많다).

야구에 대한 애정이 담긴 연출, 그리고 초자연적인 현상을 거부감 없이 받아들이도록 안내하는 담담한 전개 덕에 매력적인 장면이 여럿 만들어졌고, 영화는 개봉 후에도 자주 회자되며 수많은 사연을 양산하기도 했다. 야구에 무관심한 사람이라도 영화의 설정에 반감을 가질 것 같지는 않다. 퓨전 사극을 비롯해 시대를 오가며 펼쳐지는 수많은 판타지 드라마에서 다른 시대, 다른 세계의 사람들끼리 접촉해 만들어내는 이야기가 무작정 허무맹랑하지는 않다는 것을 우리는 이미 알고 있다. 〈꿈의 구장〉 역시 야구 지식과 무관하게 공감을 형성하는 지점이 존재한다는 평가를 받는다.

야구 영화 전문 배우로 불리는 케빈 코스트너의 역할도 언급하지 않을 수 없다. 영화가 캐스팅 작업에 돌입하던 시점에 케빈 코스트너는 이미 〈19번째 남자〉로 주목을 받은 상황이었기 때문에 제작진은 그를 일부러라도 찾지 않을 생각이었다고 한다. 그러나 데뷔작의 흥행에 실패한 신출내기 감독에게 스타 배우인 케빈 코스트너가 먼저 출연하겠다는 의사를 전해왔고 그렇게 케빈 코스트너는 2년 연속 야구 영화에 등장해 연타석 홈런을 터뜨렸다(훗날 〈사랑을 위하여For Love Of The Game〉(1999)까지 출연하면서 이른바 케빈 코스트너의 야구 영화 3종 세트가 완성된다).

메이저리그, 진심의 기록

1905년 뉴욕 자이언츠 소속으로 단 1경기에 나서 대수비로 1이닝만 뛴 실존 인물인 문라이트 그레이엄을 찾아가는 과정도 신비롭다. 영화의 원작 소설인 『맨발의 조Shoeless Joe』(1982)의 작가 W.P. 킨셀라는 자료 수집 중에 우연히 '야구 백과사전Baseball Encyclopedia'에서 타석 없이 1이닝의 수비만 기록된 특이한 선수를 발견하고 이 선수의 사연을 소설에 넣기로 마음먹었다고 한다('베이스볼 레퍼런스' 같은 웹사이트가 없던 시절 야구 백과사전이나 『토털 베이스볼Total Baseball』 등의 두꺼운 간행물은 야구 애호가들이 역대 선수들의 공식 기록을 찾는 중요한 통로였다. 2000년대 중반까지도 매년 발행되었다). W.P. 킨셀라는 실제 문라이트 그레이엄의 흔적을 찾기 위해 그가 세상을 떠날 때까지 머물던 마을을 찾아가 주민들을 상대로 관련 정보를 취재했다. 문라이트 그레이엄은 은퇴 후 지역에서 의사로 봉사활동을 펼치며 여생을 보냈다는 사실을 확인하고 이 사연까지 소설에 녹여냈다. 영화에서 그대로 반영된 것은 물론이다.

영화는 메이저리그의 황금기와 레전드에 대한 향수를 다양한 방식으로 곱씹는다. 이 과정에서 야구에 대한 미국인의 애정도 확인할 수 있다. 미국 문화 전문가 빌 브라이슨은 "20세기 중반까지만 해도 메이저리그는 미국의 심리 세계를 지배하는 스포츠 이상의 존재였고, 월드시리즈는 1년에 한 번씩 온 국민이 스포츠 세계가 어떻게 흘러가는지 알게 되는 시기였을 만큼 그 인기가 절대적이었다"고 평가했다. 여전히 메이저리그의 입지가 꽤 굳건하던 시기에 개봉된 〈꿈의 구장〉은 그 자체로 흥행에 성공한 것은 물론 영화 촬영지도 연간 10만 명이 찾는 관광지로 자리잡았다. 세대 간의 추억을 이어가는 방식으로 풀어간 영화가 현실에서 서로 추억을 공유하는 물리적인 매개까지 창출했다는 것은 참으로 환상적이다. 옥수수밭 야구장

메이저리그 사무국이 영화 촬영지에 조성한 실제 옥수수밭 야구장(출처 : 메이저리그 공식 홈페이지)

이 바로 그것이다. 영화는 기대했던 것 이상의 성취를 남겼다.

2019년 메이저리그 사무국은 영화 속 옥수수밭 야구장에서 실제 경기를 치르겠다는 '꿈의 구장 프로젝트'를 발표했다. 야구팬들에게는 무척 반가운 소식이었지만 역설적으로 그만큼 메이저리그의 흥행 위기가 간단치 않다는 점을 인정한 것이라고 해석할 수도 있다. 그래도 그 해법을 '꿈의 구장'에서 찾았다는 것은 메이저리그가 다른 스포츠보다 세대 간의 연결이라는 점에서 여전히 한발 앞서 있음을 보여주는 것이기도 하다. 계획이 발표되었을 때만 해도 기대와 우려가 공존했다. 미국의 주요 프로 스포츠 중 유튜브 활용에 가장 뒤떨어진 종목답게 진부한 쇼만 남긴 채 우습게 끝나지 않을까 하는 걱정도 있었다. 다행히 결과는 대성공이었다.

2021년 8월 12일 코로나19 여파로 1년이 미뤄진 끝에 옥수수밭 위에서 꿈의 구장 경기가 펼쳐졌다. 경기장은 시카고 화이트삭스의 과거 홈구장

메이저리그, 진심의 기록

케빈 코스트너가 역사적인 시구로 향수를 불러일으켰다.(출처 : 메이저리그 공식 홈페이지)

영화 세트장에 배우들이 들어서는 것으로 착각할 정도이다.(출처 : 메이저리그 공식 홈페이지)

경기 장면 하나하나는 물론 마지막까지 영화 그 자체였다.(출처 : 메이저리그 공식 홈페이지)

모양을 토대로 지어졌다. 8000석 규모의 관중석이 설치되었고, 외야 담장은 철조망과 이동식 투명 패널로 구성해 옥수수밭이 어디에서나 보이도록 했다. 풍경 자체만으로 향수를 불러일으킨 가운데 영화 속 장면을 본떠 양팀 선수들은 옥수수밭 사이를 헤집고 그라운드로 입장했고, 케빈 코스트너가 멋지게 시구를 뿌리면서 분위기는 한껏 달아올랐다. 경기도 극적이었다. 물고 물리는 승부 끝에 시카고 화이트삭스가 끝내기 홈런을 터뜨리며 말 그대로 영화처럼 승리했다.

정규 시즌 경기로는 16년 만에 최고 시청률을 기록하며 큰 화제를 불러일으킨 덕에 MLB 사무국은 일회성으로 구상했던 꿈의 구장 프로젝트를 연례행사로 치르기로 결정했다. 추억을 잘 간직하는 법에 능통한 미국이 그 추억의 가치를 재창출하려는 시도에 박수를 보내게 된다. 이런 과감함이 멋지고 또 한편 부럽기도 하다.

'날 미치게 하는'
보스턴

2018년 메이저리그는 보스턴 레드삭스로 시작해 보스턴 레드삭스로 마무리된 해였다. 정규 시즌부터 포스트 시즌의 각 단계는 물론 마무리까지 압도적이었다. 월드시리즈 종료 직후만 해도 상대팀인 LA 다저스 데이브 로버츠 감독의 전략 실패가 도마 위에 올랐지만 결과적으로 이길 만한 팀이 이겼다. 2000년대 들어 무려 4번째 월드시리즈 우승이었다. 현재까지 21세기 최고의 팀으로 손색이 없는 성과를 올린 가운데에서도 보스턴 레드삭스의 팬들은 여전히 2004년을 결코 잊지 못한다. 1918년 이후 86년 동안 무관의 시절을 겪으면서 남긴 숱한 흑역사, 한마디로 '밤비노의 저주'를 가장 극적인 방식으로 깨부순 2004년의 추억은 2018년에도 다시 소환되었다.

보스턴 레드삭스의 2004년을 재구성하는 다양한 방식 중 빼놓을 수 없는 것이 있다. 영화 같은 2004년을 진짜 스크린 속에 구현한 작품 〈날 미

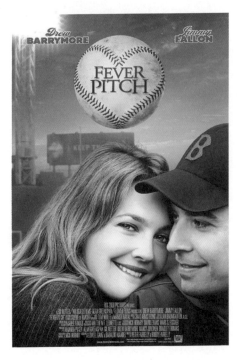

영화 〈날 미치게 하는 남자〉(2005) 포스터

치게 하는 남자The Perfect Catch〉(2005)를 논하는 것이다. 2018년의 우승 이후에도 적지 않은 보스턴 레드삭스의 팬들이 팀의 성과를 설명하는 주술적(?)인 요인으로 이 영화를 언급하곤 한다. 〈날 미치게 하는 남자〉가 프리미어리그 아스널의 광팬을 소재로 한 닉 혼비Nick Hornby의 에세이이자 영화 〈피버 피치Fever Pitch〉를 원작으로 했다는 것은 널리 알려진 사실이다(미국과 캐나다 이외의 지역에서는 〈더 퍼펙트 캐치The Perfect Catch〉라는 제목으로 개봉되었다). 이 영화는 야구팬이란 단어로는 설명이 부족한, 보스턴 레드삭스가 곧 인생 자체인 남자의 좌충우돌 연애기를 다룬 로맨틱 코미디이다.

스스로 야구 광팬이라 여긴다면 상상해보았을 만한 다양한 일화도 흥

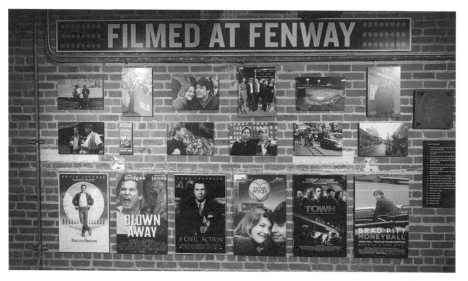

펜웨이 파크를 담아낸 영화들

미롭지만 팬심 이상의 광기를 드러내는 디테일도 충분히 즐길 만하다. 이른바 '덕후의 로망'이 충실히 구현된 주인공의 집안에는 온갖 소품에 보스턴 레드삭스 로고가 새겨져 있는데, 이중 야구 글러브 전체를 잘라내고 이어붙여 만든 전화기가 단연 압권이다. 딱 한 곳, 보스턴 레드삭스의 라이벌 뉴욕 양키스의 로고가 새겨진 물품이 있다. 언제든 더럽혀져야 마땅한 화장실의 휴지이다.

　이 영화의 가장 유명한 후일담은 당초 계획과 달리 보스턴 레드삭스가 오랜 저주에서 벗어나 우승하면서 시나리오도 해피엔딩으로 바뀌었다는 것이다(역사상 가장 위대한 도루로 손꼽히는 데이브 로버츠의 'The Steal'과 함께 당시의 경기 화면도 등장한다). 주연을 맡은 지미 팰런이 실제 뉴욕 양키스 팬이라는 점 역시 반전 요소이다. '자본주의 연기'라는 평도 있었지만 몇몇 보스턴 레드삭스 팬들은 오히려 이 점이 밤비노의 저주에서 벗어나는 단초

보스턴 레드삭스의 레전드 데이비드 오티즈를 레고로 형상화한 작품

였다고도 생각하는 듯하다. 베이브 루스를 뉴욕 양키스에 팔아버린 대가로 얻게 된 저주였으니 양키스 팬을 섭외해 보스턴 팬으로 둔갑시킨 영화가 비슷한 작용을 했을 것이란 자기만족이다.

이런 마음까지 담았는지 알 수 없지만 펜웨이 파크 안에는 이 경기장에서 촬영한 영화들을 추억하는 장소가 마련되어 있다. 〈날 미치게 하는 남자〉도 〈꿈의 구장〉, 〈머니볼〉과 함께 주요 영화로 대접받는 중이다. 2004년부터 2018년 우승까지 어떤 식으로든 영광을 함께해온 데이비드 오티즈의 대형 레고 조형물도 멋지게 전시되어 있다. 일일이 언급할 수 없지만 야구팬들을 미치게 하는 수많은 요소가 가득하다. 이렇듯 구장 자체가 역사인 펜웨이 파크 내부 곳곳에는 레드삭스의 추억을 공유하는 수많은 기념물들이 팬들을 설레게 한다. 야구장 투어 프로그램이 일반화된 미국에서도 펜웨이 파크 투어는 관광 상품으로의 가치가 타의 추종을 불허

메이저리그, 진심의 기록

'펜웨이 팜' 전경. 구장 내에 농장이 조성된 의미가 각별하다.

한다. 그런데 조금은 동떨어진 분위기의 장소도 찾아볼 수 있다. 바로 구단 사무국 옥상에 가꿔진 농장인 '펜웨이 팜Fenway Farm'이다.

야구단은 야구를 잘하는 것이 가장 중요하지만 더 나아가 지역사회에 건강하고 건전한 삶의 방식까지 선도해야 한다는 생각으로 존 헨리 구단주의 부인 린다 피추티가 주도해 만든 장소이다. 사무실 옥상 공간을 활용해 2015년 개막식에 맞춰 만들었고, 연간 2700킬로그램 안팎의 유기농 작물을 생산한다고 한다. 일반 관중들이 오가며 볼 수 있는 위치이고 구장 공식 투어 프로그램에서도 잠시 둘러볼 수 있는 곳이다. 야구에 미친 사람들이 간혹 긍정적인 가치관을 형성하면 이런 결과물이 나오기도 한다.

영화 〈날 미치게 하는 남자〉에서 보스턴 레드삭스 팬은 이렇게 말한다. "레드삭스는 질 때도 그냥 지지 않죠. 예술적으로 집니다." 한동안 자조 섞인 농담에 불과했지만 2000년대의 보스턴 레드삭스는 남들이 부러워할

펜웨이 파크의 상징인 왼쪽 담장, '그린 몬스터'

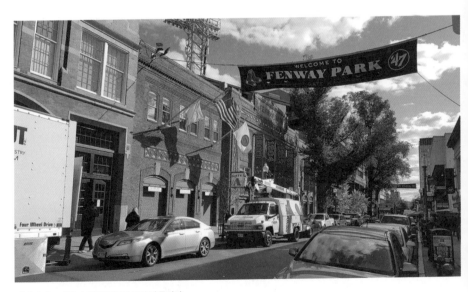

펜웨이 파크 자체가 야구 박물관이나 다름없다.

만한 구단이 되었다. 원래 유명했던 역사와 열정에 야구 실력은 물론 자신만의 양식까지 갖추었기 때문이다. 한동안 메이저리그 전체를 미치게 만든다고 해도 이상할 것이 없는 구단, 보스턴 레드삭스이다.

전설이 된 숫자,
'42'

〈42〉는 메이저리그 팬이라면 제목만으로도 설명이 필요 없는 영화이다. 그만큼 국내에서 정식 개봉이 되지 않았다는 것을 머리로는 이해하나 가슴으로는 섭섭하기 짝이 없는 작품이기도 하다. 누구나 알다시피 메이저리그 최초의 흑인 선수 재키 로빈슨에 대한 이야기이다.

'42'는 로빈슨의 등번호로 더이상 설명이 필요 없다. 하지만 일반 상식 전달이 목적이었다면 영화를 보아야 할 이유가 없다. 메이저리그의 영웅이나 역사를 재가공한 영화는 숱하게 많지만 전체적인 완성도를 따진다면 〈42〉만한 영화도 드물다. 올림픽이나 월드컵의 명장면을 감상할 때 화질의 차이가 감동의 깊이를 좌우하고, 음질의 차이가 명곡의 여운을 더할 때도 있다. 〈42〉의 경우는 세밀한 고증과 디테일까지 살린 연출이 감동을 극대화했다고 볼 수 있다. 평단의 반응도 대부분 호평 일색이었고, 4000만 달러의 제작비로 9700만 달러의 수입을 올리면서 흥행 역시 크게 성공했다.

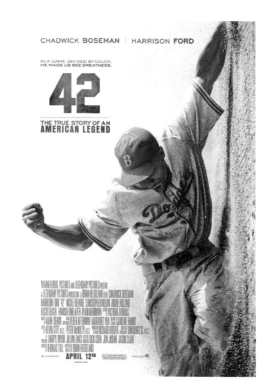

영화 〈42〉(2013) 포스터

〈42〉의 첫 장면은 제2차세계대전 직후 미국의 풍경이다. 미국 사회가 민주주의와 자유에 대한 열망으로 달궈지면서 야구장의 공기도 서서히 달라지고 있음을 암시한다. 이어 메이저리그의 황금기로 불리던 당대의 실제 경기 장면이 흘러간다. 그리고 브루클린 다저스의 그 유명한 단장 브랜치 리키가 야심찬 계획을 읊조리면서 진짜 영화가 시작된다.

브랜치 리키 단장이 재키 로빈슨을 발굴한 것은 철저히 계산된 작업이었다. UCLA에서 풋볼, 육상, 농구를 포함한 4개 종목 스타로 이름을 알렸고, 육군 장교 출신에 감리교 신도라는 점도 고려되었다. 누가 보아도 마케팅 포인트가 분명했다. 무엇보다 재키 로빈슨의 기질에 주목했는데, 일상적

2020년 채드윅 보즈먼의 사망에
영화계는 물론 야구계도 애도를
표했다.(출처 : 메이저리그 공식 홈페이지)

으로 접해야 할 인종 비하 발언을 재키 로빈슨 면전에서 질릴 때까지 시연
하는 방법으로 그의 인내심을 시험해보기도 했다. 이런 모든 장면이 영화
에서 특별한 각색 없이 펼쳐진다.

허투루 접근할 수 있는 소재가 아닌데다 실제로 재키 로빈슨이 최상급
의 야구 실력을 지닌 선수였으니 야구적인 면을 연출하는 데에도 성의가
엿보인다. 브루클린 다저스 산하 마이너리그팀 몬트리올 로열스에 입단하
자마자 겪은 첫 빈볼의 느낌, 1루 베이스 근처에서 투수의 신경을 자극하
며 도루를 시도하는 재키 로빈슨 특유의 몸짓 등 세세한 부분에 공들인
흔적을 찾아볼 수 있다. 20세기 중반의 고풍스러운 야구장을 감상하는 것
도 소소한 재미를 더한다. 재키 로빈슨이 첫발을 내딛은 브루클린의 에버

메이저리그, 진심의 기록

츠 필드와 뉴욕의 명물이었던 폴로 그라운드, 그리고 외야에 관중석 대신 나무를 심어둔 옛 포브스 필드의 모습(빙그레 이글스 시절의 대전 구장이 어렴풋이 떠오른다), "벽에 물건을 던지면 위험합니다"라고 적힌 크로슬리 필드의 대형 표지판도 메이저리그 팬들의 호기심을 자극하는 부분이다(과거 이미지 검색을 해보면 좀더 확실한 느낌을 받을 수 있다).

여기에 배우들의 연기를 안정감 있게 얹었다. 우리에게 〈블랙 팬서〉로 잘 알려진 채드윅 보즈먼은 시대의 사명감까지 끌어안고 재키 로빈슨 역에 몰입했는데, 실제 재키 로빈슨이 처했던 상황을 이해하기 위해 그의 아내 레이첼로부터 조언을 받는 일에 가장 집중했다고 한다. 또 악명 높은 인종주의자 밴 채프먼과의 갈등관계를 제대로 표현하기 위해 해당 배역을 맡은 앨런 터딕과는 촬영 기간 내내 대화를 피했다고도 한다. 브라이언 헬걸런드 감독은 재키 로빈슨의 작은 버릇까지 연습을 반복하는 채드윅 보즈먼의 모습을 보고 "이 영화를 수백 번 찍어도 더 나은 로빈슨은 나올 수 없다"고 극찬했다(일부 야구 장면을 대역이 소화하기는 했다).

브랜치 리키 역을 맡은 해리슨 포드 역시 나름의 이미지 변신을 꾀했다. 해리슨 포드는 브랜치 리키의 빛나는 아이디어와 박식한 면모, 열린 자세와 철학자의 기품 등을 구현하는 동시에 전형적인 연기를 보이지 않기 위해 노력했다고 밝혔다. 그 과정을 브라이언 헬걸런드 감독이 작품에 충실히 반영했고, 행크 에런이 살아 있는 브랜치 리키를 보는 것 같다고 감탄한 결과물이 나왔다(처음 브랜치 리키 역에 거론된 배우는 로버트 레드퍼드였다고 한다).

레오 듀로셔 감독을 비롯해 실존 인물을 재현한 배우들의 싱크로율도 상당한 수준이다. 더불어 당시 유니폼 특색과 선수들의 등번호, 훗날 회자

채드윅 보즈먼은 영화를 위해 재키 로빈슨의 아내 레이첼에게 적극 조언을 구했다.(출처 : MLB.com 영상)

된 대화 내용도 상당 부분 그대로 재현되었다. 굳이 매의 눈으로 흠을 잡아내자면 재키 로빈슨과의 악연이 그려진 투수 프리츠 오스터뮬러가 원래 왼손잡이인데 영화에서는 오른손으로 공을 던졌다는 것 정도이지만 극중 이질감이 느껴질 정도는 아니다. 현재 메이저리그 해설가로 활약중이고 KBO리그에서도 뛰었던 크리스 니코스키가 엑스트라로 나오는 장면도 볼 수 있다.

의도한 것인지는 알 수 없으나 '머니볼'을 떠올리게 하는 장면도 찾아볼 수 있다. 메이저리그 데뷔를 앞둔 재키 로빈슨이 파나마 스프링캠프에서 1루 수비 연습을 하는 장면은 머니볼의 스콧 해티버그가 1루수를 준비하는 상황과 비슷한 구도로 오버랩된다. 좀더 확실한 것도 있다. 브랜치 리키 단장이 피츠버그 파이리츠와의 원정 경기 소식을 텅 빈 홈구장에서 라디오 방송으로 접하는 모습이다. 영락없는 〈머니볼〉의 빌리 빈이다. 제작 시

메이저리그, 진심의 기록

점으로는 〈머니볼〉이 먼저이므로 충분히 가능한 이야기이기는 하다.

　얼핏 빈 스컬리와 유사한 외모로 등장하는 라디오 중계 해설자는 실제 빈 스컬리의 스승으로 알려진 전설의 방송인 레드 바버이다. 당시 라디오 해설자는 홈경기만 현장 중계를 하고 원정 경기의 중계는 경기 내용을 전신으로 받은 뒤 연기력을 가미해 방송했는데 영화에서는 굳이 그런 점까지 구체적으로 그리지는 않았다. 브랜치 리키의 실제 증손녀인 켈리 제이클이 영화에서 재키 로빈슨의 아이를 잠시 돌봐주는 백인 보모로 얼굴을 비친다는 점도 깨알 같은 정보이다.

　가장 기억에 남는 장면은 동료 유격수 피 위 리스가 재키 로빈슨과 어깨동무를 하는 순간이다. 자신의 출신지인 신시내티 레즈와의 원정 경기에서 백인 친구들의 반발까지 감수하며 행한 피 위 리스의 행동은 최근에 동상으로 만들어졌을 만큼 상징적인 것이었다. 그래도 영화는 영화이다. 현실은 더욱 비참했다. 재키 로빈슨이 자주 겪어야 했던 오물 투척은 영화에서는 생략되었다. 로빈슨은 브루클린 다저스 초창기 시절까지도 스프링 캠프에서 흑인 전용 화장실을 이용하고, 다른 식수대를 사용해 물을 마셔야 했다. 숙소도 동료들과 달랐다. 경기장 주위에서는 늘 살해 위협이 끊이지 않았다.

　2007년 재키 로빈슨 데이 창설을 기념해 미국 ESPN에서 방영한 영상에서 혹독했던 당시의 현실을 접한 기억이 생생하다. 하루하루 상상할 수 없는 환경을 버텨내고 MVP까지 차지한 재키 로빈슨의 내면을 우리가 제대로 헤아리는 것은 불가능하다. 이렇게 이야기하고 있는 지금 이 순간에도 갖가지 인종차별 논란이 여전히 뉴스로 전해지는 시대이다. 작위적인 의미 부여보다 영화를 직접 보는 것이 더 훌륭한 교육이 될 것이라 확신한다.

KBO리그 이야기
백업 포수의 세계에서 성공을 찾다

국내 야구와 메이저리그를 막론하고 때론 현장에서, 때론 TV 중계를 통해서 헤아릴 수 없을 만큼 많은 홈런을 지켜보았지만 유독 기억에 남는 홈런이 있다. 2020년 5월 27일 대전 구장. LG 트윈스가 11대 3으로 앞선 8회, LG 이성우가 야무진 스윙으로 만루 홈런을 쳤는데 그 이후가 독특했다. 호탕하게 세리머니를 하는 대신 2루를 돌며 얼떨떨한 표정으로 담장을 보고 또 쳐다보았다. 직접 때린 공이 정말 담장을 넘어갔는지 믿지 못하겠다는 듯 이성우는 홈을 밟고 나서도 어리둥절한 표정을 감추지 못했다.

누구에게나 특별한 만루 홈런이 이성우에게는 더 각별했던 이유가 있다. 프로 입문 21년째인 나이 마흔에, 그것도 백업 포수로만 끈질기게 살아남아 기록한 첫 만루 홈런이었기 때문이다. 이성우도 어릴 때에는 남들처럼 성공해서 명예와 돈을 거머쥐는 것이 막연한 꿈이었다. 하지만 2000년 LG 트윈스에 입단한 후 1군 무대를 밟기까지 그렇게 오래 걸릴 줄은 미처 몰랐다. 언젠가부터 만년 2군 신세로 1군에서 하루만이라도 뛸 수 있기를 기도하는 생활을 반복하고 있었다. 때로는 방출 소식을 듣고 펑펑 울기도 했다.

그러다 생애 처음 1군에 등록되었는데 이성우는 이날을 정확히 기억한다. SK 와이번스 소속이던 2007년 7월 17일 올스타 휴식기까지 3경기가 남은 상황에서 주전 포수 박경완이 부상을 당하자 이성우는 1군의 부름을 받았다. 그런데 2경기는 우천으로 취소되었고, 다른 1경기에서는 출전 기회를 얻지 못했다. 곧바로 다시 2군으로 돌아갔다. 결국 2008년 KIA 타이거즈로 트레이드되고 나서야 대수비로 1군 무대에 데뷔했다.

이성우는 서른이 넘어서면서 냉정하게 자신을 바라보았다. 화려하게 주전으로 발돋움하겠다는 이상적인 목표 대신 백업 포수의 역할을 잘 수행하는 것이 최선이라고 생각했다. 다만 오래 살아남겠다는 의지만은 절실했다. 단 한 시즌도 100경기 이상 뛴 적이 없을 만큼 철저히 조연에 불과했지만 주전 포수를 뒷받침하는 역할만큼은 쏠쏠하게 해냈다. 누구나 알 만한 스타는 아니어도 충성도 높은 팬들은 이성우가 흘린 땀의 가치를 알아주었다. 14시즌 동안 620경기를 뛰면서 홈런 7개에 75타점. 자신 있게 내세울 수 있는 기록은 아닐지라도 선수생활 말년에 끝내기 안타와 만루 홈런으로 기억에 남을 만한 순간은 간직할 수 있었다. 그리고 2021년을 마지막으로 현역 은퇴를 선언했다.

가장 무거운 장비를 착용하고 경기 내내 쪼그려 앉아야 하는 포수. 다른 포지션에 비해 체력 소모가 심한 탓에 포수 한 명이 온전히 한 팀의 모든 경기를 소화한다는 것은 불가능에 가깝다. 분업화가 강조되는 현대 야구에서는 더더욱 그렇다. 어느 팀이나 백업 포수가 필수인 이유이다. 어린 유망주들에게 어떤 선수가 되고 싶은지 묻는다면 여러 답변이 나오겠지만 누구도 백업 포수가 되겠다는 선수는 없을 것이다. 그러나 현실 속 모든 팀은 백업 포수를 필요로 하고, 누군가는 그 역할을 부여받아 마스크를 써야 한다. 백업 포수로 자신의 임무를 한정한 선수에게 스스로 잠재력을 차단하는 것이 아니냐고 묻는다면 그런 질문은 너무 낭만적인 것이다. 누군가에게는 1군 명단에 매달려 버티는 것 자체가 도전이다.

주전 포수들이 쉬거나 경기가 일찌감치 기울었을 때 빈틈을 채우는 백업 포수. 삼성 라이온즈, 두산 베어스, SK 와이번스를 거친 이흥련은 이런 측면에서 백업 포수만의 철학을 늘 되새기고 있다. 백업 포수라면 1이닝이든 2이닝이든 무조건 전력으로 에너지를 쏟는 것을 최우선으로 삼는다는 이흥련. 그는 얼굴마저 가려진 채 등장하기에 치킨과 맥주에 잠시 눈길을 두었던 관중들이 자신의 교체 출전 사실 자체를 알아채지 못하는 경우도 있지만 그런 것은 상관없다고 이야기한다. 그는 벤치에서 대기하다가 경기 후반에 투입되다 보니 더그아웃에서도 자신만의 이미지 트레이닝으로 경기 흐름을 따라가며 최상의 상태로 준비하려고 노력한다. 그러다 경기에 출전하지 않는 날도 많지만

언제든 출전할 것이라고 진심으로 믿어야 실제 그라운드에 올라서도 좋은 결과가 나온다고 한다.

백업 포수가 나서는 상황이라면 자연스럽게 그들과 호흡을 맞추는 투수들 역시 팀 내에서 자리를 잡아야 하는 처지인 경우가 대다수이다. 그래서 백업 포수의 중요한 덕목이 하나 더 있다. 아직 자리잡지 못한 투수들이 마운드에 오를 경우 집중력을 잃지 않고 최소 실점을 하도록 이끄는 것이다. 이흥련은 그런 투수들이 1군에 남을 수 있도록 장점을 포착해 돕는 것이 자신의 임무 중 하나라고 이야기한다. 언뜻 비중이 높지 않은 것처럼 보이는 백업 포수가 어떤 투수에게는 생존과 미래를 좌우하는 은인일 수 있다는 이야기이다.

이성우는 은퇴를 선언한 직후 훈련하다고 했다. 2번의 트레이드와 2번의 방출을 경험했고, 평생 누군가의 백업으로 살아왔지만 주위에서 어떤 평가를 하든 마흔 살까지 현역으로 뛰었다면 자신의 인생은 성공한 것이라고 자부했다. 백업 포수만의 철학을 다시 곱씹게 된다. 굳이 백업 포수의 세계로 한정짓지 않더라도 어느 분야에서든 조용하고 길게 버틴 노장의 자부심을 거부할 사람은 없을 것이다.

맥스엠엘비를 추억하며

내가 인생을 담은 야구에 애착을 갖게 된 이유는 어떤 인연 때문일지도 모른다. 그를 만난 것은 대학생 때였다. 제대 후 복학했다는 이유만으로 근거 없이 의욕이 넘치던 시절이었다. 박찬호 열풍과 맞물려 '야구코리아', '스포츠닷컴', '조인스' 같은 1세대 MLB 커뮤니티가 꽤나 붐을 이루었다. 활동하는 곳은 제각기 달랐지만 각 사이트 유저들은 온라인에서 때로는 오프라인에서 교류하곤 했다. 그러면서 그의 존재를 알게 되었다.

2001년 '야구코리아'가 운영 문제를 겪으면서 MLB 커뮤니티의 구도가 바뀌었다. 놀던 곳을 잃은 유저들은 한 다리, 두 다리 건너 추천받은 사람들끼리 모이기 시작했다. 그때 그를 처음 만났다. 그는 첫인상부터 자신감이 넘쳤다. 어느 정도 대화가 오가자 대뜸 웹사이트를 만들고 싶다고 했다. 최고의 메이저리그 사이트를 만드는 것이 목표라고 했다. 대화를 해보니 허세는 아닌 것 같았다. 어쭙잖은 지식으로 포장하지 않는 것이 마음에 들었다. 초면에 지식 배틀로 우위에 서려는 스타일도 아니었다. 무엇보다 뒤에 가서 딴소리할 것 같지 않았다.

그와 함께하기로 의기투합했다. 목표를 정하면 끝을 보아야 하는 놈이었다. 초기에는 전문가의 도움을 받았지만 점차 스스로 웹관리 능력도 갖추었다. 합류한 다른 친구들과 분야별로 직접 쓴 글을 모아 웹사이트를 개설했다. 2001년 10월 10일 맥스엠엘비MAXMLB.co.kr가 그렇게 문을 열었다. 이제는 아무도 드나들지 않는 사이트가 되었지만 한때는 메이저리그에 관한 한 가장 하드코어한 사이트로 통했다. 차츰 일정 수준 이상의 식견이 있는 팬들이 모이기 시작했다. 마니아들 위주의 이야기가 많다보니 일반 유저들을 배척하는 분위기도 있었다. 대중적인 소재가 지루하다는 이유로 평범한 유저들을 무시하는 실수도 범했다. 박찬호, 김병현에 대해 질문하는 사람이 이상하게 취급받곤 했다. 그런 일로 분쟁도 끊이지 않았고 운영진으로서 비판도 많이 받았다.

그래도 그의 열정적으로 탐구하는 자세와 일반적인 시각을 뛰어넘으려고 하는 노력만큼은 일관적이었다. 다만 성격이 종종 문제가 되곤 했다. 옳다고 생각하면 좀처럼 굽히지 않고 충돌했다. 유명세를 얻거나 이익을 취하는 데에는 놀라울 정도로 관심이 없었지만 논쟁이 벌어지면 유연하게 풀어가기보다 직설을 날리는 스타일이었다. 웹사이트 가입자가 꽤 늘었을 즈음 경쟁 사이트 운영자들이 이유 없이 견제하거나 음해하는 일도 있었다. 나도 마찬가지였지만 그는 그런 상황을 차분하게 받아들이지 못했다.

그가 내면에 굉장히 쓸쓸한 사연을 품고 있다는 것은 나중에 알게 되었다. 강한 척했지만 거구에 어울리지 않게 대단히 섬세한 사람이었다. 또한 생각이 많았다. 성장 과정에서 쉽지 않은 여러 일을 겪으면서 만들어진 피

해의식도 있었다. 그럴수록 웹사이트에 더욱 몰두했다. 단순히 애정을 넘어 삶 그 자체일 지경이었다. 그 과정을 지켜보면서 그의 열정과 능력에 대해서만큼은 확신을 갖게 되었다. 거친 성격도 어느 정도 납득이 갔다. 이후 그와 인하대 후문 근처에서 함께하는 '치맥'은 결혼 전까지 내 삶의 일부라고 해도 좋을 정도로 막역하게 지냈다. 나이는 나보다 어렸지만 그냥 친구였다.

2002년에서 2003년 웹사이트가 꽤 흥했다. 아직 포털사이트가 활성화되기 전 스포츠서울닷컴과 기사 제휴를 맺게 되었다. 돈보다 평판이 중요하다고 생각해 원고료를 받는 대신 필진의 바이라인을 넣는 것으로 합의했다. 운영진끼리 쓴 기사가 외부 매체에 실린다는 것 자체가 아마추어 대학생 집단에게는 의미 있는 일이었다. 비슷한 시기에 스포츠서울닷컴에서 인터넷 명예기자 자격으로 기명 칼럼을 작성하기 시작했다. 내가 먼저였고 그가 나중에 합류했다. 다양한 분야의 명예기자들이 올린 게시물 중에는 검증되지 않은 형편없는 글도 있었고, 여기저기 회자될 정도로 인상적인 글도 있었다. 이후 명예기자 중 상당수가 스포츠서울닷컴에 입사하게 되었는데 그때 그도 처음으로 취업이라는 것을 하게 되었다. 돌이켜보면 그에게는 가장 안정적으로 일에 몰두할 수 있었던 시기였다. 메이저리그 관련 기명 기사를 작성하면서 업계에서 소소하게나마 입소문을 타곤 했다. 간혹 현장 취재를 나가 마주치는 경우도 생겼다. 반가움 반, 어색함 반이었는데 당시에는 나도 여유를 부릴 처지가 아니어서 나중에 따로 만나 후일담을 나누곤 했다.

그 와중에 맥스엠엘비도 꾸준히 관리했다. 게시판은 여전히 활발했고 정모도 주기적으로 열면서 커뮤니티를 괜찮은 수준으로 유지했다. 정모 장소는 주로 종로 3가나 인하대 후문이었다. 종로에서 모임을 마치고 지하철 막차를 타고 오는 길에 월간지 〈베이스볼 다이제스트〉에 소개된 이색 기록을 스무고개하듯 맞히는 게 우리의 놀이였다. 지금 생각해도 정말 아무 욕심 없이 야구에 몰두하던 순수한 시절이었다. 맥스엠엘비에는 소위 '덕후'들이 모이기 시작하면서 메이저리그의 외적인 소재로 화제가 되기도 했다. 피겨 스케이트나 테니스 덕후들도 꽤나 득세했다. 하지만 모든 게 다 좋은 것은 아니어서 예상치 못한 논란이 생기기도 했다.

어쨌거나 그가 인정받던 시기는 오래가지 못했다. 닷컴업계가 어려워진 것이 근본적인 이유이지만 그의 성격도 한몫했다. 그는 조직생활에 어울리는 스타일이 아니었다. 우여곡절 끝에 회사를 나왔고 몇 군데에 기명 칼럼을 쓰곤 했다. 그러다 중대한 일이 벌어졌다. 좋은 조건의 매체에 입사할 수 있는 기회가 생겼는데 순전히 개인적인 이유로 다른 사람에게 양보를 해버렸다. 여러 차례 그의 생각을 돌리려고 애써보았지만 끝내 그를 설득하지 못했다.

모르겠다. 다시 그때로 돌아가 그가 해당 매체에 입사했다고 해서 잘되었을지는. 그러나 확실한 건 그 사건 이후로 그의 삶이 완전히 꼬였다는 것이다. 구구절절 다 풀어낼 수는 없지만 그는 자리를 잡는 데 많은 어려움을 겪었다. 수년간 경제적으로 또 정신적으로 쉽지 않은 상황이 계속되었다. 융통성 있는 성격도 아니어서 대놓고 아쉬운 말도 하지 못하는 놈이었다. 나 역시 능력이 변변치 않아 그저 생각날 때 맥주나 한잔 사는 정도였다. 그러다 메이저리그 중계방송의 기록원으로 일할 수 있게 되었다. 고용 측면에서 큰 의미를 부여하기보다 메이저리그를 보면서 생활을 유지할 수 있다는 것이 중요했다. 그러면서 '야구친구'라는 플랫폼에 글을 올리는 정

메이저리그, 진심의 기록

도로 소일했다.

굳이 미화할 필요도 없고 그렇다고 가혹해야 할 이유도 없다. 조직생활을 불편하게 여기는 성격도, 자신의 실수도 문제였을 것이다. 간혹 그의 능력을 인정하는 사람이 나타나곤 했지만 항상 부차적인 것, 이를테면 외모나 옷차림, 태도 같은 것들이 그의 평가를 방해했다. 그럴 수 있다. 하지만 각자의 사소한 이익을 위해 그를 형편없는 인간으로 매도하는 사람들이 있다는 것이 불행이었다. 그에게는 그런 일상이 고통에 가까웠다. 자신도 모르는 사이에 내려진 평가는 새로운 기회를 잡는 데 방해가 되었다. 사회성이 부족하다는 이유로 사회성과 무관한 일감에서 배제되는 경우가 허다했다. 평판 관리에 무심했다고는 해도 소문은 무서웠고 사람들은 잔인했다.

모든 것을 업보라고 할 수도 있지만 그래도 아쉬운 점이 하나 있다. 사회성 부족한 덕후가 잘할 수 있는 유일한 일, 고정 개인 칼럼을 맡지 못한 것이다. 고정적으로 글을 쓸 기회가 생길 뻔했지만 역시 석연치 않은 이유로 무산되었다. 그를 추천할 것처럼 나섰던 사람이 뒤에서 다른 행동을 보이기도 했다.

이 결정이 아쉬운 이유는 단순히 그의 생계 때문만은 아니다. 흔히 해외 유명 칼럼니스트가 글을 올리면 그 이슈를 따라가는 것이 국내 MLB 칼럼의 주된 흐름이었다. 먼저 번역한 사람이 이슈를 소유하는 왜곡된 구조였다. 그런데 그는 그런 시각을 과감하게 탈피한 거의 유일한 사람이었다. 주류 야구팬들의 눈치를 볼 필요가 없고, 실제로 눈치를 보는 성격도 아니어서 가능했던 일일 것이다.

그의 시각이 모두 옳다고 할 수는 없지만 분명 의미가 있었다. 야구라는 종목의 특성상 기록을 조합해 논리의 근거를 마련하는 것이 보통인데 그는 결이 달랐다. 해외에서 소개된 논리에 맞춰 숫자를 가공하는 것이 일반적인 다른 이들과 달리 그는 혁신적인 숫자로 자신만의 논리를 개발하는 수준이었다. 해외에서 들여온 통계에 미사여구를 가미해 전문가로 행세하는 이들에게는 거부감이 들었지만 그가 내놓은 논리들은 단순한 숫자의 조합이라기보다 야구를 좋아하는 사람이 스스로 고민한 결과물이라는 점에서 훨씬 진정성 있게 느껴졌다. 국내 최고의 메이저리그 전문가라고 일컬어지는 이들도 벽을 만나면 그에게 도움을 청하는 것이 당연한 일이었다. 다른 것은 몰라도 그가 꾸준히 글을 쓸 수만 있었다면 최소한 국내 MLB 소비층에서 지금보다는 더 생산적인 논쟁을 많이 즐길 수 있었을 것이다.

결과적으로 그는 제대로 대우받지 못했다. 글의 내용이나 기록의 논리와는 무관한 이유로 면전에서 무시당하기 일쑤였다. 그의 능력을 인정한 몇몇 사람들도 적당히 이용만 할 뿐 대등한 관계로 보지 않았다. 오히려 대등한 관계가 될 것을 우려하는 것처럼 보였다. 이런 과정에서 그는 상처도 많이 받았지만 경제적으로 매우 큰 어려움을 겪었다. 거처를 줄여 옮기는 상황이 반복되었다. 그러다 사고가 났다. 그리고 영영 돌아오지 못했다. 그냥 운이 없었던 것일 수도 있다. 하지만 우연히 벌어진 일이라기에는 벼랑 끝까지 몰렸던 그의 사회적 상황을 무시하기 어렵다. 그래서 쉽게 잊을 수가 없다. 누구나 장단이 있게 마련인데 그는 자신의 장점을 한 번도 제대로 인정받지 못한 채 단점만 집요하게 공격받다 떠나버렸다.

지금 내가 할 수 있는 일은 거의 없다. 이제는 맥스엠엘비 웹사이트만 초라하게 남아 있다. 복잡한 감정에 그가 남긴 글 하나가 눈에 띄었다. "어느 정도 타협할 줄도 알아야 하고 기자란 일을 하면서 크려면 누구처럼 '정치'

를 해야 한다는 사실도 안다. 그런데 청렴한 삶과 거리가 멀고 가치관도 맑지 않지만 어쩌다 보니 안 한 게 되었다. 지금은 잠시 끈을 놓았다. [덧] 숫자 가지고만 글 쓰는 거 원칙적으로는 별로라고 생각한다. 그러나 내가 경험한 바로는 이게 가장 깨끗하다."

그가 잠시 끈을 놓았던 시기에 남긴 글인데 이제 그는 영영 다시 그 끈을 잡을 수 없게 되었다. 그를 가까이에서 지켜보았고, 함께했던 순간들을 기억하는 사람으로서 이렇게라도 생각을 정리하는 것 외에는 달리 할 수 있는 것이 없다. 냉정하게 평가하면 아무도 주목하지 않는 인물이었다고 할 수 있지만, 적어도 그와 함께했던 순간들이 지금의 나를 이루는 일부라는 것만은 잊지 않으려고 한다.

- 레너드 코페트, 이종남 옮김, 『야구란 무엇인가』, 황금가지, 2009.

- 로버트 어데어, 장석봉 옮김, 『야구의 물리학』, 한승, 2006.

- 마이클 루이스, 윤동구 옮김, 『머니볼』, 한스미디어, 2006.

- 박찬호, 『끝이 있어야 시작도 있다』, 웅진지식하우스, 2013.

- 빌 브라이슨, 강주헌 옮김, 『빌 브라이슨 발칙한 미국 산책』, 추수밭, 2011.

- 빌 브라이슨, 오성환 옮김, 『여름, 1927, 미국 - 꿈과 황금시대』, 까치, 2014.

- 빌 브라이슨, 정경옥 옮김, 『빌 브라이슨 발칙한 영어 산책』, 살림, 2009.

- 제이슨 켄달, 이창섭 옮김, 『이것이 진짜 메이저리그다』, 처음북스, 2014.

- 조지 벡시, 노지양 옮김, 『야구의 역사』, 을유문화사, 2007.

- Ben Badler 외, *The National Baseball Hall of Fame Almanac*, Baseball America 2017.

- David Pietrusza, *Baseball, The Biographical Encyclopedia*, TOTAL/Sports

Illustrated, 2000.

- Edgar Martinez, *Edgar, An Autobiography*, Triumph Books, 2019.
- Eric Enders, *Ballparks Then and Now*, Thunder Bay Press, 2002.
- Gregory Wolf, *Dome Sweet Dome*, SABR, 2017.
- Josh Leventhal, *A History of Baseball in 100 Objects*, Black Dok and Leventhal Publisher, 2015.
- Josh Leventhal, *Take Me Out to the Ballpark*, BD&L, 2006.
- Ken Burns, *Baseball, a Film by Ken Burns*, PBS Paramount, 2004.
- Ken Burns, *Ken Burns: Jackie Robinson*, PBS, 2016.
- Paul Dickson, *The Dickson Baseball Dictionary*, Norton, 2009.
- Ron Smith, *The Ballpark Book*, Sporting News, 2003.
- Ryan Hatch 외, *Seattle Mariners 40th Anniversary*, Sports Illustrated, 2018.
- Tim Kurkjian, *I'm Fascinated by Sacrifice Flies*, St. Martin's Griffin, 2016.

정기 간행물

- *Baseball Digest*, Grandstand Publishing.
- *Baseball Prospectus*, DIY Baseball.
- *Bill James Handbook*, Acta Sports.
- *The Hardball Times Baseball Annual*, Acta Sports.
- *The Scouting Notebook*, STATS.

메이저리그, 진심의 기록

숫자 대신 마음으로 쓴 MLB 이야기

ⓒ전훈칠 2023

초판 1쇄 발행 2023년 2월 2일
초판 2쇄 발행 2023년 8월 1일

지은이 전훈칠

편집 박민애 정소리 | **디자인** 윤종윤 백주영 | **마케팅** 김선진 배희주
저작권 박지영 형소진 최은진 서연주 오서영
브랜딩 함유지 함근아 김희숙 고보미 박민재 정승민 배진성
제작 강신은 김동욱 이순호 | **제작처** 영신사

펴낸곳 (주)교유당 | **펴낸이** 신정민
출판등록 2019년 5월 24일 제406−2019−000052호

주소 10881 경기도 파주시 회동길 210
문의전화 031.955.8891(마케팅) 031.955.2692(편집) 031.955.8855(팩스)
전자우편 gyoyudang@munhak.com

인스타그램 @thinkgoods | **트위터** @think_paper | **페이스북** @thinkgoods

ISBN 979−11−92247−97−7 03690

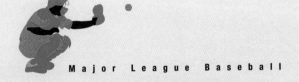

Major League Baseball